Europäische Entwicklungspolitik zwischen gemeinschaftlicher Handelspolitik, intergouvernementaler Außenpolitik und ökonomischer Effizienz

SCHRIFTEN ZUM STAATS- UND VÖLKERRECHT

Herausgegeben von Gilbert Gornig,
Burkhard Schöbener und Winfried Bausback

Begründet von Dieter Blumenwitz

Band 127

Peter Lang
Frankfurt am Main · Berlin · Bern · Bruxelles · New York · Oxford · Wien

Ralf Müller

Europäische Entwicklungspolitik zwischen gemeinschaftlicher Handelspolitik, intergouvernementaler Außenpolitik und ökonomischer Effizienz

Peter Lang
Europäischer Verlag der Wissenschaften

Bibliografische Information der Deutschen Nationalbibliothek
Die Deutsche Nationalbibliothek verzeichnet diese Publikation in der Deutschen Nationalbibliografie; detaillierte bibliografische Daten sind im Internet über <http://www.d-nb.de> abrufbar.

ISSN 0172-7796
ISBN-10: 3-631-56549-6
ISBN-13: 978-3-631-56549-0

www.peterlang.de

Vorwort

Die Europäische Union und ihre Integrationsgemeinschaft EG verstehen sich seit langem nicht als „Insel der Seeligen", welche die Armut und Not in anderen Teilen der Welt ignorieren können. Titel XX EGV regelt die Entwicklungszusammenarbeit, die nach Art. 177 EGV eine originäre Verantwortung der Gemeinschaft darstellt. Dabei ist Entwicklungshilfe heute eng verbunden mit der intergouvernemental organisierten Außenpolitik. Die Forderung nach einem international einheitlichen Auftreten der EU, der man gerade auf der Ebene des Unionsvertrages durch institutionelle Verbesserungen nachkommen wollte und nachkommen will, lässt zugleich auch eine intensivere Beschäftigung mit dem Bereich der europäischen Entwicklungszusammenarbeit und deren Verhältnis zu nationalen Anstrengungen im Bereich der Entwicklungsförderung als notwendig erscheinen.

Vor diesem Hintergrund verfolgt dieses Buch das Ziel, die „Europäische Entwicklungspolitik zwischen gemeinschaftlicher Handelspolitik, intergouvernementaler Außenpolitik und ökonomischer Effizienz" zu analysieren. Dabei beschränkt sich die Arbeit in ihrem Schwerpunkt auf den Bereich der AKP-Abkommen, die den ältesten und bis heute wichtigsten Teil der europäischen Entwicklungszusammenarbeit bilden. Die Darstellung will nicht nur rein rechtliche Aspekte behandeln: Der Schwerpunkt einer Klärung der europarechtlichen Aspekte einschließlich ihrer Bezüge zum Welthandelsrecht soll mit einer ökonomischen Beurteilung verbunden werden, welche die Effektivität und Effizienz der europäischen Entwicklungspolitik hinterfragt und daraus Reformvorschläge ableitet.

Das vorliegende Buch zur Europäischen Entwicklungspolitik entstand ursprünglich als Magisterarbeit im Rahmen des Aufbaustudiengangs Europäisches Recht an der Universität Würzburg. Die Drucklegung wurde im Rahmen eines Forschungsprojekts durch einen Zuschuss des Europäischen Rechtszentrums der Universität Würzburg gefördert. Die Veröffentlichung erfolgt auf Initiative des Erstgutachters und Mitherausgebers dieser Reihe, Herr PD Dr. Winfried Bausback vom Institut für Internationales Recht, Europarecht und Europäisches Privatrecht der Universität Würzburg.

Würzburg, im Dezember 2006
Ralf Müller

Survey

The present treatise analyses the role of European development policy between common trade and intergovernmental foreign policy, taking the example of the development cooperation with the African, Caribbean and Pacific states (ACP). In an interdisciplinary approach it combines the judicial analysis with a discussion of policy effectiveness and efficiency from an economic point of view.

After mapping out the goals in an introductory chapter, the second chapter presents an overview of the foundations of European development politics in the European law, including some remarks on world trade law. Chapter three summarizes the evolution of the agreements between the European Union and the ACP states. In chapter four, the analysis of European law results in the determination of authority at supranational and member states' levels. The necessary effects on coherency and coordination of development policy and its adjoining fields are derived. The fifth chapter consists of the economic analysis and evaluates the (lack of) success in the efforts undertaken in European development policy. Chapter six sums up the major results and comes to a final résumé.

Dating back to colonial times, the relationship between Europe and the ACP states is found to constitute an integral part of European cultural history. Therefore - not for altruistic reasons only - European development politics deserve to be continued. However, the relationship witnessed an evolution from pure partnership to conditional aid, reflecting the political changes during the last decades of world history and especially the imperatives of world trade law.

European development cooperation with ACP states is characterized by real parallel authority of the European Community and its member states. The analysis of the Cotonou Agreement shows that all parties involved act completely within their authority at present. But due to the choice of a mixed treaty the Cotonou Agreement suffers from a diffusion of responsibilities that could easily be resolved by a more strict separation of competence by the European Court of Justice.

The economic analysis shows that the ACP development cooperation failed to reach its own goals in terms of sustainable economic and social development in the ACP states and of their integration into world trade. A low level of education, short life expectancy, a lack of private and public investment, deficiencies in economic freedom and political stability, the omnipresence of corruption and the absence of the willingness among the political elite to conduct reforms in order to strengthen democracy and market-led allocation are seen to be the reasons for this failure.

Hence, future reforms of the Cotonou Agreement should make the "good governance"-criterion more concrete in order to fight the drawbacks mentioned above. Good conduct should be rewarded by higher rates of financial aid and conditional debt relief. The European Union can raise the effectiveness of the development policy by accomplishing its coherency with her agricultural policy. The Economic Partnership Agreements (EPA) force the ACP states to introduce low external tariffs and a wide-ranging cooperation in the provision of infrastructure in order to gain from EPAs. Furthermore, resources need to be reallocated into export-oriented industries. Due to its complexity this process may not be completed until the year 2020.

Inhaltsverzeichnis

Tabellenverzeichnis

Abkürzungsverzeichnis

a.F.	alte Fassung
AJIL	American Journal of International Law
AKP	Afrika, Karibik, Pazifischer Ozean
APS	Allgemeines Präferenzsystem
Art.	Artikel
BIP	Bruttoinlandsprodukt
BMZ	Bundesministerium für wirtschaftliche Zusammenarbeit und Entwicklung
BNE	Bruttonationaleinkommen
bzw.	beziehungsweise
CARICOM	Caribbean Community
CARIFORUM	Caribbean Forum
CEMAC	Communauté Economique et Monétaire de l'Afrique Centrale
CMLR	Common Market Law Review
CPI	Corruption Perceptions Index
DAC	Development Assistance Committee (OECD)
d.h.	das heißt
DSU	Understanding on Rules and Procedures Governing the Settlement of Disputes
ECOWAS	Economic Community Of West African States
EEF	Europäischer Entwicklungsfonds
EGV	Vertrag zur Gründung der Europäischen Gemeinschaft
EIB	Europäische Investitionsbank
EJIL	European Journal of International Law
ELJ	European Law Journal
ELR	European Law Review
ESA	East South Africa
ESVP	Europäische Sicherheits- und Verteidigungspolitik
EuR	Europarecht
EUV	Vertrag über die Europäische Union
EuZW	Europäische Zeitschrift für Wirtschaftsrecht
E+Z	Entwicklung und Zusammenarbeit
EWG	Europäische Wirtschaftsgemeinschaft
EWS	Europäisches Wirtschafts- und Steuerrecht
f, ff	folgende, fortfolgende
FTAA	Free Trade Area for the Americas
GAP	Gemeinsame Agrarpolitik

GASP	Gemeinsame Außen- und Sicherheitspolitik
GATS	General Agreement on Trade in Services
GATT	General Agreement on Tariffs and Trade
GZT	Gemeinsamer Zolltarif
HIC	High Income Countries
IMF	International Monetary Fund
IP	Internationale Politik
IPG	Internationale Politik und Gesellschaft
i.S.v.	im Sinne von
i.V.m.	in Verbindung mit
JDI	Journal du Droit International
JWT	Journal of World Trade
Kap.	Kapitel
LDC	Least Developed Countries
LIC	Low-Income Countries
lit.	Litera
LFS	Länderspezifische Förderstrategie
LLDC	Landlocked Developing Countries
LMIC	Lower Middle-Income Countries
NEPAD	New Economic Partnership for African Development
OECD	Organisation for Economic Co-Operation and Development
OEEC	Organisation for European Economic Co-operation
p.a.	per annum
RGDIP	Revue Générale du Droit International Public
RIW	Recht der Internationalen Wirtschaft
RTDE	Revue Trimestrielle du Droit Européen
SADC	The Southern African Developing Community
SIDS	Small Island Developing States
STABEX	Stabilization of Export Earnings
SYSMIN	System of Minerals
TRIPS	Agreement on Trade-Related Aspects of Intellectual Property Rights
UAbs.	Unterabsatz
UMIC	Upper Middle-Income Countries
v.a.	vor allem
vgl.	vergleiche
WPA	Wirtschaftspartnerschaftsabkommen
WTO	World Trade Organization
ZEuS	Zeitschrift für Europarechtliche Studien

1) Einführung und Zielsetzung

„Die ständige Verfügbarkeit von Almosen macht im ärmsten Land der Welt alle Initiativen platt. Ein gut geölter Samariterapparat trainiert den Äthiopiern die Fähigkeit ab, sich selbst zu ernähren. Regierung und Hilfsorganisationen profitieren von der Situation." Mit diesen drastischen Worten wirft der Spiegel[1] am Beispiel Äthiopiens gleich zwei brisante Fragen auf, denen sich die Entwicklungshilfe aktuell stellen muss. Zum einen die nach der Erfolglosigkeit im Kampf gegen Hunger, Armut und Krieg. Zum anderen die noch wesentlich einschneidendere Frage, ob eine große Zahl von Entwicklungsländern nicht etwa trotz der weltweiten Entwicklungshilfe, sondern vielmehr wegen der mehr oder minder wohlgemeinten Einflussnahme von außen bis heute kaum zu den entwickelten Staaten aufschließen konnte.

Diesen und weiteren grundlegenden Fragen zur Entwicklungspolitik geht die vorliegende Arbeit nach. Untersuchungsgegenstand ist dabei ausschließlich die Entwicklungszusammenarbeit der Europäischen Union mit den Staaten Afrikas, der Karibik und des Pazifischen Ozeans, den sog. AKP-Staaten (siehe hierzu Kap. 2.1.2), die seit dem Maastrichter Vertrag auf Art. 177ff EGV basiert. Das übrige Spektrum an entwicklungspolitischen Maßnahmen Europas, sei es im Mittelmeerraum, im Nahen Osten, Asien oder Lateinamerika, das sich von der Nahrungsmittel- und humanitären Hilfe über handelspolitische Elemente bis hin zur finanziellen und technischen Hilfe erstreckt, bleibt dabei außen vor; es sei jedoch auf den umfassenden Überblick bei Zimmermann[2] verwiesen. Dementsprechend sind auch die wirtschaftliche, finanzielle und technische Zusammenarbeit mit Drittländern (Art. 181a EGV) und die Assoziierung der überseeischen Länder und Hoheitsgebiete (Art. 182 EGV) allenfalls am Rande von Interesse.

Vielmehr ist es das Ziel der Arbeit, die europäische Entwicklungspolitik am Beispiel der AKP-Abkommen einer interdisziplinären Gesamtbewertung zu unterziehen. Der Titel gibt bereits einen Hinweis darauf, dass die Analyse, obgleich aus der Feder eines Ökonomen stammend, primär aus einer europarechtlichen Perspektive unter Einbezug welthandelsrechtlicher Aspekte erfolgt und nur subsidiär aus einer ökonomischen.

---

[1] Siehe die Kopfzeile in *Wiedemann* 2005.
[2] Siehe *Zimmermann* 2003, S. 1479-1487 mit einer Auflistung aller bestehenden Abkommen.

Auf dem Weg zu der angestrebten Gesamtbewertung der europäischen Entwicklungszusammenarbeit am Beispiel des Cotonou-Abkommens stellt sich zunächst die europarechtliche Frage nach den sich aus dem Vertag ergebenden Kompetenzen von Gemeinschaft und Mitgliedstaaten und den sich wiederum hieraus ableitenden Anforderungen an die Kohärenz und Koordinierung von Politiken auf Gemeinschaftsebene bzw. an die Koordinierung zwischen parallelen Politiken von Gemeinschaft und Mitgliedstaaten. Einflüsse des Welthandelsrechts sind hierbei ebenso zu berücksichtigen wie die Rolle der Entwicklungszusammenarbeit zwischen den europäischen Außen- und Handelspolitiken. Bezogen auf das aktuelle Cotonou-Abkommen ist schließlich zu klären, ob es sich tatsächlich um eine Maßnahme der Entwicklungszusammenarbeit nach Art. 177ff EGV handelt, ob ein Assoziierungsabkommen nach Art. 310 EGV vorliegt und ob die Mitgliedstaaten an dessen Abschluss über ein gemischtes Abkommen beteiligt werden müssen. Hieraus lässt sich wiederum ableiten, ob die Akteure der europäischen Entwicklungspolitik bzgl. des Cotonou-Abkommens im Rahmen ihrer Kompetenzen handeln, dahinter zurückbleiben oder sie möglicherweise überschreiten.

Dem interdisziplinären Anspruch folgend schließt sich an diese europarechtliche Analyse eine ökonomische Beurteilung an, welche die Effektivität und Effizienz der gewählten Entwicklungspolitik hinterfragt und diese somit einer Bewertung unterzieht. Zum einen wird dabei untersucht, ob bzw. inwieweit die angestrebten Ziele der Entwicklungspolitik erreicht wurden und welche Gründe für den (Miss-)Erfolg angeführt werden können. Zum anderen gilt es, Reformen bzw. Reformvorschläge dahingehend zu prüfen, ob bzw. unter welchen Bedingungen die Entwicklungszusammenarbeit mit den AKP-Staaten dadurch effizienter gestaltet werden kann und welche Lehren daraus für zukünftige Überarbeitungen des Abkommens gezogen werden können.

Die Vorgehensweise umfasst formal vier Schritte. Im zweiten Kapitel werden zunächst allgemeine Grundlagen der europäischen Entwicklungspolitik nachvollzogen. Das dritte Kapitel gibt einen Überblick über die wesentlichen Entwicklungsstufen der AKP-Abkommen und die Inhalte des aktuellen Cotonou-Abkommens. Im vierten Kapitel erfolgt die europarechtliche Analyse der Kompetenzen und der daraus abgeleiteten Erfordernisse an Kohärenz und Koordinierung. Das fünfte Kapitel widmet sich der ökonomischen Analyse, Kapitel sechs fasst die zentralen Erkenntnisse im Fazit zusammen.

2) Europäische Entwicklungspolitik: Grundlagen

Die AKP-EG-Abkommen bilden den Ausgangspunkt und bis heute einen Schwerpunkt der gemeinschaftlichen Entwicklungspolitik. Die Ermächtigung des Rates zur Auflage von Mehrjahresprogrammen - vgl. Art. 179 I EGV - deutet zudem auf den politischen Willen zu einer dauerhaften Fortführung des Politikbereiches hin.[3] Der europarechtlichen und ökonomischen Analyse der Entwicklungspartnerschaft sind zwei Kapitel vorgeschaltet, wobei sich dieses erste mit Grundlagen wie Begriffsdefinitionen und -abgrenzungen, den allgemeinen und besonderen Institutionen der Entwicklungszusammenarbeit, den historischen und vertraglichen Verankerungen sowie den Zielen der heutigen Entwicklungspolitik beschäftigt. Darüber hinaus führt das Kapitel in knapper Form in verwandte Politikbereiche der Gemeinschaft sowie in das Recht der Welthandelsordnung ein.

2.1) Definitionen und Abgrenzungen

Zum Einstieg erfolgen Erläuterungen zu den Begriffen „Entwicklungsland“, „AKP-Staaten“ und zur gemeinschaftlichen „Entwicklungszusammenarbeit“.

2.1.1) Begriff des „Entwicklungslandes“

Im Vertrag wird der Begriff des Entwicklungslandes zwar verwendet, aber nicht definiert. Allenfalls die Nennung der Ziele des Art. 177 I, II EGV (vgl. Kap. 2.4) deutet darauf hin, dass diese in Entwicklungsländern bisher nicht (vollständig) erreicht sind.[4] Diese Unbestimmtheit garantiert der Gemeinschaft, je nach Anlass flexibel reagieren und helfen zu können.[5] Die Abgrenzung unterliegt also zu einem gewissen Grad gemeinschaftspolitischen Erwägungen, wobei auch die von internationalen Organisationen, auf die in Art. 177 III EGV explizit Bezug genommen wird, festgelegten Kategorisierungen Berücksichtigung finden. Besonders hervorzuheben ist hier die DAC[6]-Liste der Entwicklungshilfeempfänger, Teil I: Entwicklungsländer und -gebiete.[7] Da sie faktische Bedeutung für die Entwicklungspolitik der Gemeinschaft entwickelt hat, wird sie in Tabelle 1 dargestellt und im Folgenden kurz erläutert.

---

[3] Vgl. *Pitschas* 2003, S. 1771.
[4] Siehe *Hoffmeister* 1998, S. 414.
[5] Vgl. *Pitschas* 2003, S. 1763.
[6] DAC ist die Abkürzung für „Development Assistance Committee“ der OECD.
[7] Siehe *Pitschas* 2003, S. 1761, 1763.

Least Developed Countries (LDCs)	Other Low-Income Countries (Other LICs)	Lower Middle-Income Countries (LMICs)	Upper Middle-Income Countries (UMICs)
BNE*) pro Kopf weniger als 825 $ im Jahr 2004		BNE pro Kopf 826 bis 3.255 $ im Jahr 2004	BNE pro Kopf 3.256 bis 10.065 $ im Jahr 2004
Afghanistan	Cameroon	Albania	Anguilla
Angola	Congo, Dem. Republic	Algeria	Antigua and Barbuda
Bangladesh	Côte d'Ivoire	Armenia	Argentina
Benin	Ghana	Azerbaijan	Barbados
Bhutan	India	Belarus	Belize
Burkina Faso	Kenya	Bolivia	Botswana
Burundi	Korea, Democratic Republic	Bosnia & Herzegovina	Chile
Cambodia	Kyrgyz Republic	Brazil	Cook Islands
Cape Verde	Moldova	China	Costa Rica
Central African Rep.	Mongolia	Colombia	Croatia
Chad	Nicaragua	Cuba	Dominica
Comoros	Nigeria	Dominican Republic	Gabon
Congo, Dem. Rep.	Pakistan	Ecuador	Grenada
Djibouti	Papua New Guinea	Egypt	Lebanon
Equatorial Guinea	Tajikistan	El Salvador	Libya
Eritrea	Uzbekistan	Fiji	Malaysia
Ethiopia	Viet Nam	Georgia	Mauritius
Gambia	Zimbabwe	Guatemala	Mayotte
Guinea		Guyana	Mexico
Guinea-Bissau		Honduras	Montserrat
Haiti		Indonesia	Nauru
Kiribati		Iran	Oman
Laos		Iraq	Palau
Lesotho		Jamaica	Panama
Liberia		Jordan	Saudi Arabia
Madagascar		Kazakhstan	Seychelles
Malawi		Macedonia, FYR	South Africa
Maldives		Marshall Islands	St. Helena
Mali		Micronesia, Fed. States	St. Kitts and Nevis
Mauritania		Morocco	St. Lucia
Mozambique		Namibia	St. Vincent & Grenadines
Myanmar		Niue	Trinidad & Tobago
Nepal		Palestinian Adm. Areas	Turkey
Niger		Paraguay	Turks & Caicos Islands
Rwanda		Peru	Uruguay
Samoa		Philippines	Venezuela
Sao Tome & Principe		Serbia & Montenegro	
Senegal		Sri Lanka	
Sierra Leone		Suriname	
Solomon Islands		Swaziland	
Somalia		Syria	
Sudan		Thailand	
Tanzania		Tokelau	
Timor-Leste		Tonga	
Togo		Tunisia	
Tuvalu		Turkmenistan	
Uganda		Ukraine	
Vanuatu		Wallis and Futuna	
Yemen			
Zambia			
*) Hinweis: Das Bruttonationaleinkommen (BNE) wurde früher als Bruttosozialprodukt (BSP) bezeichnet.			

Tabelle 1: DAC-Liste der Entwicklungshilfeempfänger, Teil I:

Entwicklungsländer und -gebiete; Stand 2006.

Quelle: OECD 2006

Die OECD orientiert sich bei der Abgrenzung der Ländergruppen im Wesentlichen an der Vorgehensweise der Weltbank, welche lediglich das Bruttonationaleinkommen (BNE) pro Kopf berücksichtigt. Entwicklungsländer sind aus Sicht der OECD alle Länder in der Tabelle, wobei die unterstrichenen Staaten zugleich AKP-Staaten (siehe Kap. 2.1.2) sind. Die Definitionen der einzelnen Ländergruppen - LDCs, Other LICs, LMICs und UMICs - sind jeweils in der zweiten Zeile der Tabelle anhand von Bandbreiten des BNE pro Kopf, gemessen im Jahr 2004, angegeben. Die Untergruppe der LDCs entstammt einer Aufteilung der Vereinten Nationen.[8] Es fällt auf, dass 82 % der LDCs zugleich AKP-Staaten sind. Diesbezüglich setzt die gemeinschaftliche Entwicklungspartnerschaft offensichtlich zielgenau bei den am wenigsten entwickelten Ländern an. Im Gegensatz dazu sind die AKP-Staaten Bahamas und Südafrika nicht (mehr) in der DAC-Liste enthalten.

2.1.2) AKP-Staaten

Tabelle 2 (S. 22) zeigt eine Übersicht über die bereits mehrfach erwähnten AKP-Staaten. AKP steht als Abkürzung für derzeit 78 Staaten Afrikas (südlich der Sahara), der Karibik und des Pazifischen Ozeans. Die AKP-Gruppe verfügt über ein eigenes Sekretariat, besteht offiziell seit dem Georgetown-Abkommen von 1975, d.h. seit 30 Jahren, und ist seitdem stetig gewachsen.[9] Die Kommission[10] selbst betont, dass die AKP-Gruppe „in reality is neither a political group nor an economic entity. It grew up for essentially historic reasons and exists only in the framework of relations with the European Union."

Die Liste der als „am wenigsten entwickelt" bezeichneten AKP-Staaten, die in Art. 85f des aktuellen EG-AKP-Partnerschaftsabkommens (Cotonou) verankert und in Anhang VI festgelegt (siehe hierzu Kap. 3.3) ist, orientiert sich wie oben beschrieben an der DAC-Liste der OECD. Anders ausgedrückt, gehören ca. 51 % der AKP-Staaten zu den LDCs. Die Beziehungen zu Südafrika sind gesondert geregelt, da bestenfalls einige südafrikanische Regionen als „Entwicklungsland" betrachtet werden können.[11] Im Anhang VI des Cotonou-Abkommens werden

---

[8] Die Vereinten Nationen unterscheiden Entwicklungsländer zwischen LDC (Least Developed Countries), SIDS (Small Island Developing States) und LLDC (Landlocked Developing Countries); Listen dieser Staaten siehe z.B. bei *Bundesministerium für wirtschaftliche Zusammenarbeit und Entwicklung* 2005, S. 217.

[9] Siehe *Zimmermann* 2003, S. 1505 oder *o.A.* 2005c für aktuelle Informationen zu „30 Jahre AKP".

[10] Green Paper on relations between the European Union and the ACP countries on the eve of the 21st century. Challenges and options for a new partnership. KOM 96(570) endg., S. vii. Mehr hierzu siehe unten.

[11] *Zimmermann* 2003, S. 1489. Erwähnt sei auch, dass seit 2000 Kuba ohne weitere Rechte AKP-Staat ist; *o.A.* 2005b.

AKP-Staaten (ohne am wenigsten entwickelte)		Am wenigsten entwickelte AKP-Staaten	
Antigua and Barbuda **)	Micronesia, Federated States	Angola	Madagascar **)
Bahamas **)	Namibia	Benin	Malawi *)
Barbados **)	Nauru	Burkina Faso *)	Mali *)
Belize	Nigeria	Burundi *)	Mauritania
Botswana *)	Niue	Cape Verde, Rep. **)	Mozambique
Cameroon	Palau Islands	Central African Rep. *)	Niger *)
Congo (Brazzaville)	Papua New Guinea **)	Chad *)	Rwanda *)
Cook Islands	St. Kitts and Nevis **)	Comoros **)	Salomon Islands **)
Côte d'Ivoire	St. Lucia **)	Congo, Dem. Rep.	Samoa **)
Dominica **)	St. Vincent and	Djibuti	Sao Tome & Principe **)
Dominican Republic **)	Grenadines **)	Equatorial Guinea	Sierra Leone
Fiji **)	Senegal	Eritrea	Somalia
Gabon	Seychelles **)	Ethiopia *)	Sudan
Ghana	South Africa (teilweise)	Gambia	Tansania
Grenada **)	Suriname	Guinea	Timor-Leste
Guyana	Swaziland *)	Guinea-Bissau	Togo
Jamaica **)	Timor Tonga **)	Haiti **)	Tuvalu **)
Kenya	Trinidad and Tobago **)	Kiribati **)	Uganda *)
Marshall Islands	Zimbabwe *)	Lesotho *)	Vanuatu **)
Mauritius **)		Liberia	Zambia *)
Die Länder sind zum Zwecke der Einheitlichkeit wiederum in ihrer englischen Schreibweise aufgeführt.			

Tabelle 2: 78 AKP-Staaten.

Quelle: o.A. 2005b.

die AKP-Staaten zusätzlich in „AKP-Binnenstaaten“ (vgl. Art. 87f (Cotonou)) und „AKP-Inselstaaten“ (vgl. Art. 89f (Cotonou)) unterschieden, wobei mit dieser Einteilung jeweils besondere Behandlungen aufgrund besonderer Problemstellungen verbunden sind. Die AKP-Binnenstaaten werden in der obigen Tabelle mit *), die AKP-Inselstaaten mit **) gekennzeichnet; Überschneidungen sind möglich.

2.1.3) Entwicklungszusammenarbeit vs. Entwicklungshilfe

Titel XX des Vertrages stellt die Entwicklungspolitik bewusst unter die Überschrift der Entwicklungszusammenarbeit, da die Politik der Gemeinschaft keine – den Entwicklungsländern oktroyierte – Entwicklungshilfe, sondern vielmehr ein partnerschaftlicher Dialog sein will. Ansprüche auf bestimmte Leistungen haben Entwicklungsländer auf dieser Grundlage jedoch keine. Dabei umfasst die Politik jede Form der Zusammenarbeit, d.h. das gesamte Spektrum zwischen abstrakten politischen Strategien und konkreten Hilfsprogrammen, und geht somit eindeutig über die Zurverfügungstellung von Geld- oder Sachleistungen hinaus. Zimmermann beschreibt die Entwicklungszusammenarbeit daher als „komplexes Geflecht vielfältiger Beziehungen zwischen der Gemeinschaft (und gegebenenfalls den Mitgliedstaaten) einerseits und den Entwicklungsländern andererseits."[12] Durch das Hineinreichen in andere Politikfelder erhält diese breit angelegte Entwicklungszusammenarbeit einen außenpolitischen Charakter.[13]

2.2) Institutionelle Grundlagen

Die Entwicklungszusammenarbeit beschäftigt die „klassischen" Organe der Gemeinschaft - Rat, Parlament und Kommission - ebenso wie einige für die Entwicklungspolitik allgemein bzw. für die EG-AKP-Zusammenarbeit gesondert geschaffene Institutionen. Dieses Kapitel gibt einen Überblick über die beteiligten Institutionen, die jeweiligen Zuständigkeiten und Entscheidungsstrukturen.

2.2.1) Entwicklungspolitik in den Organen der Gemeinschaft

Da die Gemeinschaft gemäß Art. 3 I lit. r) EGV auf dem Gebiet der Entwicklungszusammenarbeit eine Aufgabe hat, sind auch die wesentlichen Organe der Gemeinschaft operativ mit diesem Politikbereich beschäftigt. Hierzu gehören der Europäische Rat (vgl. Art. 202 - 210 EGV), das Europäische Parlament (vgl. Art. 189 - 201 EGV) und die Europäische Kommission (vgl. Art. 211 - 219 EGV). Der Europäische Gerichtshof (vgl. Art. 220 - 245 EGV) ist nur über den Rechtsweg involviert und wird daher nicht näher betrachtet.

2.2.1.1) Europäischer Rat

In Art. 179 I EGV ist verankert, dass der Rat, „unbeschadet der übrigen Bestimmungen" des Vertrags, nach dem Verfahren der Mitentscheidung des Europäischen Parlaments (Art. 251 EGV) die zur Verfolgung der Ziele des Art. 177 EGV notwendigen Maßnahmen erlässt. Art. 179 EGV enthält somit laut Geiger[14] nur eine subsidiäre Kompetenz des Rates zum Beschluss entwicklungspolitischer Maßnahmen. Andere - vorrangige - Grundlagen finden sich in Art. 133 EGV, auf dem das Allgemeine Präferenzsystem basiert (vgl. Exkurs zu Kap. 2.5.2), und in Art. 310 EGV. Art. 179 III EGV schließt die Anwendung des Artikels auf die AKP-EG-Abkommen explizit aus, wobei diese als gemischte Abkommen gemäß Art. 300 EGV („Abkommen der Gemeinschaft") für die Gemeinschaft auf Art. 310 EGV („ Assoziierungsabkommen") basieren.

[12] Siehe *Zimmermann* 2003, S. 1479.
[13] *Pitschas* 2003, S. 1762f.
[14] Vgl. *Geiger* 2000, S. 633.

Organisatorisch ist die Entwicklungszusammenarbeit dem Rat „Allgemeine Angelegenheiten und Außenbeziehungen" zugehörig, der in dieser konkreten Form erst seit 2002 besteht.[15] Zu den Bereichen „Außenbeziehungen" (Gemeinsame Außen- und Sicherheitspolitik, Europäische Sicherheits- und Verteidigungspolitik sowie Entwicklungszusammenarbeit) und „Allgemeine Angelegenheiten" (politikübergreifende Grundsatzfragen) finden gesonderte Tagungen einmal pro Monat statt. Bei entwicklungspolitischen Fragestellungen tagen die Außenminister gemeinsam mit den Fachministern für Entwicklung. Im Bereich der Außenbeziehungen liegt das Hauptaugenmerk des Rates auf der Kohärenz des gesamten außenpolitischen Handelns.[16]

Generell erfolgen entwicklungspolitische Entscheidungen im Rahmen des Mitentscheidungsverfahrens nach Art. 251 EGV. Hierbei beschließt der Rat nicht mit einfacher (Art. 205 I EGV), sondern mit qualifizierter Mehrheit gemäß Art. 205 II, IV EGV unter Beachtung der seit dem 1. November 2004 geltenden Stimmengewichte und Quoren. Durch die Mitentscheidung ist in jedem Fall eine starke Stellung des Parlaments garantiert.

2.2.1.2) Europäisches Parlament

Art. 192 Satz 1 EGV billigt dem Europäischen Parlament das Recht der Beteiligung an der Setzung von Gemeinschaftsakten zu, im konkreten Fall der Entwicklungszusammenarbeit nach dem Verfahren der Mitentscheidung des Art. 251 EGV. Das Parlament fasst im Regelfall seine Beschlüsse mit der absoluten Mehrheit der abgegeben Stimmen (vgl. Art. 198 EGV), wobei zur Ablehnung bzw. Abänderung eines gemeinsamen Standpunktes des Rates im Rahmen des Mitentscheidungsverfahrens eine absolute Mehrheit der Mitglieder des Parlaments erforderlich ist (vgl. Art. 251 II Satz 3 lit. b) und c) EGV).

Die Entwicklungszusammenarbeit wird vom Parlament in einem eigenen Ausschuss behandelt, der in der 5. Wahlperiode (1999-2004) „Ausschuss für Entwicklung und Zusammenarbeit" hieß, in der 6. Wahlperiode „Ausschuss für Entwicklung" genannt wird. Der Ausschuss ist zuständig für die Förderung, Anwendung und Überwachung der Politik der Entwicklungszusammenarbeit,

---

[15] Arts kritisiert die Abschaffung des Rates „Entwicklungszusammenarbeit" im Rahmen der Verschlankung des Rates scharf und fürchtet einen großen Bedeutungsverlust für entwicklungspolitische Themen, da diese von anderen – allgemeinen oder außenpolitischen – Themen überdeckt zu werden drohen. Vgl. *Arts* 2003, S. 112.
[16] Siehe hierzu *Europäischer Rat* 2005.

insbesondere im Rahmen der AKP-Abkommen, aber z.B. auch für die Entsendung von Wahlbeobachtungsmissionen.[17]

Der Vertrag gibt dem Europäischen Parlament mit dem komplizierten Verfahren nach Art. 272 EGV ein ausgeprägtes Mitspracherecht beim Beschluss des Gemeinschaftshaushaltes. So kann das Parlament selbst gegen den Willen des Rates mit der Mehrheit der Stimmen seiner Mitglieder und drei Fünfteln der abgegebenen Stimmen Änderungen am Haushalt durchsetzen (vgl. Art. 272 VI Satz1 EGV) oder mit der Mehrheit der Stimmen seiner Mitglieder und zwei Dritteln der abgegebenen Stimmen aus wichtigen Gründen den Entwurf eines Haushaltsplans ablehnen bzw. eine neue Vorlage erzwingen (vgl. Art. 272 VIII EGV). Vor diesem Hintergrund sind auch die Bestrebungen des Parlaments zu verstehen, die Kontrolle über den Europäischen Entwicklungsfonds (EEF; siehe Kap. 2.2.2.3) und somit über die Entwicklungszusammenarbeit zu erlangen. So ist zwar seit 1993 ein Titel im Gemeinschaftshaushalt für den Fonds vorgesehen, die Integration des Fonds ist aber bisher nicht geglückt.[18] Auch ein Verfahren, welches das Parlament mit Unterstützung der Kommission und des Rechnungshofes gegen den Fonds - konkret gegen den 7. EEF - beim Europäischen Gerichtshof einreichte, blieb erfolglos, da der Gerichtshof die gewählte Vertrags- und Finanzierungsstruktur in der Entwicklungszusammenarbeit billigte (siehe Kap. 4.3).[19]

2.2.1.3) Europäische Kommission

Die Europäische Kommission hat Art. 211 1. Spiegelstrich EGV zufolge für die Anwendung des Vertrages sowie der von den Organen aufgrund des Vertrages getroffenen Bestimmungen Sorge zu tragen. In der amtierenden Kommission unter Präsident Barroso ist der Belgier Louis Michel als Kommissar für Entwicklung und Humanitäre Hilfe für die Entwicklungszusammenarbeit zuständig. Die zugehörige Generaldirektion Entwicklung sieht ihre Aufgabe, neben der Sicherstellung von Kohärenz verwandter Gemeinschaftspolitiken mit der Entwicklungspolitik, v.a. in der Koordination der Partnerschaft mit den AKP-Staaten sowie in der Umsetzung der zugehörigen Projekte.[20] Art. 180 II EGV billigt der Kommission ausdrücklich das Recht zu, alle Initiativen zu ergreifen,

---

[17] Siehe hierzu *Europäisches Parlament* 2005a.
[18] Vgl. die Ausführungen zum Europäischen Entwicklungsfonds in *o.A.* 2005b.
[19] Zu den Details siehe *Henze* 1995 sowie die Rechtssache C-316/91.
[20] Für weitere Informationen zur Arbeit der Generaldirektion siehe *Europäische Kommission* 2005h. Zu ihren konkreten Tätigkeiten gehört z.B. die Mitverwaltung des Europäischen Entwicklungsfonds.

die der Koordination der Entwicklungspolitiken der Mitgliedstaaten bzw. der Gemeinschaft förderlich sind. Damit ist jedoch ausdrücklich keine Durchführungskompetenz für die Kommission verbunden.[21] (Vgl. hierzu allgemein Kap. 4) Eine Übersicht über alle Aktivitäten der Kommission findet sich im Jahresbericht 2005 zur Entwicklungspolitik.[22]

2.2.2) Besondere Institutionen der Entwicklungspolitik

Als erste besondere Institution der Entwicklungspolitik ist das Amt EuropeAid zu nennen, das als erfolgreiche Ausgründung der Kommission bezeichnet werden kann.

2.2.2.1) EuropeAid

Im Rahmen einer generellen Reform ihrer Außenbeziehungen und Entwicklungszusammenarbeit schuf die Kommission zum 01.01.2001 mit EuropeAid ein gemeinsames Amt für Zusammenarbeit der beiden zuständigen Generaldirektionen. Aufgabe von EuropeAid ist es, Entwicklungshilfeprojekte zu finden und zu evaluieren, Projekte umfassend zu managen und effizient abzuwickeln. Pitschas[23] bewertet die Schaffung des Amtes als „wichtige integrative Leistung“ und sieht in der „Bündelung der administrativen Befugnisse [...] eine unerlässliche Voraussetzung für die integrative Konzeptionierung der Entwicklungszusammenarbeit“. EuropeAid bedeutet damit auch auf der organisatorischen Ebene eine gewisse Abkehr von den Grundsätzen der Dezentralität und Regionalität, welche die Entwicklungszusammenarbeit stets prägten und bis heute prägen.

Als Anhaltspunkt für die Bedeutung der Behörde auch im Zusammenhang mit der AKP-Partnerschaft seien hier einige Daten[24] angefügt. Von den 873,8 Mio. €, welche Europe-Aid im Jahr 2004 insgesamt an Organisationen der Vereinten Nationen im Rahmen verschiedener vertraglicher Verpflichtungen leistete, flossen insgesamt 394,1 Mio. € zurück in Projekte innerhalb der AKP-Staaten, d.h. ca. 45 % der Beiträge. Hiervon gingen allein 179,4 Mio. € in die Region Westafrika, wobei der Niger – einer der am wenigsten entwickelten AKP-Binnen-

---

[21] Siehe z.B. *Pitschas* 2003, S. 1778, der zudem betont, dass die Initiativen der Kommission von den Mitgliedstaaten oder den anderen Gemeinschaftsorganen nicht beachtet werden müssen.
[22] KOM (2005)292: Mitteilung der Kommission an den Rat und das Europäische Parlament. Jahresbericht 2005 über die Entwicklungspolitik der Europäischen Gemeinschaft und die Umsetzung der Außenhilfe im Jahr 2004.
[23] *Pitschas* 2003, S. 1762f.
[24] Die Daten sind *EuropeAid* 2005 entnommen und können dort im Detail nachvollzogen werden.

staaten - mit 127,4 Mio. € den größten Anteil daran hatte. Zweitgrößter Profiteur ist die Region Zentralafrika mit ca. 100,6 Mio. €. Diese Mittel stellen zusätzliche Hilfen der Gemeinschaft für die AKP-Staaten über die eigentliche Entwicklungszusammenarbeit hinaus dar.

2.2.2.2) Europäische Investitionsbank

Die Errichtung der Europäischen Investitionsbank (EIB) mit Sitz in Luxemburg basiert auf Art. 9 EGV. Gemäß Art. 266 EGV besitzt die EIB Rechtspersönlichkeit, ihre Mitglieder und direkten Eigentümer[25] sind die Mitgliedstaaten der Europäischen Gemeinschaft. Als autonome Finanzierungsinstitution der EU verfolgt die seit 1958 bestehende Bank keinen Erwerbszweck, sondern hat laut Art. 267 EGV den Auftrag[26], zu einer reibungslosen Entwicklung des Gemeinsamen Marktes beizutragen, indem sie Eigenmittel[27] oder vom Kapitalmarkt aufgenommene Mittel zur Verfügung stellt. Ihr Wirkungsbereich geht jedoch weit über die Mitgliedstaaten hinaus.

Die besondere Rolle der EIB in der Entwicklungszusammenarbeit erwächst aus Art. 179 II EGV, wonach die EIB gemäß ihrer Satzung zur Durchführung, d.h. v.a. zur Zwischenfinanzierung, der entwicklungspolitischen Maßnahmen des Rates nach Art. 179 I EGV beiträgt. In der AKP-EG-Entwicklungszusammenarbeit ist die EIB als Finanzierungsinstitution seit 1963 aktiv.[28] Die Satzung der EIB ist dem EGV als Protokoll beigefügt und somit verbindlich wie der Vertrag selbst.[29] Da die EIB autonom ist und von eigenen Organen verwaltet und geleitet wird - gemäß Art. 8 der Satzung von einem Rat der Gouverneure (Art. 9f), einem Verwaltungsrat (Art. 11f) und einem Direktorium (Art. 13) - kann sie unbeeinflusst von den anderen Gemeinschaftsorganen über die Vergabe von Finanzmitteln entscheiden.[30] Darlehen für Investitionsvorhaben außerhalb der europäischen Hoheitsgebiete der Mitgliedstaaten können über eine Ausnahmegenehmigung des Rates der Gouverneure (Art. 18 I Satz 2) vergeben werden. Das Verfahren zur Darlehens- und Bürgschaftsvergabe ist in Art. 21 der EIB-Satzung geregelt.

---

[25] Vgl. *Europäische Investitionsbank* 2005, S. 1.
[26] Zu Details des Auftrags bzw. über die EIB zu finanzierenden Vorhaben siehe Art. 267 EGV.
[27] Die EIB verfügt laut Art. 4 des Protokolls über die Satzung der EIB über eine Kapitalausstattung von 163,7 Mrd. €, wobei Deutschland, Frankreich, Italien und Großbritannien mit jeweils 26,6 Mrd. die größten Anteilseigner sind.
[28] Siehe *Europäische Investitionsbank* 2005, S. 2.
[29] Nach den Verfahren des Art. 266 EGV können jedoch einzelne Teile der Satzung geändert werden.
[30] Siehe hierzu *Pitschas* 2003, S. 1773.

Während die EIB bei Projekten der Entwicklungszusammenarbeit - ausschließlich aus Eigenmitteln - Darlehen zu Vorzugsbedingungen vergibt, beziehen die AKP-Länder vom Europäischen Entwicklungsfonds (EEF) nicht rückzahlbare Zuschüsse.[31]

2.2.2.3) Europäischer Entwicklungsfonds

Der EEF war bereits in den Artikeln 131 und 136 der Römischen Verträge von 1957 vorgesehen als Einrichtung zur Bereitstellung technischer und finanzieller Hilfe für die zum damaligen Zeitpunkt noch bestehenden afrikanischen Kolonien einiger Mitgliedsländer. Noch heute ist der EEF das wichtigste Instrument der Gemeinschaft, um im Rahmen der Entwicklungszusammenarbeit mit den AKP-Staaten Hilfe zu leisten.[32] Er wird direkt von den Mitgliedstaaten aus Haushaltsmitteln finanziert und stellt ein Sondervermögen ohne Rechtspersönlichkeit dar.[33] Die Verwaltung erfolgt durch die Kommission unter Mitwirkung eines Ausschusses von Vertretungen der Mitgliedstaaten sowie unter Beteiligung der EIB.[34] Die mittels des EEF finanzierten Aufträge sind de jure nationale Aufträge der AKP-Staaten, in deren alleinige Zuständigkeit die Auftragsvergabe fällt.[35]

Jeder EEF wird für eine Dauer von ca. 5 Jahren geschlossen, wobei sich die Laufzeit eng an den zugehörigen EG-AKP-Abkommen (siehe hierzu Kap. 3) orientiert. Der derzeit gültige 9. EEF besteht seit dem Jahr 2000, d.h. mit Abschluss des Cotonou-Abkommens. Er ist mit Mitteln in Höhe von 13,5 Mrd. Euro für die Jahre 2000 bis zunächst 2005 ausgestattet, wobei aus den vorherigen EEF noch zusätzlich - bisher nicht abgerufene - Restbeträge von 9,9 Mrd. Euro bereitstehen.[36]

2.2.3) Institutionen der AKP-EU-Zusammenarbeit

In einem weiteren Vorgriff auf die Inhalte der AKP-Partnerschaftsabkommen werden an dieser Stelle einige Institutionen vorgestellt, die im Rahmen dieser Abkommen entstanden sind und ausschließlich der Organisation dieser Zu-

---

[31] Siehe z.B. *Geiger* 2000, S. 633.
[32] Vgl. die Ausführungen zum Europäischen Entwicklungsfonds in *o.A.* 2005b.
[33] Für die historischen Grundlagen, den EEF weiterhin außerhalb des Gemeinschaftshaushalts zu finanzieren und die Bemühungen des Parlaments, den EEF in den Haushalt zu integrieren, siehe z.B. *Henze* 1995.
[34] *Pitschas* 2003, S. 1773.
[35] *Geiger* 2000, S. 633.
[36] Für weitere Details siehe z.B. *o.A.* 2005b oder das Finanzprotokoll im Anhang I des Cotonou-Abkommens.

sammenarbeit dienen.[37] Das derzeit gültige AKP-Abkommen sieht in Art. 14 als Gemeinsame Organe den Ministerrat (Art. 15), den Botschafterausschuss (Art. 16) und die Paritätische Parlamentarische Versammlung (Art. 17) vor.

Der Ministerrat setzt sich aus den Mitgliedern des Rates der EU und Mitgliedern der Kommission der EGen einerseits und je einem Regierungsmitglied der AKP-Staaten zusammen (Art. 15 I). Er führt den politischen Dialog, legt die politischen Leitlinien fest und fasst die Beschlüsse zur Durchführung des Abkommens (Art. 15 II), wobei alle Beschlüsse einvernehmlich fallen und für alle Beteiligten verbindlich sind (Art. 15 III). Der eigentlich beschließende Ministerrat kann seine Befugnisse an das ausführende Organ, den Botschafterausschuss, delegieren (Art. 15 IV). Dieser Ausschuss setzt sich aus den Ständigen Vertretern der Mitgliedstaaten bei der Europäischen Union (vgl. Art. 207 EGV) und einem Kommissions-Vertreter einerseits und den Leitern der Missionen der AKP-Staaten bei der EU andererseits zusammen (Art. 16 I). Er unterstützt den Rat und führt seine Aufgaben aus (Art. 16 II). Gemäß Art. 38 I des Abkommens besteht zusätzlich ein Paritätischer AKP-EG-Ministerausschuss für Handelsfragen, der aus Vertretern der AKP-Staaten und der Gemeinschaft zusammengesetzt ist (Art. 38 III). Der Ausschuss verfolgt die Handelsverhandlungen und prüft die Folgen weiterer Handelsliberalisierungen (Art. 38 II).

Die Paritätische Parlamentarische Versammlung AKP-EU setzt sich zu gleichen Teilen aus Mitgliedern des Europäischen Parlaments und Mitgliedern der Parlamente – oder ersatzweise benannten Personen – der AKP-Staaten zusammen (Art. 17 I). Die Versammlung hat rein beratende Funktion (Art. 17 II). Das Europäische Parlament entsendet zu den zwei Plenarwochen pro Jahr jeweils eine Delegation, deren Größe der aktuellen Zahl an AKP-Staaten entspricht.[38]

2.3) Historische Einordnung und Verankerung in den Verträgen

Die Suche nach den Ursprüngen der europäischen Entwicklungspolitik führt zurück auf die Jahre 1956/57. Frankreich bestand, mit der Unterstützung Belgiens und Italiens, als Bedingung für den Beitritt zur Europäischen Wirtschaftsgemeinschaft (EWG) auf der Assoziation seiner (früheren) Kolonien, um die profitablen Handelsbeziehungen mit den „régions d'outre mer" ungestört fort-

---

[37] Einen Überblick über die Institutionen bietet u.a. *Zimmermann* 2003, S. 1504.
[38] Vgl. hierzu die kurzen Ausführungen in *Europäisches Parlament* 2005b.

setzen zu können. So sah der EWG-Vertrag in den Art. 131-136 a.F. bereits eine besondere Assoziierung der abhängigen überseeischen Gebiete vor.[39]

2.3.1) Bedeutung der OEEC- und OECD-Abkommen

Die Tatsache, dass die Gemeinschaft auch ohne konkrete Vertragsgrundlage - wie selbstverständlich - von Beginn an in der Entwicklungspolitik aktiv war, lässt sich darüber hinaus im historischen Kontext der Nachkriegszeit erfassen. So wurde im Jahr 1947 auf Betreiben der USA und Kanadas die „Organisation for European Economic Co-operation“ (OEEC) gegründet, um die Umsetzung des Marshall-Plans zu organisieren und so das zerstörte West-Europa nach dem Zweiten Weltkrieg wieder aufzubauen. Mit dem Übergang der OEEC in die „Organisation for Economic Co-operation and Development“ (OECD) 1961 entwickelte sich der Arbeitsschwerpunkt in Richtung einer Stabilisierung der weltweiten Wirtschaftsentwicklung und Wohlstandsmehrung. Mit ihren 30 Mitgliedstaaten, die sich alle zu Marktwirtschaft und pluralistischer Demokratie bekennen, ist die OECD heute eine Plattform zur Bewältigung der Globalisierungsfolgen, die auch ca. 70 Entwicklungs- und Schwellenländern beratend zur Seite steht. Die OECD-Geberländer, die in der DAC vereint sind (vgl. Kap. 2.1.1), stellen mehr als 90 % der weltweiten Entwicklungshilfe bereit.[40]

Die Vermutung liegt nahe, dass die europäische Entwicklungspolitik auch als Rückgabe erfahrener Solidarität aus der Zeit nach dem zweiten Weltkrieg zu erklären ist. Während sich Europa, dank Frieden und wirtschaftlichem Aufschwung, vom Empfänger zum Geber bzw. Entwicklungspartner entwickelt hat, konnte sich die OEEC/OECD von der Hilfsorganisation für Europa zur Anlaufstelle für die Entwicklungs- und Schwellenländer entwickeln. Ein Indiz hierfür liefert Art. 304 EGV, welcher die Gemeinschaft gesondert zu einem engen Zusammenwirken mit der OECD verpflichtet.

2.3.2) Entwicklungspolitik vor dem Maastricht-Vertrag

Wie bereits eingangs erwähnt, liegt das Fundament der europäischen Entwicklungszusammenarbeit in der Assoziierung der abhängigen überseeischen Gebiete (Art. 131-136 a.F. EWGV). Noch heute enthält der EGV mit seinem Vierten

---

[39] Siehe hierzu z.B. *Greenidge* 1999, S. 103, *Windmeißer* 2002, S. 27 oder *Zimmermann* 2003, S. 1474.
[40] Zu Geschichte, Struktur und Auftrag von OEEC bzw. OECD siehe *OECD* 2005.

Teil (Art. 182-188 EGV) Regelungen über die „Assoziierung der überseeischen Länder und Hoheitsgebiete“[41].

Zur Zeit der Römischen Verträge 1957 zeichnete sich bereits eine umfassende Dekolonialisierung ab. Die einstigen Kolonialherren strebten danach, ihren politischen Einfluss auf die – nunmehr völkerrechtlich unabhängigen – ehemaligen Kolonien zu erhalten; die Aufrechterhaltung der guten wirtschaftlichen Beziehungen war von beiderseitigem Interesse. Das Mittel hierzu waren freiwillig ausgehandelte und bindende Assoziationsverträge, die zunächst im französischsprachigen („Jaunde“), später im englischsprachigen („Arusha“) Raum geschlossen wurden (siehe hierzu Kap. 3.1).[42] Über die (ausschließliche) Kompetenz, „mit einem oder mehreren Staaten [...] Abkommen zu schließen, die eine Assoziierung mit gegenseitigen Rechten und Pflichten, gemeinsamem Vorgehen und besonderen Verfahren“ beinhalten, verfügt die Gemeinschaft gemäß Art. 310 EGV noch heute. Diese Abkommen begründen laut EuGH eine „besondere und privilegierte Beziehung mit einem Drittstaat“; die bekanntesten Vertreter des Typs „Entwicklungsassoziierung“ stellen die AKP-Abkommen dar.[43]

Neben den Anfängen der AKP-Zusammenarbeit bestanden noch andere Formen entwicklungspolitisch geprägter Außenbeziehungen der Gemeinschaft. Hierzu zählten Maßnahmen in ausschließlicher Gemeinschaftskompetenz, Maßnahmen, die aus dem Gemeinschaftshaushalt finanziert wurden, aber gemeinsame Kompetenzen der Gemeinschaft und der Mitgliedstaaten darstellten, sowie gemeinschaftliches Handeln ohne klare vertragliche Grundlage. Insbesondere die Kommission versuchte dabei, die Entwicklungszusammenarbeit in die Nähe der Gemeinsamen Handelspolitik zu rücken, für die die Kompetenz ausschließlich bei der Gemeinschaft liegt. Aufgrund der Komplexität und Viel-

[41] Diese überseeischen Länder und Hoheitsgebiete sind völkerrechtlich Bestandteile des Staatsgebiets von Mitgliedstaaten der EU, z.B. als „départements/territoires d'outre mer“ (DOM-TOM) Frankreichs. Gemäß Anhang II zum EGV fallen folgende Gebiete unter Teil IV des EGV: Grönland, Neukaledonien und Nebengebiete, Französisch-Polynesien, Französische Süd- und Antarktisgebiete, Wallis und Futuna, Mayotte, St. Pierre und Miquelon, Aruba, Niederländische Antillen, Anguilla, Kaimaninseln, Falklandinseln, Südgeorgien und südliche Sandwichinseln, Montserrat, Pitcairn, St. Helena und Nebengebiete, Britisches Antarktis-Territorium, Britisches Territorium im Indischen Ozean, Turks- und Caicosinseln, Britische Jungferninseln, Bermuda.

[42] Vgl. *Hilpold* 2002, S. 240f und *Windmeißer* 2002, S. 28f.

[43] Siehe hierzu *Mögele* 2003, S. 2556f. Der Vollständigkeit halber sei angefügt, dass Art. 310 EGV (Assoziierungskompetenz) zusammen mit Art. 300 EGV („technische“ Regelung der Abkommen) aus dem Art. 238 EWGV hervorgegangen sind, auf dem die ersten AKP-Abkommen beruhten. Vgl. *ebenda*.

schichtigkeit der Aufgabe erwies sich jedoch eine klare Grundlegung in den Verträgen als unausweichlich.[44]

2.3.3) Entwicklungspolitik seit dem Vertrag von Maastricht

Mit dem Maastrichter Vertrag, der 1993 in Kraft trat, fand die AKP-EG-Entwicklungszusammenarbeit erstmals eine explizite Grundlage in den Verträgen.[45] Die Aufnahme erfolgte maßgeblich auf Initiative der Niederlande, welche die Entwicklungspolitik aus dem Schatten der rein intergouvernementalen Gemeinsamen Außen- und Sicherheitspolitik (GASP) herausholen und somit aufwerten wollte.[46] Sie widersetzte sich somit auch erfolgreich Bestrebungen, welche die Entwicklungspolitik als Teil der GASP in den Maastrichter Vertrag aufnehmen wollten.[47] Die in Art. 177ff EGV verankerten Ziele der Entwicklungszusammenarbeit (vgl. Kap. 2.4) bedeuten zum einen „a road map to the future of the policy", zum anderen aber auch „a reflection of the past development of the policy".[48]

Die einzige wesentliche Neuerung beim Übergang vom Maastrichter auf den Amsterdamer Vertrag im Jahr 1999 erfolgte in Art. 179 I EGV, der seither für entwicklungspolitische Entscheidungen des Rates das Mitentscheidungsverfahren (Art. 251 EGV) anstelle des vorher üblichen Verfahrens der Zusammenarbeit (Art. 252 EGV) vorsieht.[49] Diese Änderung bedeutet einen erheblichen Einflussgewinn für das Europäische Parlament.

Der Vertrag von Nizza brachte 2003 keine Änderungen in oder Auswirkungen auf Titel XX des Vertrages (Entwicklungszusammenarbeit), fügte aber den Titel XXI, bestehend aus dem einzigen Art. 181a EGV, zur wirtschaftlichen, finanziellen und technischen Zusammenarbeit mit Drittländern, ein. Diese neue Gemeinschaftsaufgabe bezieht sich auf Länder[50], die nicht Entwicklungsländer

---

[44] Siehe *Pitschas* 2003, S. 1761f.
[45] Schmidt findet für seine Ablehnung der Aufnahme in die Verträge drastische Worte: „Damit haben alternativ-fundamentalistische und auf anti-industriellen, anti-modernen und kulturpessimistischen Grundüberzeugungen beruhende „Umverteilungs"-Pläne, die sich gegen unsere eigene Gesellschafts-, Rechts- und Wirtschaftsordnung richten, einen ersten rechtlichen Vorposten genommen." Siehe *Schmidt* 1995, S. 272. Die vergangenen 10 Jahre liefern jedoch keine Indizien dafür, dass die Befürchtungen Schmidts auch nur ansatzweise begründet waren.
[46] *Pitschas* 2003, S. 1761.
[47] Für kurze Erläuterungen, die in Kap. 4) wieder aufgenommen werden, siehe *Zimmermann* 2004, S. 324f.
[48] Siehe *McMahon* 1999, S. 621.
[49] Siehe hierzu die kurzen Ausführungen in *Zimmermann* 2004, S. 325.
[50] Zielgruppe von Titel XXI sind also die Staaten Ost- und Südosteuropas, deren Ökonomien sich in der Transformation befanden bzw. noch immer befinden.

im Sinne des Art. 177ff EGV sind und ergänzt wiederum nur die Tätigkeit der Mitgliedstaaten durch eine parallele Kompetenz der Gemeinschaft, die zudem kohärent zur gemeinschaftlichen Entwicklungspolitik sein muss (vgl. Art. 181a I EGV). Zimmermann[51] äußert zu Recht Unverständnis darüber, dass angesichts der materiellen Vergleichbarkeit der Titel XX und XXI der letztgenannte nur die Anhörung des Parlaments (Art. 181a II EGV), nicht aber dessen Mitentscheidung (vgl. Art. 251 EGV) vorsieht.

2.3.4) Vertrag über eine Verfassung für Europa

Wenngleich das Inkrafttreten des Vertrages über eine Verfassung für Europa aufgrund der ablehnenden Volksabstimmungen in Frankreich und den Niederlanden derzeit unwahrscheinlich erscheint, erfolgt an dieser Stelle ein Ausblick auf die Regelungen zur Entwicklungszusammenarbeit im Entwurf des Europäischen Konvents vom Juli 2003.

Der Vertragsentwurf unterscheidet zwischen ausschließlichen Zuständigkeiten (Art. I-12) der Union, Bereichen mit geteilter Zuständigkeit (Art. I-13) und Unterstützungs-, Koordinierungs- und Ergänzungsmaßnahmen (Art. I-16). Keine dieser Klassifizierungen ist kompatibel mit dem derzeitigen System der parallelen Kompetenzen von Gemeinschaft und Mitgliedstaaten. Um der bestehenden Rechtslage einigermaßen nahe zu kommen, greift der Vertragsentwurf zu einer „unglücklichen Zwittereinordnung"[52] und regelt in Art. I-13 (4), dass sich die Zuständigkeit der Union in den Bereichen Entwicklungszusammenarbeit und humanitäre Hilfe nur darauf erstreckt, „Maßnahmen zu treffen und eine gemeinsame Politik zu verfolgen, ohne dass die Ausübung dieser Zuständigkeit der Union die Mitgliedstaaten hindert, ihre Zuständigkeiten auszuüben". Es bliebe folglich im Wesentlichen bei der parallelen Kompetenz.

Die Art. III-218 bis III-220 des Vertragsentwurfs fassen die Kompetenzen und Aufgaben der Union zusammen.[53] Im Vergleich zu den Art. 177-181 EGV erfolgen im Wesentlichen einige Umgruppierungen und die Ziele der Entwicklungszusammenarbeit werden als allgemein anwendbare Bestimmungen des auswärtigen Handelns der Union (Art. III-193) „vor die Klammer gezogen". Ein entscheidender Unterschied ergibt sich jedoch durch den Wegfall des bisherigen

---

[51] Siehe *Zimmermann* 2004, S. 325.
[52] Die wenig schmeichelhafte Beurteilung ist *Zimmermann* 2004, S. 325, entnommen.
[53] Diese Ausführungen basieren ebenfalls auf der Arbeit von *Zimmermann* 2004, S. 325ff.

Art. 179 III EGV, der trotz Einführung des Titels XX in den EGV den Abschluss der AKP-Partnerschaftsabkommen als gemischte Abkommen (gemäß Art. 300 EGV) auf der Basis von Art. 310 EGV und eine Finanzierung über den EEF außerhalb des Gemeinschaftshaushalts rechtfertigte. Ohne eine vergleichbare Norm ließe sich der EEF aber wohl nicht länger als Sondervermögen außerhalb des Haushalts aufrechterhalten (siehe hierzu Kap. 4.3).

Die Vorgaben des Vertrags von Nizza über die wirtschaftliche, finanzielle und technische Zusammenarbeit mit Drittländern (Art. 181 a EGV) werden im Art. III-221 im Wesentlichen übernommen. Neu ist jedoch die explizite Regelung der humanitären Hilfe in Art. III-223, die sich somit von der übrigen Entwicklungszusammenarbeit abhebt und explizit nur für „Drittländer", d.h. nicht für die Entwicklungsländer, konzipiert ist. Die Assoziierung der überseeischen Länder und Hoheitsgebiete ist in Titel IV, Art. III-186 bis III-192, analog zu Art. 182-188 EGV, konsequent außerhalb der Außenpolitik verankert.

2.4) Ziele der Entwicklungszusammenarbeit

Die Ziele der europäischen Entwicklungszusammenarbeit (Art. 177ff EGV) sind

(i) die Förderung einer nachhaltigen wirtschaftlichen und sozialen Entwicklung der Entwicklungsländer, insbesondere der am meisten benachteiligten Entwicklungsländer (Art. 177 I 1. Spiegelstrich EGV),
(ii) die harmonische, schrittweise Eingliederung der Entwicklungsländer in die Weltwirtschaft (Art. 177 I 2. Spiegelstrich EGV),
(iii) die Bekämpfung der Armut in den Entwicklungsländern (Art. 177 I 3. Spiegelstrich EGV) und
(iv) die Fortentwicklung und Festigung der Demokratie und des Rechtsstaats sowie die Wahrung der Menschenrechte und Grundfreiheiten (Art. 177 II EGV).

Die Bedeutung der entwicklungspolitischen Ziele wird anhand der Querschnittsklausel in Art. 178 EGV deutlich, welche die Gemeinschaft verpflichtet, bei allen von ihr verfolgten Politiken - vgl. Art. 3 EGV - die Ziele des Art. 177 I, II EGV zu berücksichtigen.

Zu diesen Zielen, die im Folgenden näher erläutert werden, kommen noch die Ziele, zu denen sich die Gemeinschaft und die Mitgliedstaaten im Rahmen der

Vereinten Nationen oder anderer internationaler Institutionen verpflichtet haben (Art. 177 III EGV). Hierzu gehören v.a. die 8 UN-Milleniums-Entwicklungsziele sowie die Selbstverpflichtung der EU-Mitgliedstaaten, bis 2015 0,7% des BNE für die Entwicklungshilfe aufzuwenden[54]

2.4.1) Nachhaltige wirtschaftliche und soziale Entwicklung

Die gemeinschaftliche Entwicklungszusammenarbeit verfolgt an erster Stelle[55] das Ziel einer nachhaltigen wirtschaftlichen und sozialen Entwicklung, wobei den am wenigsten entwickelten Ländern besondere Aufmerksamkeit zu widmen ist. Geiger interpretiert eine „nachhaltige" Entwicklung ausschließlich als „dauerhaften und selbsttragenden"[56] Prozess eines wirtschaftlichen und gesellschaftlichen Aufstrebens. Pitschas betont ebenfalls, dass der Nutzen aus einer Maßnahme über die Laufzeit des jeweiligen Projektes hinaus anhalten müsse. Darüber hinaus leitet er aus der Forderung nach Nachhaltigkeit jedoch auch einen umweltpolitischen Förderauftrag ab, da eine wirtschaftliche und soziale Entwicklung ohne Berücksichtigung der Belange des Umweltschutzes nicht nachhaltig (vgl. Art. 6 EGV) und somit dauerhaft sein könne.[57] Eine zusätzliche Bedeutung erlangt die Nachhaltigkeit im Zusammenhang mit dem Kernelement der Entwicklungszusammenarbeit, dem Handel. So sollen Hilfslieferungen der Gemeinschaft für Entwicklungsländer in Form von Agrar-Überschussproduktionen - mit allen negativen Folgen für die Märkte der Empfängerländer - zunehmend einem „nachhaltigen Handel" weichen.[58]

2.4.2) Harmonische, schrittweise Eingliederung in die Weltwirtschaft

Als zweites Ziel verfolgt die Gemeinschaft laut Vertrag die harmonische und schrittweise Integration der Entwicklungsländer in den Welthandel. Unter Beachtung ökonomischer Zusammenhänge (vgl. Kap. 5.1.1) handelt es sich jedoch eher um ein Mittel zur Sicherung einer nachhaltigen wirtschaftlichen und sozialen Entwicklung. Die Literatur sieht in dieser Zielsetzung in erster Linie ein

---

[54] Siehe hierzu *Zimmermann* 2003, S. 1493f. Zu den Milleniums-Entwicklungszielen siehe speziell *Bundesministerium für wirtschaftliche Zusammenarbeit und Entwicklung* 2005, S. I-XX.

[55] Zimmermann sieht trotz der erstrangigen Nennung keine Rangordnung, sondern vier gleichberechtigte, nebeneinander stehende Ziele. Siehe *Zimmermann* 2003, S. 1488.

[56] *Geiger* 2000, S. 631.

[57] *Pitschas* 2003, S. 1764f. Auch Zimmermann zieht die Parallele zur nachhaltigen Entwicklung als Umweltschutzerfordernis, lehnt aufgrund der Unbestimmtheit eine normative Bedeutung der Wendung zwar ab, anerkennt jedoch die bereits erreichte praktische Bedeutung. Siehe *Zimmermann* 2003, S. 1488f.

[58] Zu diesen Ausführungen siehe *Pitschas* 2003, S. 1765.

Bekenntnis zum liberalisierten Welthandel, wobei die Liberalisierung - gerade unter Berücksichtigung der Bedürfnisse der Entwicklungsländer - vorangetrieben werden soll und die Entwicklungsländer selbst nicht zu einer sofortigen Marktöffnung genötigt werden.[59] Darüber hinaus betont Pitschas die Bedeutung von Frieden und Stabilität für die Gewährleistung eines weltweit freien Handels, was dieses Ziel der Entwicklungspolitik wiederum in die Nähe der Außen- und Sicherheitspolitik rückt. Das wichtigste Mittel zur Integration in den Welthandel stellt bisher das Allgemeine Präferenzsystem (siehe Exkurs unten) dar.

2.4.3) Bekämpfung von Armut

Armutsbekämpfung wird zwar als eigenständiges Ziel formuliert, stellt aber einen notwendigen Beitrag zum erstgenannten Ziel der wirtschaftlichen und sozialen Entwicklung dar.[60] Die Beseitigung elementarer Armut in Form von Nahrungsmittelknappheit ist die dringendste Aufgabe der Entwicklungspolitik. Im Sinne der Nachhaltigkeit hat sich die Nahrungsmittelhilfe jedoch gewandelt: weg von der Lieferung der EU-Agrar-Überschussproduktion, hin zu regionalen Projekten der Hilfe zur Selbsthilfe.

War der Begriff der Armut zu Beginn noch eindimensional auf den Mangel an Kapital begrenzt, so wurde er im Laufe der Zeit erweitert auf den Mangel an grundlegenden Fähigkeiten bzw. den Mangel an Zugang zu Bildung, Gesundheitsleistungen, Arbeit und politischer Teilhabe. Die Bekämpfung von Armut kann in akuten Fällen auch in der humanitären und Katastrophenhilfe bestehen, die vom European Community Humanitarian Office (ECHO) geleistet wird.[61]

2.4.4) Demokratie und Rechtsstaatlichkeit

Der Vertag verpflichtet die Gemeinschaft zu einer Entwicklungspolitik, welche in den Entwicklungsländern Demokratie und Rechtsstaat fortentwickelt und festigt sowie die Wahrung der Menschenrechte und Grundfreiheiten verfolgt. Dahinter steht die Vorstellung, man müsse die Eckpfeiler westlicher Demokratien in den Entwicklungsländern installieren (siehe Kap. 3.3.3.1). Da das Ver-

---

[59] Vgl. *Pitschas* 2003, S. 1765f bzw. *Zimmermann* 2003, S. 1490.
[60] Siehe z.B. *Zimmermann* 2003, S. 1488.
[61] Vgl. *Pitschas* 2003, S. 1766f.

ständnis von Demokratie und Rechtsstaat in den Mitgliedstaaten mitunter divergiert, betont Pitschas, dass hier im Zweifelsfall nur die gemeinschaftsrechtlichen[62] Kriterien angelegt werden dürften.[63] Hierzu gehören in jedem Fall die Mindeststandards demokratischer Partizipation, d.h. v.a. die Möglichkeit, als aktiver oder passiver Wahlberechtigter an regelmäßig stattfindenden allgemeinen, gleichen und geheimen Wahlen zu den die faktische Macht bündelnden Staatsorganen teilzunehmen. Obwohl die Formulierung in Art. 177 II EGV selbst rein deskriptiv zu sein scheint, sieht Zimmermann in der bloßen Existenz der Norm bereits eine Zielbindung ohne konkrete Handlungsanweisung, welche der Gemeinschaft in Verbindung mit Art. 180 (Innenkompetenz) und Art. 181 EGV (Außenkompetenz) die materielle Grundlage für die Aufnahme von Menschenrechtsklauseln in Abkommen im Rahmen von Titel XX EGV verleiht (vgl. Kap. 4.1.1.4).[64]

2.5) Angrenzende europäische Politiken

Im Laufe der weiteren Ausführungen zeigt sich, dass die europäische Entwicklungszusammenarbeit zahlreiche Berührpunkte mit anderen europäischen Politiken aufweist. Daher soll an dieser Stelle als Grundlage für die Abgrenzung in Kap. 4.2 in bewusst knapper Form ein Einblick in die relevanten Politiken gegeben werden.

2.5.1) Gemeinsame Außen- und Sicherheitspolitik

Die Gemeinsame Außen- und Sicherheitspolitik (GASP) der Europäischen Union ist in Titel V (Art. 11-28) EUV geregelt.[65] Sie bildet gemäß Art. 1 III EUV die zweite Säule der EU, neben den Europäischen Gemeinschaften (EGen) und der Polizeilichen und Justiziellen Zusammenarbeit in Strafsachen (Titel VI, Art. 29-42 EGV). Mit der GASP, die sich explizit auf „alle Bereiche der Außen- und Sicherheitspolitik" bezieht (Art. 11 I EUV), verfolgt die Union seit dem Maastrichter Vertrag einen im Wesentlichen unveränderten Zielkatalog. Dieser umfasst gemäß Art. 11 I EUV die Verfassungsprinzipen und geachteten Grundrechte der EU analog zu Art. 6 EUV sowie die international anerkannten Prin-

[62] Primär- und Sekundärrecht einschließlich der Urteile des Europäischen Gerichtshofs, des Europäischen Gerichtshofs für Menschenrechte und der Europäischen Grundrechtecharta.
[63] Vgl. *Pitschas* 2003, S. 1767.
[64] Vgl. *Zimmermann* 2003, S. 1491ff.
[65] Für Erläuterungen zur Geschichte, zum institutionellen Arrangement sowie zu den Handlungsformen der GASP, welche hier aus Platzgründen ausgeblendet werden, siehe z.B. *Regelsberger/Kugelmann* 2003.

zipien unter besonderer Betonung des Sicherheitsbedürfnisses der Union (Art. 11 I 2. und 3. Spiegelstrich EUV).

Der intergouvernementale Charakter der GASP entstammt einem klassischen politischen Kompromiss. Auf der einen Seite steht die Erkenntnis, dass es auf dem Weg zu einer politischen Integration einer einheitlichen außenpolitischen Stimme Europas bedarf, welche zudem der internationalen Durchsetzung europäischer Interessen förderlich ist.[66] Auf der anderen Seite divergieren zumindest derzeit noch die außenpolitischen Interessen der Mitgliedstaaten. Aus diesem Spannungsfeld heraus verblieb die Kompetenz in den Bereichen Außen- und Sicherheitspolitik auf der Ebene der Mitgliedstaaten. Diese verpflichten sich zwar einerseits, die „Außen- und Sicherheitspolitik der Union aktiv und vorbehaltlos im Geiste der Loyalität und der gegenseitigen Solidarität" zu unterstützen (Art. 11 II Satz 1 EGV), andererseits wird der EuGH aber explizit für nicht zuständig erklärt (Art. 46 EUV), weshalb der Europäische Rat ausschließlich über die Einhaltung der Grundsätze der Zusammenarbeit wacht (Art. 11 II Satz 3 EUV).[67]

Der Europäische Rat, bestehend aus den Staats- und Regierungschefs der Mitgliedstaaten sowie dem Präsidenten der Kommission (Art. 4 EUV), bestimmt die Grundsätze und allgemeinen Leitlinien der GASP (Art. 13 I EUV). Bei der Durchführung der GASP bedient sich die Europäische Union der Institutionen der EGen (Art. 5 EUV), wobei der Rat (Art. 202ff EGV) „für ein einheitliches, kohärentes und wirksames Vorgehen der Union Sorge" trägt (Art. 13 III Satz 3 EUV).

2.5.2) Gemeinsame Handelspolitik

Die Tätigkeit der Europäischen Gemeinschaft umfasst gemäß Art. 3 I b) EGV eine gemeinsame Handelspolitik, die in Art. 131-134 EGV konkretisiert wird. Die Gemeinschaft verfügt durch Art. 133 EGV über eine konkrete und ausschließliche Kompetenz, „nach einheitlichen Grundsätzen" (Art 133 I EGV) die Ziele des Art. 131 EGV zu verfolgen.[68] Demnach soll durch die Schaffung einer Zollunion im Rahmen einer harmonischen Entwicklung des Welthandels

---

[66] Ökonomisch gesprochen stellt die Außen- und Sicherheitspolitik ein sog. „zentrales öffentliches Gut" dar, d.h. diese Aufgaben sollten auch aufgrund der Existenz von Größen- und Verbundvorteilen auf zentraler und somit europäischer Ebene erledigt werden.
[67] Siehe hierzu auch *Regelsberger/Kugelmann* 2003, S. 61-69 und *Brüne* 2004, S. 34f.
[68] Zur Kompetenzfrage siehe erstmals EuGH Gutachten 1/75, Slg. 1975, S. 1355, S. 1363f.

die Wettbewerbsfähigkeit der Unternehmen in der Gemeinschaft gefördert werden (Art. 131 EGV). Die Schwäche der gewählten Formulierungen[69] und die Verbindung zum Gemeinsamen Markt führen in der Literatur[70] zu der Ansicht, dass Art. 131 EGV die Gemeinschaft nicht ausschließlich auf das Ziel der Wohlstandsmehrung durch Wettbewerb und freien Handel festlegt, sondern auch auf das der „Verteilungsgerechtigkeit" innerhalb der Gemeinschaft.

In Abweichung von der internationalen Verwendung umfasst der im Gemeinschaftsrecht benutzte Begriff der Handelspolitik - und die damit verbundene ausschließliche Kompetenz der Gemeinschaft - nach heutiger Interpretation den Handel mit Waren bis auf wenige Ausnahmen, die zugehörigen Zahlungsströme und Dienstleistungen.[71] Die Verfahrensregeln in Art. 133 II und IV EGV sehen keine Beteiligung des Parlaments an Beschlüssen zu Maßnahmen der autonomen Handelspolitik vor. Beim Abschluss von Verträgen verweist Art. 133 III UAbs. 3 EGV auf das Verfahren gemäß Art. 300 EGV, wobei auch hier wegen Art. 300 III EGV die Beteiligung des Parlaments allenfalls auf eine nachträgliche Zustimmung beschränkt ist.[72]

Das Zollrecht als Teil der autonomen Handelspolitik der Gemeinschaft nach Art. 133 EGV umfasst heute im Wesentlichen den Gemeinsamen Zolltarif (GZT) als Außenzollregime und den Zollkodex von 1994. Das Allgemeine Präferenzsystem (APS) enthält zudem präferenzielle Zollsätze und Kontingente für Waren aus Entwicklungsländern.[73]

Exkurs: Allgemeines Präferenzsystem

Das System allgemeiner Handelspräferenzen bzw. Allgemeine Präferenzsystem (APS) für den Import industrieller und landwirtschaftlicher Produkte mit Ursprung in Entwicklungsländern entstand 1971[74] auf der Grundlage der handelspolitischen Kompetenzen der Gemeinschaft und basiert auch nach Inkrafttreten von Art. 177ff EGV („Entwicklungszusammenarbeit") auf Art. 133 EGV.[75]

---

[69] Art. 131 EGV spricht lediglich von „beabsichtigen", „schrittweise", „beitragen", „berücksichtigt" und „haben kann".
[70] Siehe *Nettesheim/Duvigneau* 2003, S. 1438ff.
[71] Art. 133 VI UAbs. 2 EGV schreibt in Ausnahmefällen gemischte Abkommen nach dem Verfahren des Art. 300 EGV vor. Siehe hierzu und zu weiteren Ausnahmen *Nettesheim/Duvigneau* 2003, S. 1450f.
[72] Siehe *Nettesheim/Duvigneau* 2003, S. 1455f.
[73] Für weitere Informationen siehe z.B. *Nettesheim/Duvigneau* 2003, S. 1466.
[74] Hilpold erklärt das APS als typisches Kind seiner Zeit, die allen Entwicklungsländern unabhängig von deren Zugehörigkeit zu bestimmten Interessensphären und v.a. unabhängig von deren Verhältnis zu Demokratie, Menschenrechten und Rechtsstaatlichkeit, ein sog. „Recht auf Entwicklung" zugestand. Siehe *Hilpold* 2002, S. 242
[75] Siehe *Zimmermann* 2003, S. 1484.

Es trug von Anfang an entwicklungspolitische Züge und ermöglicht den Entwicklungsländern einen erleichterten Zugang zum Gemeinsamen Markt durch den differenzierten Abbau tarifärer oder nicht-tarifärer Handelshemmnisse, um so die Armut zu bekämpfen.[76] Während die AKP-Abkommen als von beiden Seiten freiwillig und jeweils bindende Verträge abgeschlossen werden (vgl. Kap. 3), erlässt die EG das APS autonom.

In seiner bis Ende 2005 gültigen Fassung[77] gewährte die EG durch das APS den laut Anhang I der Verordnung begünstigten Entwicklungsländern einen durch gestaffelte Zollreduktion verbesserten Zugang zum Gemeinschaftsmarkt, wobei es für den Schutz von Umwelt und Arbeitnehmerrechten weitere Zollsenkungen als Sonderregelungen vorsieht. Für die am wenigsten entwickelten Länder gilt Zollfreiheit, sofern es sich um andere Waren als Waffen und Munition (vgl. die „Everything but Arms"-Initiative[78]) handelt.[79] Die Kommission[80] schlug vor, das APS grundsätzlich fortzuführen, aber einige Vereinfachungen vorzunehmen und es auf die bedürftigsten Länder (LDCs) zu konzentrieren. Auf dieser Grundlage entstand auch der Vorschlag der Kommission für eine Anschlussregelung für die Jahre 2006 - 2008, vgl. KOM(2004) 699 endgültig. Eine Reihe von Autoren[81] bezweifelt jedoch generell die entwicklungspolitische Sinnhaftigkeit allgemeiner Präferenzsysteme angesichts deren bisheriger Erfolglosigkeit beim Marktzugang für LDCs und kritisiert daher sowohl die Planungen zur Fortschreibung des europäischen APS sowie dessen grundsätzliche Verankerung im Welthandelsrecht (siehe auch die Diskussion über die Zollpräferenzen in Kap. 5.4.1.2).

2.5.3) Gemeinsame Agrarpolitik

Die Landwirtschaft wird nach Art. 32 I, II EGV, mit Ausnahme der in Anhang I (Art. 32 III EGV) ausgewiesenen Produkte, grundsätzlich den Regeln des Ge-

---

[76] Vgl. *Pitschas* 2003, S. 1762, 1766.
[77] VO (EG) Nr. 2501/2001 des Rates vom 10. Dezember 2001 über ein Schema allgemeiner Zollpräferenzen für den Zeitraum vom 01. Januar 2002 bis 31. Dezember 2004. Verlängert bis Ende 2005 durch die VO (EG) Nr. 2211/2003 des Rates vom 15. Dezember 2003. Für eine Beschreibung und Einordnung der früheren APS-Regelungen siehe z.B. *Sánchez Rydelski* 1998, S. 398f und *Lebullenger* 1994, S. 647-656.
[78] Angenommen von der Gemeinschaft durch die VO (EG) Nr. 416/2001 vom 28. Februar 2001.
[79] Siehe *Europäische Kommission* 2005k.
[80] Mitteilung der Kommission an den Rat, das Europäische Parlament und den Europäischen Wirtschafts- und Sozialausschuss vom 07. Juli 2004: „Entwicklungsländer, internationaler Handel und nachhaltige Entwicklung: Die Rolle des Allgemeinen Präferenzsystems (APS) der Gemeinschaft im Jahrzehnt 2006/2015" [KOM(2004) 461 endg. – Amtsblatt C 242 vom 29.09.2004].
[81] Siehe z.B. *Inama* 2002, *Inama* 2003 und *Vadcar* 2005, die auch zahlreiche Verbesserungsvorschläge bereithalten.

meinsamen Marktes unterworfen, was angesichts der bereits zur Einführung im Jahr 1958 massiven staatlichen Einriffe nicht selbstverständlich ist,[82] befreit sie aber von den Wettbewerbsregeln (Art. 36 EGV). Art. 37 EGV weist der Gemeinschaft eine Kompetenz für die Gemeinsame Agrarpolitik (GAP) zu.

Neben dem Primärrecht ist gerade in der Landwirtschaft das Sekundärrecht, v.a. in Form von Gemeinsamen Marktordnungen nach Art. 34 EGV, von besonderer Bedeutung. Die bekanntesten, weil umstrittensten, sind wohl diejenigen für Zucker und Bananen (vgl. Kap. 3.3.2.1). Darin können Preisregelungen, Beihilfen für die Erzeugung und Verteilung, Einlagerungs- und Ausgleichsmaßnahmen sowie gemeinsame Einrichtungen zur Stabilisierung der Ein- oder Ausfuhr geregelt werden, wobei die Ziele der GAP in Art. 33 EGV zu verfolgen sind (Art. 34 II UAbs. 1 und 2 EGV). Demnach verfolgt die GAP die Förderung der Produktivität in der Landwirtschaft (Absatz I a)), die Gewährung eines angemessenen Lebensstandards für die in der Landwirtschaft tätigen Personen (Absatz I b)), die Stabilisierung der Märkte (Absatz I c)), die Versorgungssicherheit (Absatz I d)) und die Versorgung der Verbraucher zu angemessenen Preisen (Absatz I e)). Dabei ist offensichtlich, dass v.a. das zweite Ziel geeignet ist, mit dem fünften zu kollidieren. Zudem reklamiert Art. 33 II EGV aufgrund ihrer Sonderstellung Ausnahmeregeln für die Landwirtschaft gegenüber dem Gemeinsamen Markt.

Am Beginn der GAP stand die Subventionierung zur Sicherung der Selbstversorgung angesichts der Nahrungsmittelknappheit in der Nachkriegszeit. Massive Überproduktionen, Konflikte mit dem Welthandelsrecht und die Disproportionalität von Gemeinschaftsausgaben und Beschäftigtenzahl im Agrarsektor führten schleppend zu einem Abschmelzen der Ausgaben und zum sukzessiven Umstieg von den Produktionsbeihilfen zu qualitätsgekoppelten Direktzahlungen an die Landwirte. Mit der Umsetzung der „Agenda 2000“ trat die Förderung der Entwicklung des ländlichen Raums als zweite Säule der GAP an die Seite der Landwirtschaft.[83]

Die GAP, insbesondere in Form der EU-Agrarbeihilfen, stellt bis heute einen der zentralen Streitpunkte innerhalb der EU und auf der Welthandelsebene dar. Der amtierende EU-Handelskommissar Mandelson rechnete sogar damit, dass die WTO-Ministerkonferenz (siehe auch Kap. 2.6) im Dezember 2005 in Hong-

---

[82] Vgl. *van Rijn* 2003, S. 1185.
[83] Siehe hierzu und für weitere Informationen *Europäische Kommission* 2005i.

kong an dieser Frage scheitern würde.[84] Letztlich konnte jedoch zumindest ein Kompromiss darüber erzielt werden, dass die EU-Agrarexportsubventionen bis 2013 sukzessive abgeschafft werden sollen.[85]

2.6) Relevante Grundlagen des Welthandelsrechts

Das Abkommen zur Errichtung der Welthandelsorganisation (World Trade Organization, WTO) trat als Abschluss der multilateralen Uruguay-Runde am 01.01.1995 in Kraft.[86] Dahinter steht die Grundüberzeugung, dass die weltweite Wohlfahrt durch den Abbau handelshemmender Maßnahmen gesteigert werden kann, welche jedoch durch verteilungspolitisch ambitionierte Ausnahmeregelungen unterbrochen wird.[87] Aufgrund der Überschreitung der Gemeinschaftskompetenzen aus Art. 133 EGV beteiligten sich Mitgliedstaaten und Gemeinschaft in Form eines gemischten Abkommens.[88] Für die Gemeinschaft basiert dieses Abkommen auf Art. 133 III EGV, der in UAbs. 3 explizit auf die Bestimmungen des Art. 300 EGV verweist, der wiederum in Abs. VII das Abkommen aus Sicht der Gemeinschaftsorgane und Mitgliedstaaten für verbindlich erklärt.[89]

Während das eigentliche WTO-Abkommen lediglich organisatorischer Natur ist, beinhalten die Anhänge als dessen integrale Bestandteile die Vereinbarungen materieller und prozeduraler Natur. Anhang 1 A umfasst v.a. das Allgemeine Zoll- und Handelsabkommen von 1994 (General Agreement on Tariffs and Trade; GATT 1994), welches im Wesentlichen dem GATT 1947 entspricht und dieses in die WTO integriert. Dementsprechend verfolgt das GATT 1994 die Ziele Effizienz, Transparenz und Gleichbehandlung im internationalen Handel. Effizienz und Transparenz bedeuten hauptsächlich eine Verpflichtung der WTO-Mitglieder, wenn überhaupt, zu möglichst unschädlichen und über-

---

[84] Siehe *FAZ* 2005a.
[85] Siehe *DIE WELT* 2005.
[86] Zur Vorgeschichte und Bedeutung der WTO, v.a. als internationale Handelsorganisation mit eigener Rechtspersönlichkeit und Streitbeilegungsmechanismus, siehe z.B. *Hermann* 2001, S. 456-460 und *Lebullenger* 1994, S. 632-635.
[87] Dennoch beklagt Howse, dass sich innerhalb des GATTs bzw. heute der WTO ein von der „Ideologie des Freihandels" beseeltes „Insider-Netzwerk" gebildet habe, welches ausschließlich auf Wohlfahrtsgewinne durch Freihandel fixiert sei und darüber jeglichen Gedanken an „Verteilungsgerechtigkeit" vermissen lasse. Die Lösung des Problems sieht Howse in der Einbeziehung von Nichtregierungsorganisationen in die Verhandlungen, die bis dato nur unter den Mitgliedstaaten bzw. –organisationen geführt werden. Siehe *Howse* 2002, S. 98f und 116f.
[88] Siehe *Nettesheim/Duvigneau* 2003, S. 1457f. Von Seiten der Gemeinschaft billigte der Rat die Übereinkünfte der Uruguay-Runde (1986-1994) mit dem Beschluss 94/800/EG vom 22. Dezember 1994.
[89] Der EuGH verneint dennoch in ständiger Rechtsprechung seit dem Fall „International Fruit Company" (EuGH Rs. 24-27/72, Slg. 1972, 1219) eine unmittelbare Anwendbarkeit des WTO-Rechts, z.B. des GATT 1994. *Becker-Çelik* 1997 kommt, wie ein Großteil der Literatur, zu einem gegenteiligen Ergebnis. Siehe hierzu auch *Nettesheim/Duvigneau* 2003, S. 1461ff, *Herrmann* 2001, S. 463-471 und *v. Bogdandy/Makatsch* 2000, S. 265ff.

schaubaren Zöllen und Abgaben zu greifen. Gleichbehandlung konkretisiert sich in Diskriminierungsverboten wie z.B. der Meistbegünstigungsklausel gegenüber Importeuren (Art. 1 GATT), d.h. dass eine günstigere Regelung gegenüber einem Land allen anderen WTO-Mitgliedern gleichermaßen eingeräumt werden muss, oder der Gleichbehandlung von inländischen und ausländischen Produkten („Inländergleichbehandlung").[90]

Regionale Integrationsräume wie Freihandelszonen und Zollunionen[91] oder Interimslösungen auf dem Weg dorthin, können in Abweichung von dem für das GATT konstitutiven Meistbegünstigungsgrundsatz in Art. 1 GATT, über Art. XXIV (5) GATT mit dem WTO-Recht vereinbar gemacht werden. Die Genehmigung über Art. XXIV (5) GATT beruht auf den Vorgaben, dass durch den regionalen Integrationsraum kein restriktiveres Außenzollregime als vor der Regionalintegration geschaffen werden darf (Art. XXIV (5) lit. a) bzw. b) GATT bzgl. Zollunion bzw. Freihandelszone) und dass jeweils ein Großteil des Handels umfasst wird (Art. XXIV (8) lit. a) bzw. b) GATT), um so die wohlfahrtssteigernden handelsschaffenden Effekte gegenüber den wohlfahrtsmindernden handelsumlenkenden Effekten zu stärken und per Saldo einen positiven Wohlfahrtseffekt[92] zu generieren (Näheres hierzu siehe Kap. 5.4.2). Hierbei billigen sich die Streitbeilegungsorgane der WTO selbst das - politisch brisante - Recht einer justiziellen Kontrollkompetenz zu, auf Art. XXIV (5) GATT begründete Regionalintegrationen gegebenenfalls für völkerrechtswidrig zu erklären.[93]

Darüber hinaus können die GATT-Vertragspartner über Art. XXV (5) GATT ein Mitglied unter außergewöhnlichen Umständen in Einzelfällen von seinen Verpflichtungen durch einen sog. „waiver" befreien. Voraussetzung ist jedoch die Einhaltung des Verfahrens in Art. IX Abs. 3 WTO, das insbesondere die

[90] Hierzu sowie zu den umfangreichen weiteren Bestandteilen des WTO-Abkommens, wie z.B. den Anhängen 1 B bzgl. Dienstleistungen (General Agreement on Trade in Services, GATS), bzgl. des Schutzes geistigen Eigentums (Agreement on Trade-Related Aspects of Intellectual Property Rights, TRIPS) sowie Nr. 2 zum Streitbeilegungsmechanismus (Understanding on Rules and Procedures Governing the Settlement of Disputes, DSU), siehe *Nettesheim/Duvigneau* 2003, S. 1458ff.

[91] Beiden Institutionen gemeinsam ist die Abschaffung aller Binnenzölle, wobei die Zollunion auch ein gemeinsames Außenzollregime schafft, die Mitglieder einer Freihandelszone aber individuelle Außenzölle gegenüber Drittstaaten aufrechterhalten. Vgl. *Herrmann* 2001, S. 480f, *v. Bogdandy/Makatsch* 2000, S. 264 sowie *Lebullenger* 1994, S. 637.

[92] So nennt das WTO-Abkommen als ersten und somit wichtigsten Beweggrund für die Gründung der WTO auch die Steigerung des Lebensstandards in allen Mitgliedsstaaten, welche grundsätzlich auch durch vom Meistbegünstigungsgrundsatz abweichende Maßnahmen der Realintegration im Rahmen von Art. XXIV GATT erreichbar sind.

[93] Siehe *v. Bogdandy/Makatsch* 2000, S. 263f.

Notwendigkeit einer Dreiviertelmehrheit der Mitglieder vorsieht.[94] Keines „waiver" bedarf jedoch das APS (vgl. Exkurs oben), das durch die sog. „Enabling Clause" von 1979 bis dato WTO-konform ist.[95]

[94] Art. IX Abs. 3 WTO lautet im englischen Original: "In exceptional circumstances, the Ministerial Conference may decide to waive an obligation on a Member by this Agreement or any of the Multilateral Trade Agreements, provided that any such decision shall be taken by three fourths of the Members unless otherwise provided for in this paragraph. […]" Siehe auch *Herrmann* 2001, S. 483, *Cottier/Evtimov* 2000, S. 488 sowie *Sánchez Rydelski* 1998, S. 400f.

[95] Siehe hierzu z.B. *Huber* 2000, S. 435f oder *Abass* 2004, S. 441. Hintergrund ist die Entscheidung „Differentiated and More Favourable Treatment, Reciprocity and Fuller Participation of Developing Countries".

3) Europäische Entwicklungspolitik: AKP-Abkommen im historischen Überblick

Nach den eher allgemeinen Grundlagen der europäischen Entwicklungszusammenarbeit im zweiten wendet sich die Arbeit im dritten Kapitel nunmehr speziell der Kooperation mit den AKP-Staaten zu. Die Zusammenarbeit der EU mit der Gruppe der AKP-Staaten, wurde bzw. wird in den aufeinander folgenden Abkommen von Jaunde, Lomé und Cotonou geregelt. Im Folgenden wird die Entwicklung der AKP-Abkommen kurz nachgezeichnet und aufgezeigt, wie sich entlang der Entwicklungsstufen die wesentlichen Charakterzüge der Entwicklungszusammenarbeit mit den AKP-Staaten veränderten. Somit bildet dieses Kapitel auch die konkrete Grundlage für die europarechtliche Analyse in Kapitel 4 und die ökonomische Analyse in Kapitel 5 der Arbeit.

3.1) Abkommen von Jaunde I,II (1964 - 1974)

Die Wurzeln der europäischen Entwicklungszusammenarbeit wurden bereits mehrfach in den Römischen Verträgen in Gestalt der Assoziierung der abhängigen überseeischen Gebiete (Art. 131-136 a.F. EWGV) verortet. Nach der sukzessiven Entlassung dieser Kolonien in die völkerrechtliche Unabhängigkeit bewahrte die Gemeinschaft die besonderen wirtschaftlichen und politischen Beziehungen zu diesen Staaten, indem sie Assoziationsverträge mit ihnen schloss.

3.1.1) Historische Entwicklung

Nachdem bereits 1961 ein „ad-hoc-Assoziationsrat" gebildet wurde, welcher die Grundsätze der Assoziierung unabhängig gewordener Ex-Kolonien festlegen sollte, kam es 1964 zum Abschluss des ersten Abkommens der Gemeinschaft mit 18 französischsprachigen afrikanischen Staaten (Jaunde I). Im Wesentlichen unverändert trat 1971 die 1969 ausgehandelte Verlängerung des Abkommens (Jaunde II) in Kraft.[96] Neben den ehemaligen französischen Kolonien schloss die Gemeinschaft zu Beginn der 70er Jahre auch erste Abkommen zur Assoziierung ehemaliger englischer Kolonien. So trat 1971 das Assoziationsabkommen mit Kenia, Uganda und Tansania (Arusha-Abkommen) in Kraft; Mauritius trat 1973 direkt dem Jaunde-Abkommen bei. Mit dem Beitritt Großbritanniens

[96] Siehe hierzu *Zimmermann* 2003, S. 1474.

zur Gemeinschaft im Jahre 1973 begannen auch Verhandlungen über eine Assoziierung von 20 Commonwealth-Staaten in Afrika, der Karibik und im Pazifischen Ozean. Diese Verhandlungen - zwischen der Gemeinschaft einerseits und den Vertragspartnern der Jaunde- und Arusha-Abkommen sowie den Commonwealth-Staaten andererseits - führten schließlich im Jahre 1975 zum Abschluss des ersten AKP-EWG-Abkommens (Lomé I).[97]

3.1.2) Zentrale Inhalte der Abkommen

Mit der Aushandlung des Jaunde I-Abkommens wandelte sich der Charakter der Assoziierung grundlegend, da es sich nunmehr um freiwillig geschlossene und wechselseitig bindende Verträge mit völkerrechtlich unabhängigen Staaten handelte. Bei der Assoziierung der abhängigen Gebiete ergriff die Gemeinschaft hingegen autonome Maßnahmen.[98] Wenngleich die Abkommen von Jaunde materiell noch weitgehend den Durchführungsabkommen zur Assoziierung der abhängigen Gebiete glichen, schufen sie jedoch erstmals Institutionen einer Zusammenarbeit in Form von Assoziationsrat, Parlamentarischer Konferenz und Schiedsgericht, mit dem noch heute gültigen Prinzip der Gleichberechtigung aller Partner.[99]

Parallel zu den Abkommen bestanden der zweite (1964-1970) und dritte (1970-1975) EEF.[100] Aus Handelsperspektive herrschte formal freier Handel in beide Richtungen zwischen allen Partnern. Die assoziierten Staaten genossen jedoch zunehmende Ausnahmeregelungen, die dem Prinzip der unilateral gewährten Präferenzen der Lomé-Abkommen bereits sehr nahe kamen.[101]

3.2) Abkommen von Lomé I - IV (1975 - 2000)

Mit dem Lomé-Abkommen, das als Ergebnis langwieriger und kontroverser Diskussionen zustande kam,[102] wurde 1975 eine Vertragsbeziehung geschaffen, die für das Verhältnis zwischen Industrienationen und Entwicklungsländern als beispielhaft galt. Zimmermann betont in diesem Zusammenhang, dass mit dem

---

[97] Vgl. *Zimmermann* 2003, S. 1475.
[98] Vgl. *Vonessen* 1996, S. 53.
[99] Siehe z.B. *Zimmermann* 2003, S. 1474 und *Windmeißer* 2002, S. 30.
[100] Vgl. *o.A.* 2005b. Der erste EEF (1959-1964) bestand somit bereits vor den AKP-Abkommen.
[101] Siehe *Windmeißer* 2002, S. 29f.
[102] Vgl. hierzu *Windmeißer* 2002, S. 30f.

Lomé I-Abkommen die Entwicklungszusammenarbeit erstmals im Vordergrund der AKP-EWG-Beziehungen stand.[103]

3.2.1) Historische Entwicklung

Das 1975 geschlossene Lomé I-Abkommen bestand für eine Dauer von fünf Jahren und wurde durch das 1979 unterzeichnete Lomé II-Abkommen ersetzt, dieses wiederum im Jahre 1986 durch das 1984 geschlossene Lomé III-Abkommen. Als dieses im Februar 1990 auslief, war das erst im Dezember 1989 geschlossene Lomé IV-Abkommen noch nicht in Kraft und musste daher für vorläufig anwendbar erklärt werden. Zum 01. September 1991 trat schließlich Lomé IV für 10 Jahre in Kraft, wobei 1995 die vorgesehene Halbzeitprüfung („mid term review“) stattfand und zu einer Modifikation führte. Nach Verlängerung lief das vierte AKP-EG-Abkommen von Lomé schließlich zum 01. August 2000 aus.[104]

3.2.2) Zentrale Inhalte der Abkommen

Die wichtigsten, bisweilen als revolutionär bezeichneten,[105] Mittel zur Erreichung der entwicklungspolitischen Zielsetzung des Lomé I-Abkommens bestanden im Verzicht auf Reziprozität, d.h. in einseitig den Entwicklungsländern gewährten Erleichterungen beim Zugang zu den Märkten der Gemeinschaft, dem erleichterten Zugang zu europäischen Märkten für Agrarerzeugnisse, der Schaffung des Zuckerprotokolls (feste Liefer- und Abnahmeregeln für bestimmte Rohstoffe) sowie in der Einführung eines Systems zur Stabilisierung von Exporterlösen vorwiegend für Agrarprodukte (Stabilization of Export Earnings; STABEX). Das Lomé II-Abkommen ergänzte STABEX um ein ähnlich konstruiertes Instrument für Bergbauerzeugnisse (System of Minerals; SYSMIN).[106]

Die Einführung Nationaler Richtprogramme im Lomé III-Abkommen sollte die Entwicklungszusammenarbeit auf länderspezifische Schwerpunkte konzentrieren, was jedoch weitgehend nur auf dem Papier gelang.[107] Mit dem Lomé IV-Abkommen erfuhr die AKP-EG-Zusammenarbeit wiederum eine inhaltliche

---

[103] Siehe *Zimmermann* 2003, S. 1475.
[104] Vgl. *Zimmermann* 2003, S. 1475f.
[105] Siehe *Windmeißer* 2002, S. 31. Von geradezu symbolischer Bedeutung war hierbei der Charakter der „Partnerschaft“ als eindeutige Abgrenzung zum Kolonialismus vergangener Zeiten.
[106] Eine ausführlichere Auflistung findet sich z.B. bei *Zimmermann* 2003, S. 1475f.
[107] Siehe hierzu u.a. *Windmeißer* 2002, S. 33f.

Neuerung, indem die Entwicklungsländer zum Schuldenabbau, zum Schutz der Menschenrechte und zum Umweltschutz verpflichtet sowie Investitionsschutzbestimmungen eingefügt wurden.[108]

Die neuen Schwerpunkte markieren den Übergang zu einer Politisierung der AKP-Zusammenarbeit.[109] Neben das Ziel der wirtschaftlichen trat also immer deutlicher das der sozialen Entwicklung der Partnerländer (vgl. Art. 177 I 1. Spiegelstrich EGV). Die Kommission verstärkte die Möglichkeiten der Gemeinschaft, dieses zweite Ziel durchzusetzen, indem sie die Beachtung der Menschenrechte, der demokratischen Grundsätze und der Rechtsstaatlichkeit - nicht aber die „verantwortungsvolle Staatsführung"[110] - als wesentliche Elemente („éléments essentiels") des Abkommens durchsetzte. Bei Nichtbeachtung konnte fortan die Entwicklungszusammenarbeit suspendiert werden.[111]

Die Lomé-Abkommen wurden wiederum begleitet vom vierten (1975-1980), fünften (1980-1985), sechsten (1985-1990), siebten (1990-1995) und achten (1995-2000) EEF in Form von separaten Finanzprotokollen.[112] Hinzu kamen die Finanzierungshilfen aus Eigenmitteln der EIB. Institutionell sahen die Lomé-Abkommen im Wesentlichen bereits die noch heute bestehenden und in Kap. 2.2.3 beschriebenen Organe vor.[113]

3.3) Abkommen von Cotonou (seit 2000)

Als Reaktion auf die Debatte über die WTO-Kompatibilität der Lomé-Abkommen, auf die Agonie, in die v.a. einige afrikanische AKP-Staaten verfallen waren, auf die generelle Erfolglosigkeit (siehe hierzu Kap. 5.1) der Entwicklungszusammenarbeit sowie auf die Festlegung konkretisierter Ziele (vgl. Kap.

---

[108] Siehe *Zimmermann* 2003, S. 1476.
[109] Vgl. *Windmeißer* 2002, S. 36.
[110] Das Cotonou-Abkommen (siehe unten) definiert „good governance" bzw. die „verantwortungsvolle Staatsführung" in Art. 9 III als „die transparente und verantwortungsbewusste Verwaltung der menschlichen, natürlichen, wirtschaftlichen und finanziellen Ressourcen" und den „Einsatz für eine ausgewogene und nachhaltige Entwicklung" „in einem politischen und institutionellen Umfeld, in dem die Menschenrechte, die demokratischen Grundsätze und das Rechtsstaatsprinzip geachtet werden". Darüber hinaus beinhaltet sie „klare Beschlussfassungsverfahren für Behörden, transparente und verantwortungsvolle Institutionen, den Vorrang des Gesetzes bei der Verwaltung und Verteilung der Ressourcen und Qualifizierung zur Ausarbeitung und Durchführung von Maßnahmen insbesondere zur Verhinderung und Bekämpfung der Korruption."
[111] Vgl. *Windmeißer* 2002, S. 38. Mit dem Ziel, die AKP-Staaten für die Bedeutung von Demokratie, Rechtsstaatlichkeit, Menschenrechte und „good governance" zu sensibilisieren, richtete die Kommission bereits im März 1998 eine Mitteilung [KOM(1998)146 endg.] verbunden mit einem Aktionsplan an Rat und Parlament. Siehe hierzu *o.A.* 2005b. Hilpold zeichnet die Geschichte der Verankerung dieser Grundsätze in den AKP-Abkommen nach und kritisiert deren späte Verankerung in den Verträgen deutlich. Siehe *Hilpold* 2002.
[112] Vgl. hierzu *o.A.* 2005b.
[113] Vgl. z.B. *Vonessen* 1996, S. 55.

2.4) durch die Einführung von Art. 177ff EGV ins Gemeinschaftsrecht, veröffentlichte die Kommission im Jahre 1996 ein Grünbuch[114], dessen Titelzusatz „Challenges and options for a new partnership“ die Notwendigkeit einer grundsätzlichen Neufassung des Abkommens mit den AKP-Staaten verdeutlicht. Hierbei werden in erfrischender Offenheit auch Defizite auf Seiten der Gemeinschaft, in Form von mangelnder Kohärenz und Koordination sowie überbordender Bürokratie, angesprochen.[115] Ziel war es, das Lomé-Abkommen als „Kind seiner Zeit“[116] gegen die Beharrungskräfte in einigen AKP-Staaten einer grundlegend neuen Realität anzupassen. Die Fortsetzung des Abkommens stand aber von Seiten der Gemeinschaft trotz aller Probleme aufgrund seiner Bedeutung zu keinem Zeitpunkt grundsätzlich in Frage.[117]

3.3.1) Historische Entwicklung

Der Diskussions- und Verhandlungsprozess, welcher durch das Grünbuch initiiert wurde, führte schließlich im Juni 2000 zum Abschluss des Cotonou-Abkommens[118], das bis zu seinem Inkrafttreten im April 2003 im Wesentlichen vorläufig anwendbar[119] war und für eine Dauer von 20 Jahren konzipiert ist.[120] Das Cotonou-Abkommen besteht bis heute und wurde im Juni 2005 in überarbeiteter[121] Form, aber im Kern unverändert,[122] erneut unterzeichnet. In Analogie zur Rechtsprechung des EuGH zum Jaunde II-Abkommen kann von einer unmittelbaren Anwendbarkeit des Cotonou-Abkommens im innergemeinschaftlichen Rechtsraum ausgegangen werden, sofern die betreffenden Bestim-

---

[114] Mit dem Grünbuch [KOM 96(570) endg.] setzen sich auch *Lister* 1998, *Raffer* 1999, *McMahon* 1999, *Huber* 2000, S. 430-433 und *Feuer/Ouraga* 2002 intensiv auseinander. Insbesondere Lister zeigt sich wenig überzeugt und plädiert allen Reformnotwendigkeiten zum Trotz lediglich für eine graduelle Fortentwicklung der Lomé-Abkommen.

[115] Siehe hierzu auch *Windmeißer* 2002, S. 39 und *Zimmermann* 2003, S. 1476.

[116] Siehe *Arts* 2003, S. 96.

[117] Siehe *McMahon* 1999, S. 601 und das Grünbuch der Kommission [KOM 96(570) endg.], z.B. S. 39.

[118] Das Dokument lautet offiziell: 2000/483/EG: Partnerschaftsabkommen zwischen den Mitgliedern der Gruppe der Staaten in Afrika, im Karibischen Raum und im Pazifischen Ozean einerseits und der Europäischen Gemeinschaft und ihren Mitgliedstaaten andererseits, unterzeichnet in Cotonou am 23. Juni 2000 [Amtsblatt L 317 vom 15.12.2000]. Im Namen der Gemeinschaft erfolgte die Genehmigung durch Beschluss des Rates vom 19. Dezember 2002 [Amtsblatt 2003, L 65, S. 27].

[119] Zu den Übergangsmaßnahmen siehe COM (2000) 63 und COM (2000) 454 sowie die formelle Annahme durch den Rat am 28.02.2000 (Bulletin der EU 1/2 - 2000) bzw. 20.07.2000 (Pres/20000/267).

[120] Siehe *Zimmermann* 2003, S. 1477. Gemäß Art. 95 I (Cotonou) werden die 20 Jahre ab dem 1. März 2000 gerechnet.

[121] Die formelle Annahme der Vertragsüberprüfung (vgl. Art. 95 III (Cotonou)) durch den Rat erfolgte am 21.06.2005.

[122] Siehe *o.A.* 2005a. Eher von symbolischer Bedeutung ist die erstmalige direkte Bezugnahme auf die Milleniums-Entwicklungsziele der UN. Diese gehören auch zu den zentralen Zielen der gesamten gemeinschaftlichen Entwicklungspolitik; vgl. den Jahresbericht der Kommission 2005 zur Entwicklungspolitik KOM (2005)292.

mungen unbedingt und hinreichend bestimmt sind.[123] Die Aufteilung in das eigentliche Abkommen mit lediglich 100 Artikeln und ein Kompendium (gemäß Art. 20 III (Cotonou)) zur Regelung der Details ermöglichte eine deutliche Verschlankung des Vertragswerkes, die sinnbildlich für die Ziele der Flexibilisierung und Effizienzsteigerung in der Entwicklungspartnerschaft stehen könnte. Der Text ist daher geprägt von einer „grande clarté et lisibilité assurée, afin qu'il soit compréhensible et facilement applicable par tous agents intéressés."[124] Der bisherigen Praxis folgend, wurde parallel zum Abkommen der neunte EEF (2000-2005) für einen Fünfjahreszeitraum gebildet. Planungen für einen zehnten EEF sind dem Autor derzeit nicht bekannt, was jedoch mit den reichlich vorhandenen Restbeträgen aus den bisherigen EEFs erklärbar ist.

3.3.2) Reform der handelspolitischen Zusammenarbeit

Im Bereich der handelspolitischen Zusammenarbeit ergeben sich besonders nachhaltige Unterschiede zu Lomé IV aufgrund von notwendigen Anpassungen an das WTO-Recht, weshalb dieser Bereich der allgemeinen Darstellung vorangestellt wird.

3.3.2.1) Anpassungsbedarf aufgrund von WTO-Recht

Da die präferenziellen AKP-EG-Regelungen Nicht-AKP-Entwicklungsländer benachteiligen und somit gegen das GATT verstoßen, konnten sie nur noch durch die Erteilung eines „waiver" fortgeführt werden (vgl. Kap. 2.6). Nach der WTO-Gründung 1995 erwies sich eine grundlegende Reform der Handelspolitik jedoch als mittelfristig unausweichlich, da Gemeinschaft, Mitgliedstaaten und AKP-Staaten zugleich WTO-Mitglieder sind.[125] Als Katalysator der Anpassung an WTO-Recht diente dabei das Bananenprotokoll zum Lomé IV-Abkommen, welches mittels der Bananenmarktordnung[126] (vgl. Kap. 2.5.3) in Sekundärrecht umgewandelt worden war. Diese sah Zollkontingente und präferenzielle Zölle vor, die den sog. traditionellen AKP-Bananenlieferanten be-

---

[123] Bzgl. Jaunde II siehe EuGH-Urteil 87/75 vom 05.02.1976, Randnummer (23), bzgl. Lomé-Abkommen auch EuGH-Urteil C-469/93 vom 12.12.1995, Randnummer (34)-(37). Siehe hierzu auch *Zimmermann* 2003, S. 1501.

[124] Siehe *Feuer/Ouraga* 2002, S. 270.

[125] In diesem Zusammenhang wirft Raffer der EU vor, noch nicht einmal den Versuch unternommen zu haben, eine Ausnahmeregel für die präferenziellen Beziehungen zu den AKP-Staaten im Rahmen der WTO-Verhandlungen zu erreichen, weil dies den europäischen Exportinteressen nachkäme. Siehe *Raffer* 1999, S. 133. Der genannte Autor bringt u.a. hierdurch sein fundamentales Unverständnis für die WTO-Grundregeln zum Ausdruck.

[126] Gemeinsame Marktordnung für Bananen: VO 404/1993 des Rates (vgl. Grundlage in Art. 34 EGV). Vom EuGH incl. der Durchführungsverordnung VO 1442/93 für unbedenklich erklärt im Urteil C-369/95 vom 27.11.1997.

vorzugten Zugang zum Gemeinschaftsmarkt vor allen anderen Bananenimporteuren verschafften. Die Gemeinschaft verlor 1997 und 1999[127] WTO-Streitschlichtungsverfahren und unterlag 2001 endgültig im sog. Bananenstreit mit den USA, wodurch die traditionellen AKP-Bananenlieferanten einen Großteil ihrer Privilegien einbüßten. Mit der Bananenmarktordnung erwies sich zugleich das gesamte Präferenzsystem als inkompatibel mit dem WTO-Recht.[128]

3.3.2.2) Übergangsregel und Wirtschaftspartnerschaftsabkommen

Das Cotonou-Abkommen sieht vor, dass zunächst im Wesentlichen die einseitig gewährten Handelspräferenzen mittels eines „waiver" fortbestehen.[129] So können Waren mit AKP-Ursprung i.S.v. Art. 7 (Cotonou Anhang V) weitgehend frei von Zöllen und Abgaben gleicher Wirkung in die Gemeinschaft eingeführt werden (Art. 1 I (Cotonou Anhang V)), wobei die Gemeinschaft auch auf mengenmäßige Beschränkungen oder Maßnahmen gleicher Wirkung (Art. 2 I (Cotonou Anhang V)) verzichtet. Die AKP-Staaten sind explizit nicht verpflichtet, analoge Bestimmungen für Exporte der Gemeinschaft anzuwenden (Art. 5 I (Cotonou Anhang V)).

Bis zum Ablauf einer Übergangsfrist am 31.12.2007 sollen bilaterale Wirtschaftspartnerschaftsabkommen (WPA) ausgehandelt werden (Art. 37 I (Cotonou)), die als regionale Freihandelszonen oder zumindest als Interimslösungen auf dem Weg zu solchen über Art. XXIV GATT (vgl. Kap. 2.6) mit dem WTO-Recht konform sind. Für den Übergang zum Freihandel ist dann eine erneute Frist von 12 Jahren, d.h. bis 2020, vorgesehen.[130] Die Vertragspartner bekennen sich bereits in den Zielen und Grundsätzen ihrer wirtschaftlichen und handelspolitischen Zusammenarbeit dazu, diese „in vollem Einklang mit den WTO-Bestimmungen, einschließlich der besonderen und differenzierenden Behandlung" der AKP-Staaten durchzuführen (Art. 34 IV (Cotonou)) und „auf den Initiativen der AKP-Staaten zur regionalen Integration" aufzubauen (Art.

---

[127] Die modifizierte Bananenmarktordnung VO (EG) 1637/1998 wurde 1999 erfolgreich von den USA angegriffen.

[128] Siehe hierzu *Smith* 2000, *Zimmermann* 2003, S. 1508f, *Abass* 2004, S. 443, 446ff sowie *o.A.* 2005b. Noch heute gewährt die Europäische Union technische und finanzielle Unterstützung für traditionelle AKP-Bananenlieferanten, um bei der Anpassung an die neuen Marktbedingungen zu helfen. Grundlage ist die VO (EG) 856/1999 des Rates vom 22. April 1999 über einen gesonderten Rahmen zur Unterstützung der traditionellen AKP-Bananenlieferanten.

[129] Die restriktiven Bedingungen, unter denen die Gemeinschaft den „waiver" im November 2001 überhaupt erst erhielt, können bei *Abass* 2004, S. 449-452 nachvollzogen werden.

[130] Siehe *o.A.* 2005b. *Qualmann/Rojahn* 2002, S. 354 sprechen hingegen von nur 10 Jahren Übergangsfrist.

35 II (Cotonou)). Dies beachtend werden die Verhandlungen nur „mit denjenigen AKP-Staaten geführt, die sich dazu in der Lage sehen“ (Art. 37 V (Cotonou)).

Während sich die AKP-Staaten auf den Wortlaut von Art. 37 (Cotonou) bezogen, welche eine Aufteilung der AKP-Staaten in Regionen v.a. aufgrund von Art. 37 V (Cotonou) nicht erzwingt, bestand die Europäische Kommission auf der Verhandlung mit regionalen Gruppen von AKP-Staaten. Die bestehenden, mit den WPA-Regionen potenziell inkompatiblen, wirtschaftlichen Integrationsräume Afrikas, weitere regionale Integrationsprozesse[131] sowie die laufenden WTO-Verhandlungen[132] haben jedoch das Potenzial, die Umsetzung der WPA-Pläne zu beeinflussen oder gar zu beeinträchtigen.[133]

3.3.2.3) Aktueller Stand der Umsetzung

Die WPA-Verhandlungen zwischen den AKP-Staaten und der Gemeinschaft begannen offiziell im September 2002 und begründeten einen Zwei-Phasen-Verlauf. Die erste Phase beinhaltete noch Verhandlungen zwischen der Gemeinschaft und allen AKP-Staaten, die Ende 2003 mit einer Einigung auf Ministerebene abgeschlossen wurden.[134] Im Oktober 2003 begannen die ersten regionalen WPA-Verhandlungen der Phase II (siehe Tab. 3, S. 53), die jeweils mit der Festlegung und Abarbeitung einer „road map“ verbunden sind.

Dabei wurde zunächst mit den Ländergruppen **CEMAC** (Communauté Economique et Monétaire de l'Afrique Centrale) incl. Sao Tome and Principe sowie **ECOWAS** (Economic Community Of West African States) incl. Mauritania verhandelt. Darauf folgte 2004 der Start der Verhandlungen mit **ESA** (Eastern und Southern Africa), **SADC** (The Southern African Development Community) incl. Südafrika als Beobachter, **CARIFORUM** (Caribbean Forum; Caribbean Community (CARICOM) incl. Dominikanische Republik) sowie den **Pazifikstaaten.**[135]

---

[131] Dazu gehören die Initiative für eine Wirtschaftspartnerschaft für die Entwicklung Afrikas (New Economic Partner-ship for African Development, NEPAD), die geplante panamerikanische Freihandelszone (Free Trade Area for the Americas, FTAA), welche die karibischen AKP-Staaten beinhalten würde, sowie die geplante ozeanische Freihandelszone zwischen den pazifischen AKP-Staaten, Australien und Neuseeland.

[132] Gemäß Benedek sind die Entwicklungsländer willens und in der Lage, eigene Anliegen in die laufenden WTO-Verhandlungen einzubringen sowie über eine Erweiterung des WTO-Grundkonsenses die zukünftige Rolle der WTO wesentlich zu bestimmen. Siehe *Benedek* 2000, S. 47-49, 51-53 und 58f.

[133] Siehe *Qualmann/Rojahn* 2002, S. 355 und *Arts* 2003, S. 105f.

[134] Siehe hierzu *Qualmann/Rojahn* 2002, S. 354 und *Arts* 2003, S. 106f.

[135] Hierzu und für weitere Informationen siehe *Europäische Kommission* 2005/ sowie *o.A.* 2005a und *o.A.* 2005b.

Somit sind von den 78 AKP-Staaten derzeit lediglich das politisch desolate Somalia und der noch vom Unabhängigkeitskampf geprägte Inselstaat Timor-Leste („Osttimor“) nicht in regionale WPA-Verhandlungen involviert, Südafrika hat Beobachterstatus bei den Verhandlungen mit SADC.

West Africa (ECOWAS & Mauritania)	Central Africa (CEMAC & Sao Tome)	East South Africa (ESA)	Southern Africa (SADC)	Caribbean (CARIFORUM)	Pacific
Datum der Aufnahme der regionalen WPA-Verhandlungen					
06.10.2003	04.10.2003	07.02.2004	08.07.2004	16.04.2004	10.09.2004
Mitgliedstaaten					
Benin	Cameroon	Burundi	Angola	Antigua, Barb.	Cook Islands
Burkina Faso	Central Africa	Comoros	Botswana	Bahamas	Fiji
Cape Verde	Chad	Congo	Lesotho	Barbados	Kiribati
Côte d'Ivoire	Congo	Djibouti	Mozambique	Belize	Marshall Islands
Gambia	Equatorial Guinea	Eritrea	Namibia	Dominica	Micronesia, Fed.
Ghana	Gabon	Ethopia	Swaziland	Dominic. Rep.	Nauru
Guinea	Sao Tome and Principe	Kenya	Tansania	Grenada	Niue
Guinea Bissau		Malawi		Guyana	Palau
Liberia		Mauritius		Haiti	Papua New Guinea
Mali		Madagascar		Jamaica	Samoa
Mauritania		Rwanda		St. Lucia	Solomon Islands
Niger		Seychelles		St. Vincent	Tonga
Nigeria		Sudan		St. Chr. & Nevis	Tuvalu
Senegal		Uganda		Suriname	Vanuatu
Sierra Leone		Zambia		Trinidad and Tobago	
Togo		Zimbabwe			
Die Länder sind zum Zwecke der Einheitlichkeit wiederum in ihrer englischen Schreibweise aufgeführt.					

Tabelle 3: Vorläufige Liste der Ländergruppen für WPA, Stand August 2004.

Quelle: Europäische Kommission 2005l und Europäische Kommission 2006.

Da alle Verhandlungen noch laufen, kann und sollte Hubers Mahnung, in die WPA sog. WTO-Kompatibilitäts-Klauseln[136] aufzunehmen, noch befolgt werden. Darin muss geklärt werden, wie die betreffenden AKP-Partner darauf reagieren, falls ein WPA für nicht vereinbar mit Art. XXIV GATT erklärt wird.

3.3.2.4) Alternativen und Sonderregelungen

Die Gemeinschaft ist über Art. 37 VI (Cotonou) verpflichtet, denjenigen AKP-Staaten, die nicht am wenigsten entwickelt sind und nicht in der Lage sind, an einem WPA teilzunehmen, eine alternative Handelsregelung anzubieten, welche sowohl mit dem WTO-recht kompatibel ist, als auch „ihrer Lage ent-

[136] Siehe *Huber* 2000, S. 434f.

spricht", d.h. eine der bisherigen präferenziellen Behandlung adäquate Lösung darstellt. Gegeben den Fortbestand der aktuellen WTO-Regeln, bietet sich aus heutiger Sicht als einzige Alternative zu WPA eine Inanspruchnahme des APS an, da dieses WTO-konform ist (vgl. Kap. 2.6) und nach dem Willen der Kommission auch langfristig fortgeführt werden soll (vgl. Exkurs in Kap. 2).

Für die am wenigsten entwickelte AKP-Staaten (siehe Tabelle 2) sieht Art. 37 IX (Cotonou) als Sonderregelung vor, dass sie bis Ende 2005 im Wesentlichen alle Waren zollfrei in den Gemeinsamen Markt exportieren können. Durch die „Enabling Clause" (vgl. Kap. 2.6) von 1979 sind auch solche besonderes privilegierenden Maßnahmen für am wenigsten entwickelte Länder im Sinne des „Special and Differential Treatment" mit dem WTO-Recht kompatibel.[137] Bis auf Somalia und Timor-Leste scheinen sich jedoch alle betroffenen Staaten an den WPA zu beteiligen.[138]

3.3.3) Zentrale Inhalte des aktuellen Abkommens

Nach der Vorabklärung der Reformen im Bereich der handelspolitischen Zusammenarbeit wenden sich die Ausführungen nunmehr dem Cotonou-Abkommen in seiner Gesamtheit zu, dessen Ziele in Art. I (Cotonou) verankert sind. Gemeinschaft und AKP-Staaten verpflichten sich demnach gemeinsam, „die wirtschaftliche, kulturelle und soziale Entwicklung der AKP-Staaten zu fördern und zu beschleunigen". „Die Partnerschaft ist auf das Ziel ausgerichtet, in Einklang mit den Zielen der nachhaltigen Entwicklung und der schrittweisen Integration der AKP-Staaten in die Weltwirtschaft die Armut einzudämmen und schließlich zu besiegen." Das Abkommen wiederholt somit im Wesentlichen die Ziele der Entwicklungszusammenarbeit der Gemeinschaft gemäß Art. 177 EGV (vgl. Kap. 2.4), hebt dabei aber, wie auch in Art. 19 I (Cotonou), die Armutsbekämpfung deutlich als zentrales Ziel hervor.[139]

Auffallend ist die prominente Platzierung des Grundprinzips der Differenzierung und Regionalisierung in Art. 2 4. Spiegelstrich (Cotonou), welches die

---

[137] Vgl. *Huber* 2000, S. 437 und *Abass* 2004, S. 452ff.

[138] Damit erübrigt sich auch weitgehend die Frage von Arts, wie lange es diesen AKP-Staaten wohl gelingen würde, sich den WPA bzw. dem Freihandel zu entziehen. Dieses würde spätestens dann zum Problem, wenn die Befolgung von WTO-Recht mit den (bisher verfolgten) entwicklungspolitischen Zielen kollidierte. Siehe *Arts* 2003, S. 108f.

[139] Zur Erinnerung: Zimmermann betont die Gleichberechtigung der vier Ziele des Art. 177 EGV. Siehe *Zimmermann* 2003, S. 1488. Das Abkommen gibt der Armutsbekämpfung hingegen eine eindeutige Priorität.

AKP-Staaten nicht als monolithischen Block begreift, sondern bewusst die „Modalitäten und Prioritäten der Zusammenarbeit [...] dem Entwicklungsstand des jeweiligen Partners, seinen Bedürfnissen, seiner Leistung und seiner langfristigen Entwicklungsstrategie" sowie regionalen Besonderheiten anpasst. Zudem gelten weiterhin die Sonderreglungen für die am wenigsten entwickelten AKP-Staaten (Art. 85f (Cotonou)), die AKP-Binnenstaaten (Art. 87f (Cotonou)) und die AKP-Inselstaaten (Art. 89f (Cotonou)).[140]

Das Cotonou-Abkommen verfolgt generell ein sog. Fünf-Säulen-Konzept, welches im Folgenden unter Betonung der wesentlichen Neuerungen dargestellt wird.[141]

3.3.3.1) Die politische Dimension

Die erste Säule der AKP-EG-Partnerschaft bildet die „politische Dimension". In Art. 8 (Cotonou) ist als zentrale Novität der politische Dialog zwischen den Vertragsparteien (Art. 8 I) zu allen Fragen von gemeinsamem, allgemeinem, regionalem oder subregionalem Interesse (Art. 8 III) verankert, wobei regionale und subregionale Organisationen sowie Vertreter der organisierten Zivilgesellschaft ausdrücklich an diesem Dialog beteiligt werden (Art. 8 VII). Hinzu kommt die Verpflichtung zu einer aktiven, umfassenden und integrierten Politik der Friedenskonsolidierung und der Konfliktprävention und -beilegung[142] (Art. 11 (Cotonou)), basierend auf dem Prinzip der Eigenverantwortung.

Aufgrund des massiven Widerstands der AKP-Staaten ergänzt die verantwortungsvolle Staatsführung („good governance") gemäß Art. 8 III (Cotonou) nur als „fundamentales" Element die bekannten „wesentlichen" Elemente Menschenrechte, Demokratie und Rechtsstaatlichkeit (vgl. Kap. 3.2.2). Das relevante Verfahren nach Art. 97 (Cotonou) lässt daher nur im Fall von schwerer Korruption (Art. 8 III i.V.m. Art. 97 I (Cotonou)) und auch dann nur als ultima

---

[140] Für eine ausführlichere Beschreibung, v.a. auch der vorherigen Regelungen, siehe *Arts* 2003, S. 99f.
[141] Siehe hierzu sowie zur weiteren Orientierung die Übersichten in *o.A.* 2005a sowie in *o.A.* 2005b, *Europäische Kommission* 2005b sowie *Feuer/Ouraga* 2002, S. 273-291.
[142] In diesem Zusammenhang rief der AKP-EG-Ministerrat im Dezember 2003 eine Friedensfazilität für Afrika, ausgestattet mit zunächst 250 Mio. € aus den Mitteln des neunten EEF, ins Leben, um die Fähigkeiten der Afrikanischen Union zur Friedenssicherung und Friedenserhaltung zu fördern. Bei AKP-Staaten, die in bewaffnete Konflikte verwickelt sind, sieht Art. 11 IV (Cotonou) eine Verpflichtung der Vertragsparteien vor, den Missbrauch von Mitteln der Entwicklungshilfe für kriegerische Zwecke zu verhindern. Die Kommission legte dem Rat und dem Parlament bereits 1999 in einer Mitteilung [KOM(1999)240] die Maßnahmen vor, welche die Gemeinschaft im Falle bewaffneter Konflikte aufgrund des damaligen Lomé-Abkommens sowie der GASP ergreifen kann. Siehe hierzu auch *o.A.* 2005b.

ratio (Art. 97 III Satz 5 (Cotonou)) die einseitige Suspendierung des Abkommens bei Verstößen gegen das „good governance"-Gebot zu.[143]

3.3.3.2) Förderung partizipatorischer Ansätze

Die zweite Säule umfasst das Grundprinzip der Partizipation (Art. 2 2. Spiegelstrich (Cotonou)), das die Partnerschaft explizit nicht nur auf der Ebene der Staatsregierungen ansiedelt, sondern das alle Teile der Gesellschaft in das politische, wirtschaftliche und gesellschaftliche Leben einbezieht und nach Maßgabe von Art. 4 (Cotonou) an der Partnerschaft beteiligt. Zu den Akteuren der Zusammenarbeit gehören demzufolge neben den örtlichen, nationalen und regionalen staatlichen Akteuren - unter bestimmten Bedingungen - auch die nichtstaatlichen Akteure aus Privatwirtschaft, Wirtschafts- und Sozialpartnern einschließlich Gewerkschaften und Zivilgesellschaft (Art. 6 (Cotonou)).

3.3.3.3) Entwicklungsstrategien und Konzentration auf Armutsbekämpfung

Die AKP-EG-Zusammenarbeit verfolgt ihre Ziele generell mittels „integrierter Strategien", welche stets wirtschaftliche, soziale, kulturelle, umweltpolitische und institutionelle Aspekte beinhalten (Art. 20 I (Cotonou)). Die Bereiche der Unterstützung umfassen dabei die wirtschaftliche Entwicklung (Art. 21-24 (Cotonou)), die soziale und menschliche Entwicklung (Art. 25-27 (Cotonou)), die regionale Zusammenarbeit und Integration (Art. 28-30 (Cotonou)) sowie einige thematische Querschnittsfragen wie die Gleichstellung der Geschlechter (Art. 31 (Cotonou)), den Umwelt- und Ressourcenschutz (Art. 32 (Cotonou)) sowie die Entwicklung der Institutionen und den Ausbau der Kapazitäten (Art. 33 (Cotonou)).[144]

---

[143] Siehe hierzu z.B. *Arts* 2003, S. 104. Auf nochmals größeren Widerstand von Seiten der AKP-Staaten stieß die letztlich in Art. 13 V c) i) 2. Alt. (Cotonou) verankerte Verpflichtung für die AKP-Staaten, ihre illegal im Hoheitsgebiet eines Mitgliedslandes der EU befindlichen Staatsbürger zurückzurufen bzw. auf Wunsch rückzuübernehmen. Siehe *ebenda*.

[144] In diesem Zusammenhang sollten auch die von der Europäischen Union eingerichtete Wasserfazilität (ausgestattet mit 500 Mio. €, zunächst aus dem neunten EEF finanziert) zur Finanzierung von Projekten der Wasserver- und -entsorgung sowie die von der Europäischen Kommission vorgeschlagene Energiefazilität (auszustatten mit 250 Mio. € aus dem neunten EEF) zur Anschubfinanzierung von Projekten, welche den flächendeckenden Zugang zu Energiedienstleistungen fördern, zugunsten der AKP-Staaten Erwähnung finden. Beide Fazilitäten basieren elementar auf dem „good governance"-Gebot und tragen somit zu dessen Durchsetzung bei. Siehe hierzu auch *o.A.* 2005b.

3.3.3.4) Wirtschaftliche und handelspolitische Zusammenarbeit

Die vierte Säule umfasst in erster Linie die oben bereits diskutierte Neue Handelsregelung (vgl. Art. 36f (Cotonou)), d.h. die Anpassung der Handelsbeziehungen an WTO-Recht.

3.3.3.5) Reform der finanziellen Zusammenarbeit

Für die finanzielle Unterstützung der AKP-Staaten stehen gemäß Art. 61 V i.V.m. Art. 62 I (Cotonou) neben den 13,5 Mrd. € aus dem neunten EEF – aufgeteilt in 10 Mrd. € für nichtrückzahlbare pauschale Zuschüsse, 1,3 Mrd. € für Regionalprogramme und eine von der EIB verwaltete Fazilität über 2,2 Mrd. € als Finanzierungshilfe für private Investitionen[145] – noch die EEF-Restbeträge von 9,9 Mrd. € sowie die Eigenmittel der EIB von 1,7 Mrd. € zur Verfügung. Zur Erreichung größerer Flexibilität und somit Effizienz der Hilfe wurde das früher starre Vergabesystem des EEF gelockert und dieser in die oben beschriebenen Tranchen aufgeteilt.

Einen weiteren Beitrag zur Flexibilisierung der Partnerschaft leistet die Reform des Programmiersystems. Die Instrumente STABEX und SYSMIN (vgl. Kap. 3.2.2) gingen ersatzlos in der neuen gleitenden und flexiblen Programmierung auf. [146] Während die Hilfe zuvor einseitig von der Gemeinschaft vorgegeben („programmiert") wurde, weist Art 57 II (Cotonou) nunmehr den einzelnen AKP-Staaten die Aufgabe zu, die Ziele und Prioritäten der Richtprogramme festzulegen (Art. 57 II lit. a) (Cotonou)) sowie die Projekte und Programme selbst auszuwählen und durchzuführen (Art. 57 II lit. b) - f) (Cotonou)). Im Bereich der nationalen[147] Programmierung geschieht dies auf der Grundlage von, zu Beginn der Laufzeit eines Finanzprotokolls, national und regional von den AKP-Staaten festgelegten Entwicklungszielen, -strategien und -prioritäten (Art. 56 I Satz 1 (Cotonou)), auf der eine länderspezifische Förderstrategie (LFS) aufbaut (Art. 1 lit. a) (Cotonou Anhang IV)), die mittels eines Richtprogramms umgesetzt wird (Art. 1. lit. c) i.V.m. Art. 4 (Cotonou Anhang IV)), welches wiederum einem Überprüfungsverfahren unterzogen wird (Art. 1 lit. d) i.V.m. Art. 5 (Cotonou Anhang IV)).

---

[145] Kapitel 7 von Teil 4, Titel II des Cotonou-Abkommens (Art. 74-78) regelt die Bestimmungen zur Investitionsförderung und Unterstützung der Entwicklung der Privatwirtschaft, inklusive der seit dem Lomé IV-Abkommen enthaltenen Regelungen zum Investitionsschutz (Art. 78 (Cotonou)).

[146] Im Falle kurzfristiger Schwankungen der Ausfuhrerlöse v.a. bei Agrar- und Bergbau-Erzeugnissen werden gemäß Art. 68 (Cotonou) aus dem vorhandenen Finanzrahmen aber weiterhin Hilfen gewährt.

[147] Analog bei der regionalen Programmierung, siehe Art. 6-14 (Cotonou Anhang IV).

Die LFS wird von der EU und dem AKP-Staat entwickelt sowie individuell nach dessen Bedarf und Besonderheiten angepasst (Art. 2 i.V.m. Art. 6 I (Cotonou Anhang IV)). Die Mittelzuweisung richtet sich, ausgehend von einem pauschalen Richtbetrag (Art. 3 II-IV (Cotonou Anhang IV)), nach dem Bedarf und der Leistung des jeweiligen AKP-Staats,[148] was zur Erreichung des Ziels in Art. 56 I Satz 2 und UAbs. d) (Cotonou) beiträgt.[149] Die AKP-Staaten selbst werden dadurch vom reinen „Empfänger" zum verantwortlichen und motivierten Mitgestalter der Zusammenarbeit, was eine größere Nachhaltigkeit der Projekte i.S.v. Art. 177 I 1. Spiegelstrich EGV erwarten lässt.

3.4) Zwischenfazit: Stand der AKP-Entwicklungszusammenarbeit

Während die AKP-EWG-Entwicklungszusammenarbeit zu Beginn in geradezu symbolischer Weise von einem Partnerschaftsgedanken geprägt war, um die Ursprünge in der Kolonialzeit vergessen zu machen, trat mit den Lomé-Abkommen ein „changement dans la continuité"[150] ein. Angesichts der sich grundsätzlichen wandelnden Weltordnung, mit der ein Verfall der Verhandlungsmacht der AKP-Staaten einherging, ließ sich nicht länger leugnen, dass „[t]he post-colonial era is coming to an end [...]".[151] Seitdem stehen Begriffe wie Effizienz, Flexibilität, Differenzierung und Armutsbekämpfung im Vordergrund. Aus der Partnerschaft wurde zunehmend eine nüchterne Geber-Nehmer-Beziehung, deren Hilfegewährung auf die Erreichung von Zielen konditioniert ist. Mit dem Cotonou-Abkommen, welches die AKP-Staaten bzgl. ihrer LSF in die Verantwortung nimmt, werden diese zumindest ansatzweise wieder aus der Passivität herausgeholt.

Im Rahmen einer nach wie vor „besonderen" Beziehung wird die Gemeinschaft durch die Grundsätze der WTO dazu gezwungen, ihre Handelsbeziehungen zu den AKP-Staaten zu regionalisieren und deren bisherige Präferenzen sukzessive zu einer „normalisierten" bzw. „standardisierten"[152] Behandlung umzugestalten.

---

[148] Der Bedarf wird anhand des Pro-Kopf-Einkommens, der Einwohnerzahl, der Sozialindikatoren, der Verschuldung, des Rückgangs von Ausfuhrerlösen sowie der Abhängigkeit von Ausfuhrerlösen (Art. 3 I a) (Cotonou Anhang IV)) ermittelt, die Leistung u.a. anhand der Fortschritte bei der Durchführung institutioneller Reformen, der Ressourcennutzung, der effizienten Maßnahmendurchführung sowie der Armutsbekämpfung (Art. 3 I b) (Cotonou Anhang IV)).

[149] Hierzu leistet auch die explizite Berücksichtigung regionaler bzw. lokaler Projekte im Rahmen von Teil4, Titel II, Kapitel 5 des Cotonou-Abkommens (Art. 70f, „Mikroprojekte und dezentrale Zusammenarbeit") einen Beitrag.

[150] Siehe *Feuer/Ouraga* 2002, S. 273.

[151] Siehe *Raffer* 1999, S. 126 sowie das Vorwort des ehemaligen Entwicklungs-Kommissars Pinheiro zum Grünbuch der Kommission [KOM 96(570)endg.].

[152] Siehe *Arts* 2003, S. 112 bzw. *Abass* 2004, S. 452ff.

Endgültige Aussagen über Ausgestaltung und Wirkungen der neuen Handelsregelung sind jedoch erst im Januar 2008 nach Abschluss der WPA-Verhandlungen möglich.

4) Europäische Entwicklungspolitik: Kompetenz und Koordinierung

Mit diesem Kapitel wenden sich die Ausführungen dem Zentrum der europarechtlichen Analyse zu. Hierfür werden zunächst die Kompetenzen von Gemeinschaft und Mitgliedstaaten in der Entwicklungszusammenarbeit geklärt. Daraus abgeleitet ergeben sich Anforderungen an die Kohärenz und Koordinierung der gemeinschaftlichen Politiken sowie an die Koordinierung von parallelen Politiken der Gemeinschaft und der Mitgliedstaaten. Anschließend wird die Entwicklungszusammenarbeit inhaltlich und materiell eingeordnet zwischen den relevanten europäischen Politiken. Im dritten Schritt konzentrieren sich die Ausführungen auf das aktuelle Cotonou-Abkommen zur AKP-EG-Partnerschaft.

Dabei ist zu klären, ob es sich beim Cotonou-Abkommen tatsächlich um eine Maßnahme der Entwicklungszusammenarbeit nach Art. 177ff EGV handelt, ob ein Assoziierungsabkommen nach Art. 310 EGV vorliegt und ob die Mitgliedstaaten an dessen Abschluss zwingend über ein gemischtes Abkommen zu beteiligen sind. Für diese drei Fragen wird zunächst der jeweils relevante Untersuchungsgang ermittelt und anschließend abgearbeitet. Aus den Ergebnissen lässt sich wiederum ableiten, ob die Akteure der europäischen Entwicklungspolitik bzgl. des Cotonou-Abkommens im Rahmen ihrer Kompetenzen handeln, diese unterschreiten oder sie möglicherweise überdehnen.

4.1) Europäische Entwicklungszusammenarbeit nach Art. 177ff EGV

Im ersten Schritt wird die Entwicklungszusammenarbeit der Gemeinschaft gemäß Art. 177ff EGV im Allgemeinen untersucht. Hierbei stehen die Fragen nach Kompetenz, Kohärenz und Koordinierung im Vordergrund.

4.1.1) Kompetenzen von Gemeinschaft und Mitgliedstaaten

Die Entwicklungszusammenarbeit der Gemeinschaft wird in Art. 177 I EGV charakterisiert als eine Politik, die „eine Ergänzung der entsprechenden Politiken der Mitgliedstaaten“ darstellt. Pitschas betont, dass die Gemeinschaft somit eine originäre Verantwortung für die Entwicklungszusammenarbeit hat und ihr eine Aufgabe in diesem Bereich zukommt.[153] Dies zeigt sich zuvorderst anhand der Nennung einer „Politik auf dem Gebiet der Entwicklungszusammenarbeit" als Gemeinschaftstätigkeit in Art. 3 I lit. r) EGV.

4.1.1.1) Handlungskompetenz

Art. 179 I EGV liefert die Kompetenzgrundlage[154] für die Gemeinschaft im Bereich der Entwicklungszusammenarbeit und sieht hierfür im Rahmen des Mitentscheidungsverfahrens gemäß Art. 251 EGV eine starke Rolle des Parlaments vor. Ob dieses Verfahren allerdings tatsächlich zur Anwendung kommt, hängt nicht davon ab, ob eine geplante Maßnahme[155] als „entwicklungspolitisch" konzipiert ist, sondern ob sie mit ihrem inhaltlichen Schwerpunkt die Ziele des Art. 177 I, II EGV verfolgt bzw. ob eine andere Rechtsgrundlage Vorrang hat (siehe Kap 4.3). Art. 178 EGV verweist immerhin explizit auf andere Politiken mit möglicherweise anderen Verfahren, welche ebenfalls die Entwicklungspolitik berühren können. Die Formulierung „unbeschadet der übrigen Bestimmungen" (Art. 179 I EGV) bringt zum Ausdruck, dass die Art. 177ff EGV als Rechtsgrundlage weder grundsätzlich vorrangig noch nachrangig herangezogen werden dürfen.[156]

Die Gemeinschaftskompetenz aufgrund von Art. 179 I EGV steht dabei parallel zu der Handlungskompetenz der Mitgliedstaaten, es handelt sich also explizit nicht um eine ausschließliche Zuständigkeit der Gemeinschaft. Geiger hebt dabei die Komplementarität der entwicklungspolitischen Aufgaben der Gemeinschaft hervor, die lediglich der Ergänzung bzw. Begleitung der mitgliedstaatlichen Politiken in diesem Bereich dienen.[157] Obwohl der Schwerpunkt bei den Mitgliedstaaten liegt, erscheint aber die wörtliche Interpretation des Vertrages, wonach die Gemeinschaft nur die Lücken in den mitgliedstaatlichen Entwicklungspolitiken zu füllen hätte, in der Realität als nicht zielführend.[158]

---

[153] *Pitschas* 2003, S. 1761.

[154] Die Gemeinschaft ist folglich nicht darauf angewiesen, auf Art. 308 EGV („Ergänzende Rechtsetzungsbefugnis"), auch bekannt als „Kompetentkompetenz", zurückzugreifen. Vgl. *Zimmermann* 2003, S. 1478f.

[155] Diese Maßnahmen müssen grundsätzlich die Maßgabe der „Erforderlichkeit" erfüllen. „Erforderlich" sind Maßnahmen im Sinne einer „Hilfe zur Selbsthilfe", wenn das betreffende Land nur durch Hilfe von außen in die Lage versetzt werden kann, seine Probleme mittel- bis langfristig aus eigener Kraft zu lösen. Siehe *Pitschas* 2003, S. 1771.

[156] Vgl. *Pitschas* 2003, S. 1771 und *Zimmermann* 2003, S. 1496f. Zimmermann betont ebenda, dass das APS für Entwicklungsländer aufgrund des handelspolitischen Schwerpunkts weiterhin auf Art. 133 EGV gestützt wurde, auch nachdem Art. 177ff EGV die Entwicklungszusammenarbeit vertraglich verankert hatte. Dies zeigt den großen Überschneidungsbereich von Entwicklungs- und Handelspolitik.

[157] *Geiger* 2000, S. 631, 633.

[158] *Pitschas* 2003, S. 1768.

Im Ergebnis liegen also parallele Kompetenzen[159] von Gemeinschaft und Mitgliedstaaten vor, wobei angesichts nicht ausschließlicher Zuständigkeiten grundsätzlich das Subsidiaritätsprinzip des Art. 5 II EGV zu berücksichtigen ist. Parallele Kompetenzen erzeugen potenziell parallele Politiken, welche eine umfassende Konsultation und Koordinierung zwischen der Gemeinschaft und den Mitgliedstaaten erzwingen (siehe unten).

4.1.1.2) Außenkompetenz und AETR-Rechtsprechung

Art. 181 I Satz 2 EGV weist der Gemeinschaft die Kompetenz zu, auch im Rahmen der Entwicklungszusammenarbeit völkerrechtliche Verträge abzuschließen (Art. 300 EGV), wobei die Kompetenzen der Mitgliedstaaten explizit unberührt bleiben (vgl. Art. 181 II EGV). Aus dem Beschluss der Maastrichter Regierungskonferenz zur Fortgeltung der Grundsätze der AETR-Entscheidung von 1971, die vom Europäischen Gerichtshof in ständiger Rechtsprechung bestätigt wurden, ergäbe sich jedoch, dass der Gemeinschaft aus der Wahrnehmung einer innergemeinschaftlichen Kompetenz automatisch eine ausschließliche zugehörige Außenkompetenz erwüchse. Somit könnte es die in Art. 181 EGV festgelegte parallele Kompetenz zum Abschluss völkerrechtlicher Verträge in der Entwicklungszusammenarbeit nicht geben. Die Erklärung liegt darin, dass die AETR-Rechtsprechung kaum auf die Entwicklungspolitik anzuwenden ist, da die Gemeinschaftskompetenz aus Art. 179 I EGV ausschließlich als Außenkompetenz interpretierbar ist und die AETR-Rechtsprechung sich somit nur auf solche Außenkompetenzen bezieht, die aus anderen Innenkompetenzen als Art. 179 I EGV abgeleitet sind, z.B. im Bereich der Landwirtschaft.[160] Folglich existiert eine parallele Kompetenz von Gemeinschaft und Mitgliedstaaten zum Abschluss völkerrechtlicher Verträge in der Entwicklungszusammenarbeit, die aber nicht ausschließen kann, dass der Gemeinschaft aufgrund von anderen Innenkompetenzen ausschließliche Außenkompetenzen erwachsen.

Neben dieser rein entwicklungspolitischen Außenkompetenz verfügt die Gemeinschaft laut Art. 310 EGV auch über die ausschließliche Kompetenz „mit einem oder mehreren Staaten [...] Abkommen zu schließen, die eine Assoziierung mit gegenseitigen Rechten und Pflichten, gemeinsamem Vorgehen und

---

[159] Hiervon noch abweichend: *Schmidt* 1995, S. 268f.

[160] Vgl. hierzu *Zimmermann* (2003), S. 1518f und *Vonessen* (1996), S. 76f und 85-87. Nettesheim stellt darüber hinaus den Bezug zwischen vertikalen, d.h. zwischen Gemeinschaft und Mitgliedstaaten (wie im AETR-Urteil), und horizontalen, d.h. zwischen Organen der Gemeinschaft, Kompetenzkonflikten in der EG her. Siehe *Nettesheim* 1993.

besonderen Verfahren" beinhalten. Diese Assoziierungskompetenz, welche die Grundlage für das Cotonou-Abkommen bildet, wird in Kap. 4.3 näher betrachtet und gegenüber Art. 181 EGV abgegrenzt. Zunächst sei nur angemerkt, dass die übliche Praxis, die AKP-EG-Abkommen als gemischte Abkommen von Mitgliedstaaten und Gemeinschaft (Art. 310 i.V.m. Art. 300 II, III EGV) abzuschließen und so die etwaigen jeweiligen Defizite in der Abschlusskompetenz zu kompensieren, trotz der Einführung von Art. 177ff EGV beibehalten wurde.[161]

4.1.1.3) Lex specialis in Art. 179 III EGV und Finanzierungskompetenz

Vertraglich abgesichert ist diese Praxis über Art. 179 III EGV als lex specialis zu dessen Absatz I, welche die Zusammenarbeit mit den AKP-Staaten von der Wirkung des Art. 179 I, II EGV befreit. Hiermit werden zwei Besonderheiten der AKP-EG-Beziehungen konserviert.[162] Zum einen gilt für Abkommen nach Art. 310 EGV gemäß Art. 300 II Satz 2 EGV, weiterhin das Prinzip der Einstimmigkeit im Rat, wohingegen das nach Art. 179 I EGV relevante Mitentscheidungsverfahren lediglich eine qualifizierte Mehrheit vorsähe (vgl. Art. 251 EGV). Zum anderen kann dadurch die Finanzierung über den EEF (vgl. Kap. 2.2.2.3) außerhalb des Gemeinschaftshaushalts aufrechterhalten werden. Im Gegenzug führt eine direkte Finanzierung durch die Mitgliedstaaten wiederum zu der Notwendigkeit, diese über gemischte Abkommen zu beteiligen.[163]

Die Kommission plädiert seit vielen Jahren für die Integration des EEF in den Gemeinschaftshaushalt, weil sie sich davon mehr öffentliche Kontrolle, Transparenz, Effizienz und Flexibilität verspricht.[164] Der EuGH[165] gesteht - von Henze[166] scharf kritisiert - den Mitgliedstaaten den Abschluss gemischter Abkommen und die EEF-Finanzierung bei den AKP-EG-Beziehungen dennoch zu (siehe hierzu auch Kap. 4.3.4.2). Der Gerichtshof stellt dabei ausdrücklich fest, dass „[d]ie Zuständigkeit der Gemeinschaft auf diesem Gebiet keine ausschließliche [ist]. Die Mitgliedstaaten sind deshalb berechtigt, selbst Verpflichtungen

---

[161] Vgl. *Streinz* 2003, Rn. 428f und 613. *Henze* betont, dass v.a. in der Zeit vor dem Maastrichter Vertrag die gemischten Abkommen als praktikabler und eleganter Weg dienten, trotz der grundsätzlich ungeklärten Kompetenzfrage nach außen handlungsfähig zu sein. Vgl. *Henze* 1995, S. 80f.

[162] Siehe *Zimmermann* 2003, S. 1499.

[163] Vgl. *Streinz* 2003, Rn. 631.

[164] Eine ausführliche Darstellung der Argumente der Kommission findet sich bei *o.A.* 2005b. Siehe auch die Mitteilung KOM (2003) 590 endg. mit dem Titel „Für die volle Integrierung der Entwicklungszusammenarbeit mit den AKP-Ländern in den Haushaltsplan der Europäischen Union".

[165] Urteil des EuGH in der Rechtssache C-316/91 bzgl. des Lomé IV-Abkommens; die Argumentation ist deckungsgleich auf das Cotonou-Abkommen übertragbar. Siehe hierzu auch *Zimmermann* 2003, S. 1486.

[166] Siehe *Henze* 1995, S. 83ff.

gegenüber den Drittländern, kollektiv oder individuell und sogar zusammen mit der Gemeinschaft, einzugehen." (Randnr. 26) Abschließend betont der EuGH, dass es „der Gemeinschaft und den Mitgliedstaaten gemeinsam obliegt", die „Finanzhilfe der Gemeinschaft" zu gewähren (Randnr. 33) und deshalb „die Mitgliedstaaten berechtigt sind, ihre Zuständigkeiten in dieser Hinsicht gemeinsam auszuüben" (Randnr. 34), wofür sich diese durch ein Internes Abkommen entschieden haben (vgl. Randnr. 36) und weshalb diese nicht als „Ausgaben der Gemeinschaft" über den Gemeinschaftshaushalt finanziert werden müssen (Randnr. 39). Der mögliche Wegfall von Art. 179 III EGV (vgl. Kap. 2.3.4) könnte diese Sonderstellung jedoch zu Fall bringen.

Im Zusammenhang mit Art. 179 III EGV sollte noch betont werden, dass die lex specialis nicht ausschließt, dass die Gemeinschaft auf der Grundlage ihrer Kompetenz aus Art. 177ff EGV, insbesondere Art. 179 I, innerhalb der AKP-Staaten entwicklungspolitisch aktiv wird. Beinhaltet allerdings das Cotonou-Abkommen in der betreffenden Frage eine abschließende Norm, so darf die Gemeinschaft keine Maßnahmen ergreifen, welche davon abweichen oder darüber hinausgehen. Zudem ist von Bedeutung, dass die explizite Ausnahmeregelung in Art. 179 III EGV weder einen Bestandsschutz für das bisherige AKP-EG-Abkommen bzw. dessen Sonderstellung, noch eine Verpflichtung zur Fortführung dieser Abkommen beinhaltet.[167]

4.1.1.4) Kompetenz für Menschrechts- und Demokratieklauseln

Die Gemeinschaft verfügt, neben der Binnenkompetenz (Art. 180 EGV), über Art. 181 I Satz 2 i.V.m. Art. 177 II EGV auch über die Kompetenz zur Aufnahme von Menschenrechts- und Demokratieklauseln incl. Suspendierung in Abkommen der Entwicklungszusammenarbeit, indem die Vertragsabschlusskompetenz (Art. 181 I Satz 2 mit Hinweis auf das Procedere nach Art. 300 EGV) mit der Zielsetzung, Demokratie und Rechtsstaat fortzuentwickeln und zu festigen sowie die Menschenrechte und Grundfreiheiten zu wahren (Art. 177 II EGV), verknüpft wird.[168] Im Rahmen der AKP-Zusammenarbeit erfolgte dies erstmals mit dem Abschluss des Lomé IV-Abkommens (vgl. Kap. 3.2.2).[169]

---

[167] Siehe *Zimmermann* 2003, S. 1499.

[168] Vgl. die Erörterungen in *Hoffmeister* 1998, S. 409ff, die sich insbesondere auf das Urteil des EuGH in der Rechtssache C-268/94 (Portugiesische Republik gegen Rat der Europäischen Union) vom 03. Dezember 1996 beziehen. Der EuGH schloss dabei insbesondere die Notwendigkeit aus, Menschenrechts- und Demokratieklauseln auf Art. 235 EGV (a.F.) zu stützen, siehe Randnummern (21) und v.a. (29).

[169] Siehe hierzu die umfassenden Ausführungen über die Geschichte der Verankerung von Menschenrechts- und Demokratieklauseln in Verträgen mit Drittstaaten, insbesondere im Rahmen der AKP-Abkommen (S. 7-43)

Art. 177 II EGV wiederholt dabei zwar die Grundwerte der Europäischen Union aus Art. 6 EUV sowie das entsprechende Ziel der GASP (vgl. Art. 11 I letzter Spiegelstrich EUV) und bezieht sich somit direkt auf die EMRK, aufgrund der Unbestimmtheit der Formulierung – „trägt dazu bei, das allgemeine Ziel [...] zu verfolgen" (Art. 177 II EGV) – sind jedoch keine konkreten Handlungsanweisungen daraus abzuleiten. Somit verbleibt den Gemeinschaftsorganen im Rahmen des Völkerrechts ein Ermessen bei der Sanktionierung von Verstößen gegen die in Partnerschaftsabkommen verankerten Menschenrechtsklauseln.[170]

4.1.2) Kohärenz und Koordinierung der europäischen Politiken

Bei der gemeinschaftlichen Entwicklungszusammenarbeit kommt es zu Berührpunkten mit mehreren anderen Politiken. Daher muss die Gemeinschaft zur Erreichung von Kohärenz für eine effektive Koordinierung ihrer Politiken sorgen.

4.1.2.1) Kohärenzgebot nach Art. 178 EGV

In der Querschnittsklausel des Art. 178 EGV („Berücksichtigung der Entwicklungspolitik") wird der Gemeinschaft ein Kohärenzgebot auferlegt. Demnach muss die Gemeinschaft in allen ihren in Art. 3 EGV aufgeführten Politikbereichen die entwicklungspolitischen Ziele des Art. 177 I, II EGV berücksichtigen. Aus der Formulierung des Vertrages „...Politiken, welche die Entwicklungsländer berühren können" folgert Pitschas[171], dass hierfür bereits die Wahrscheinlichkeit einer Betroffenheit der Entwicklungsländer ausreicht. Im Unterschied zu Art. 6 EGV („Umweltschutzerfordernisse") muss die entwicklungspolitische Zielsetzung jedoch nur „berücksichtigt", nicht aber „einbezogen" werden.[172] Die Organe der Gemeinschaft, und nur diese, werden darüber hinaus durch Art. 3 II EUV zur Kohärenz aller von ihr ergriffenen außenpolitischen Maßnahmen im Rahmen der Außen-, Sicherheits-, Wirtschafts- und Entwicklungspolitik verpflichtet.[173]

---

sowie zur Anwendungspraxis dieser Klauseln, differenziert nach Sanktionstypen und Ländern (S. 453-527) in *Hoffmeister* 1998.

[170] Vgl. *Zimmermann* 2003, S. 1491ff.

[171] Siehe *Pitschas* 2003, S. 1769.

[172] Vgl. *Zimmermann* 2003, S. 1494. Auch Schmidt argumentiert in Analogie zur deutschen Rechtsprechung in Richtung eines „einfachen Berücksichtigens", was einer Verpflichtung zur ernsthaften Auseinandersetzung und Einbeziehung in die Entscheidungsfindung, nicht aber einer verbindlichen Vorschrift, entspricht. Siehe *Schmidt* 1995, S. 271.

[173] Vgl. hierzu *Pitschas* 2003, S. 1769.

Ein Beispiel für einen Zielkonflikt zwischen zwei Politiken ergibt sich bereits aus den verwendeten Begriffen: auf der einen Seite steht, gestützt auf Art. 133 EGV (vgl. Exkurs zu Kap. 2.5.2), das System allgemeiner Handelspräferenzen, auf der anderen Seite die besonderen Präferenzen für AKP-Staaten, welche gemäß Art. 36 III i.V.m. Art. 37 I (Cotonou) allerdings nur noch für die Übergangszeit bis 2008 gelten. Mit dem Übergang auf die Neue Handelsregelung entfällt dieser Zielkonflikt somit.[174]

4.1.2.2) Koordinierung der gemeinschaftlichen Politiken

Aus der Verpflichtung zur Kohärenz der gemeinschaftlichen Politiken ergibt sich automatisch auch eine Notwendigkeit zu deren Koordinierung. Der Rat folgt dieser Notwendigkeit, indem er alle außenpolitischen Handlungen (GASP, ESVP und Entwicklungszusammenarbeit) in dem Rat „Allgemeine Angelegenheiten und Außenbeziehungen" gemeinsam behandelt und somit in Analogie zu Art. 13 III Satz 3 EUV Einheitlichkeit, Kohärenz und Wirksamkeit der Vorgehensweise zu garantieren sucht.[175] Vor diesem Hintergrund relativiert sich die eingangs (vgl. Kap. 2.2.1.1) zitierte Kritik von Arts an der Integration der Entwicklungszusammenarbeit in den Allgemeinen Rat deutlich.

Der besondere Abstimmungsbedarf zwischen der gemeinschaftlichen Entwicklungszusammenarbeit und der GASP wird im Zusammenhang mit der Wahrung der Menschenrechte und Grundfreiheiten deutlich. In der Gemeinschaft herrscht, basierend auf dem Völkergewohnheitsrecht, der Konsens, dass diese universell gültig und unteilbar sind. Wird ein Entwicklungsland aus außen- und sicherheitspolitischen Erwägungen heraus der Missachtung von Menschenrechten beschuldigt, so muss in jedem Fall verhindert werden, dass Gelder oder Einrichtungen aus der Entwicklungszusammenarbeit hierzu missbraucht werden.[176] Ein weiteres Beispiel stellt die Krisenprävention dar, da die entwicklungspolitischen Ziele bei sicherheitspolitischen Maßnahmen in diesem Bereich zumeist betroffen sind.[177] Vertraglich sichergestellt wird diese Kohärenz von Außen- und Entwicklungspolitik, indem die betreffende Zielsetzung der Entwicklungszusammenarbeit (Art. 177 II EGV) nahezu wortgleich die Zielsetzung der GASP (Art. 11 I letzter Spiegelstrich EUV) wiederholt.[178]

---

[174] Siehe *Zimmermann* 2003, S. 1484f. Zimmermann betont ebenda, dass mit dem Wegfall der besonderen Präferenzen für AKP-Staaten auch deren Fortbestand für Nicht-AKP-Staaten fraglich ist.
[175] Siehe hierzu *Europäischer Rat* 2005.
[176] Vgl. *Pitschas* 2003, S. 1767f.
[177] Siehe hierzu *Pitschas* 2003, S. 1769.
[178] Vgl. hierzu z.B. *Zimmermann* 2003, S. 1491.

Neben der Außenpolitik hat die Querschnittsklausel des Art. 178 EGV große Bedeutung für die Handelsbeziehungen. Die Gemeinschaft muss also, insbesondere im Hinblick auf ihre Verpflichtungen aus der WTO-Mitgliedschaft, ihre Handelsbeziehungen stärker auf Nachhaltigkeit hin auslegen. Dies manifestiert sich in der beginnenden neuen Handelspartnerschaft mit den AKP-Staaten in Form der WPA.[179] Integraler Bestandteil der Handels- ist die Zollpolitik: Aus entwicklungspolitischer Perspektive wurden und werden EG-Zollpräferenzen genutzt, um Entwicklungsländer stärker in den Handel zu integrieren und Anreize in den Bereichen Umwelt und Sozialpolitik zu setzen.[180]

4.1.3) Koordinierung zwischen Gemeinschaft und Mitgliedstaaten

Zur Koordinierung der gemeinschaftlichen und mitgliedstaatlichen Entwicklungspolitiken regelt Art. 180 I EGV: „Die Gemeinschaft und die Mitgliedstaaten koordinieren ihre Politik auf dem Gebiet der Entwicklungszusammenarbeit und stimmen ihre Hilfsprogramme, auch in internationalen Organisationen und auf internationalen Konferenzen, ab. Sie können gemeinsame Maßnahmen ergreifen. Die Mitgliedstaaten tragen erforderlichenfalls zur Durchführung der Hilfsprogramme der Gemeinschaft bei." Bereits aus dieser Formulierung lässt sich erahnen, dass es sich bei der europäischen Entwicklungszusammenarbeit um ein „verflochtenes Mehrebenen-Netzwerk"[181] handelt.

4.1.3.1) Rechtliche Grundlagen

Als notwendiges Pendant zur parallelen Handlungskompetenz leitet sich aus der Formulierung in Art. 180 I EGV eine Verpflichtung für die Gemeinschaft und die Mitgliedstaaten ab, ihre jeweiligen Entwicklungspolitiken zu koordinieren.[182] Die Politiken stehen nicht in einem Subordinationsverhältnis, sondern ergänzen sich wechselseitig. Die hierfür notwendige Koordinationspflicht konkretisiert sich, als Mindestanforderung, in einer wechselseitigen Informationspflicht von Mitgliedstaaten und Gemeinschaft.[183]

---

[179] Vgl. *Pitschas* 2003, S. 1769f.
[180] Vgl. *Pitschas* 2003, S. 1770.
[181] Siehe hierzu *Pitschas* 2003, S. 1768.
[182] Vgl. *Geiger* 2000, S. 634.
[183] Vgl. *Zimmermann* 2003, S. 1516. Dieser Verpflichtung unterliegen die Mitgliedstaaten auch im Bereich der GASP gemäß Art. 16 EUV („Gegenseitige Information"), womit ein „konzertiertes und konvergierendes Handeln möglichst wirksam zum Tragen" kommen soll.

Zum Zwecke einer effektiven Entwicklungspolitik, welche die Ziele des Art. 177 I, II EGV tatsächlich zu erreichen in der Lage ist, folgt der Autor der Argumentation von Pitschas[184], welcher weit darüber hinaus geht. Demzufolge sind beide Ebenen verpflichtet, in Konsultationen zu treten, noch bevor sie ihre Außenkompetenzen überhaupt ausüben. Außerdem müssen sie alle Maßnahmen unterlassen, welche bestehende Verpflichtungen aufgrund laufender Verträge beeinträchtigen könnten. Fraglich erscheint jedoch, ob, wie von Pitschas gefordert, eine langfristige Notwendigkeit zur Harmonisierung der gemeinschaftlichen und mitgliedstaatlichen Politiken besteht. Dies dürfte bereits an dem von Pitschas selbst erkannten Problem scheitern, dass die Mitgliedstaaten nicht über einen deckungsgleichen Wertekanon verfügen, welcher nach Auffassung des Verfassers notwendigerweise am Anfang einer Harmonisierung stünde.

Ergänzend sei angemerkt, dass das aufgrund der parallelen Zuständigkeiten prinzipiell anzuwendende Subsidiaritätsprinzip aus Art. 5 II EGV, im Lichte der Koordination paralleler Politiken von Mitgliedstaaten und Gemeinschaft, eine modifizierte Konnotation erfährt. Mit der vertraglichen Anerkennung einer entwicklungspolitischen Kompetenz der Gemeinschaft (Art. 177ff EGV) und der Verpflichtung zur Koordinierung (Art. 180f EGV) kann Subsidiarität nicht mehr nach Ebenen trennen und ein Eingreifen der Gemeinschaft auf den Fall beschränken, dass die Mitgliedstaaten ein Ziel nicht oder nur schlechter erreichen können.[185] Vielmehr handeln grundsätzlich immer beide Ebenen und der Subsidiaritätsgedanke verpflichtet nunmehr zu einer „funktionellen Komplementarität" der gemeinschaftlichen und mitgliedstaatlichen Politiken, welche eine effiziente Projektabwicklung garantiert.[186]

Die Koordinierungspflicht schließt die Abstimmung ihrer Hilfsprogramme sowie ihres Auftretens auf internationaler Ebene mit ein. „Erforderlichenfalls", d.h. falls die primär zuständige Gemeinschaft nicht über die notwendigen rechtlichen oder faktischen Mittel verfügt, müssen die Mitgliedstaaten subsidiär Hilfe zur Durchführung gemeinschaftlicher Entwicklungspolitik leisten.[187] Vertieft wird das Koordinierungsproblem noch, indem Gemeinschaft und Mitgliedstaa-

---

[184] Siehe *Pitschas* 2003, S. 1775f.
[185] Dieser Lesart des Subsidiaritätsprinzips folgt z.B. noch Schmidt; siehe *Schmidt* 1995, S. 269.
[186] Siehe *Pitschas* 2003, S. 1776.
[187] Siehe *Zimmermann* 2003, S. 1516. Pitschas betont an dieser Stelle zudem, dass die Mitgliedstaaten im Fall von Art. 180 I Satz 3 EGV allenfalls in einer Verantwortungspartnerschaft mit der Gemeinschaft agieren, also in keinem Fall zur Entrichtung von Beiträgen gezwungen werden können bzw. dürfen. Siehe *Pitschas* 2003, S, 1778.

ten zudem – im Rahmen ihrer jeweiligen Befugnisse – gemäß Art. 181 EGV auf der internationalen Ebene getrennt oder zusammen agieren können.[188]

Die Verpflichtung zur Koordinierung nach innen (Art. 180 EGV) und bei Kooperationsabkommen mit Dritten (Art. 181 EGV) kann insgesamt als spezielle Ausprägung des allgemein in Art. 10 EGV festgeschriebenen Gebots zur Gemeinschaftstreue der Mitgliedstaaten aufgefasst werden.[189] Insbesondere beim Auftreten auf der internationalen Ebene verpflichtet die Gemeinschaftstreue jeden einzelnen Mitgliedstaat, die koordinierten Politiken als Gemeinschaftsinteresse zu vertreten, weshalb sich in diesem Zusammenhang gemischte Abkommen (siehe unten) von Gemeinschaft und Mitgliedstaaten auf der einen Vertragsseite besonders anbieten.[190] Über eine reine Koordinierung verschiedener Politiken hinaus sieht der Vertrag in Art. 180 I Satz 2 EGV die Möglichkeit vor, gemeinsame Maßnahmen zu ergreifen. Es liegt dabei im Ermessen der Gemeinschaft(sorgane) und der Mitgliedstaaten, ob die vorgeschriebene Koordination zur Kooperation, d.h. zur gemeinsamen Entwicklung und Durchführung von Maßnahmen, ausgebaut wird bzw. in welcher Form dies geschieht.[191]

4.1.3.2) Verfahren und operative Umsetzung

Art. 180 I Satz 1 EGV fordert lediglich, die Entwicklungspolitiken von Gemeinschaft und Mitgliedstaaten zu „koordinieren“ und ihre Hilfsprogramme „abzustimmen“, spezielle Verfahren werden jedoch weder hier noch andernorts vorgegeben. Daher greifen auch bei der Entwicklungszusammenarbeit die üblichen Mechanismen, wozu die Mitteilungen der Kommission sowie die Entschließungen des Rates und der Vertreter der Mitgliedstaaten (vgl. Art. 207 EGV) gehören. Neben diesen formalen Sitzungen kommt es auch zu spontanen Treffen von Vertretern der Mitgliedstaaten und Kommission, um politische Absprachen zu treffen. Im Bereich der operativen Umsetzung sollen Informationsaustausch, gemeinsame Evaluationen und Ressourcenschonung durch „best-

---

[188] Der internationalen Ebene zugehörig sind Drittländer (Hilfeempfänger oder weitere Geber) sowie internationale Organisationen, wobei die Zusammenarbeit mit Nichtregierungsorganisationen nur auf Art 274 EGV in Form von Kofinanzierungen basieren kann. Bezogen auf die Zusammenarbeit mit den Vereinten Nationen im Rahmen der Entwicklungspolitik stellt Art. 181 EGV eine lex specialis zu Art. 302 EGV dar. Vgl. *Zimmermann* (2003), S. 1517f. Die Zusammenarbeit mit der OECD wird jedoch in Art. 304 EGV, diejenige mit dem Europarat in Art. 303 EGV spezieller geklärt als in Art. 181 EGV. Siehe *Pitschas* 2003, S. 1779.

[189] Siehe *Zimmermann* 2003, S. 1517.

[190] Vgl. *Pitschas* 2003, S. 1777.

[191] Siehe *Pitschas* 2003, S. 1777f.

practice"-Leitfäden zu einer kohärenten und effizienten Abwicklung der vielschichtigen Projekte beitragen.[192]

Angesichts der parallelen Kompetenzen und der Koordinationspflicht von gemeinschaftlicher und mitgliedstaatlicher Entwicklungspolitik hat sich die Praxis der gemischten Abkommen für den Abschluss internationaler Kooperations- (Art. 181 EGV) bzw. Assoziierungsabkommen (Art. 310 EGV) herausgebildet. Dabei treten die Gemeinschaft und die Mitgliedstaaten als gleichberechtigte Vertragspartner auf, wofür es keine explizite Regelung im Vertrag gibt. Insbesondere bei gemischten Abkommen sind die Mitgliedstaaten aus der Pflicht zur Gemeinschaftstreue (Art. 10 EGV) heraus gehalten, beim Zustandekommen und der Durchführung eng zusammenzuarbeiten. Nach der sog. „Rom-Formel" führt bei den AKP-Abkommen daher generell eine gemeinsame Delegation die Verhandlungen, deren Sprecher die Kommission ist. Dies bietet sich an, weil aus Sicht der AKP-Staaten ohnehin „die Gemeinschaft" als Gesamtheit von Gemeinschaft und Mitgliedstaaten als Vertragspartner auftritt und die AKP-Abkommen bilateralen Charakter aufweisen.[193] Beim Abschluss gemischter Abkommen gelten jedoch für die Mitgliedstaaten die jeweiligen verfassungsrechtlichen Regelungen, was das Inkrafttreten verzerren bzw. hinauszögern kann.[194]

Die gemischten Abkommen bieten der Gemeinschaft über Art. 300 II UAbs. 2 EGV die Möglichkeit, die Aussetzung der Anwendung derartiger Abkommen zu beschließen. Für Regelungen, welche ausschließlich zur Durchführung des Gemeinschaftsrechts in solchen Abkommen getroffen wurden, verfügen die Mitgliedstaaten über keine nachträgliche Vertragsschlusskompetenz, d.h. nur noch die Gemeinschaft kann diesbezügliche Verpflichtungen übernehmen bzw. ausführen.[195] Zudem betont der EuGH[196], dass gemischte Abkommen denselben Status wie ein gemeinschaftsrechtliches Abkommen hat, soweit es um Bestimmungen geht, die in der Zuständigkeit der Gemeinschaft liegen.

---

[192] Siehe *Pitschas* 2003, S. 1777.
[193] Siehe *Tomuschat* 2003, S. 1585. Zu den völkerrechtlichen Implikationen siehe auch *Streinz* 2003, Rn. 429.
[194] Für nähere Erläuterungen siehe *Tomuschat* 2003, S. 1591.
[195] Vgl. *Pitschas* 2003, S. 1781.
[196] Siehe z.B. das Urteil des EuGH in der Rechtssache C-239/03 vom 07. Oktober 2005, Rnr. 25.

4.2) Einordnung zwischen Außen- und Handelspolitik

In der Vergangenheit sah sich die Gemeinschaft der Kritik ausgesetzt, dass die Entwicklungspolitik als eigenständige Gemeinschaftspolitik nicht existiere, sondern vielmehr eine besondere Ausprägung ihrer Außenpolitik bzw. Handelspolitik sei.[197] Mit der Aufnahme der Entwicklungszusammenarbeit in den Vertrag von Maastricht (vgl. Kap. 2.3.3) ist sie heute als eigenständige Politik verankert, steht aber nach wie vor in einem engen Bezug zu den genannten Politikfeldern. Im Folgenden ist somit zu klären, wo die Entwicklungszusammenarbeit im Spannungsfeld von gemeinschaftlicher Handelspolitik und intergouvernementaler Außenpolitik inhaltlich, materiell und organisatorisch einzuordnen ist.

4.2.1) Inhaltliche Einordnung

Der Argumentation von Pitschas[198] folgend, stellt die Entwicklungszusammenarbeit ein klassisches Feld der Außenbeziehungen dar, da sie stets danach strebt, Verbindungen zu einem anderen, weniger weit entwickelten Subjekt des Völkerrechts, herzustellen. Sinnbildlich hierfür steht, dass neben der Zielvorgabe in Art. 177 I, II EGV und der Handlungskompetenz in Art. 179 I EGV durch Art. 181 I EGV eine Kompetenz zugewiesen wird, mit Drittländern oder internationalen Organisationen in Arbeitsbeziehungen zu treten bzw. Verträge nach Art. 300 EGV abzuschließen. Die genannte Norm fordert die Gemeinschaft und die Mitgliedstaaten geradezu auf, im Rahmen ihrer entwicklungspolitischen Aufgaben international zusammenzuarbeiten. Die Außenbeziehung ist gleichsam integraler Bestandteil der Entwicklungszusammenarbeit gemäß Art. 177ff EGV. Hinzu kommt die bereits in Kap. 2.1.3 angesprochene auffallende Breite der Formulierung der Instrumente im Vertrag, welche die Entwicklungszusammenarbeit automatisch in den Bereich der Außenpolitik rückt.

Dennoch wurde die Entwicklungszusammenarbeit bewusst eigenständig in den Maastrichter Vertrag aufgenommen.[199] Zum einen hatte sich die Entwicklungspolitik der Gemeinschaft von jeher als Teil eines in Entstehung begriffenen Entwicklungsvölkerrechts verstanden, was die Degradierung zu einem Teil der GASP ausschloss. Zum anderen hatte die Gemeinschaft – historisch bedingt –

---

[197] Nachzulesen bei *Schmidt* 1995, S. 270.
[198] Siehe *Pitschas* 2003, S. 1779.
[199] Als Grundlage für diese Ausführungen siehe wiederum *Zimmermann* (2004), S. 324f.

bereits ohne vertragliche Grundlage eine vielschichtige Entwicklungspolitik erarbeitet. Hätte man die Entwicklungspolitik zu einem Teil der rein intergouvernementalen GASP gemacht, hätte dies bedeutet, der Gemeinschaft eine Kompetenz de jure zu entziehen, die sie de facto schon ausübte. Da dieser Rückschritt politisch nicht gewollt war, erfolgte die Aufnahme als parallele Kompetenz von Gemeinschaft und Mitgliedstaaten in Art. 177ff EGV.

Hieran wird auch Brünes[200] Aufruf zur Schaffung einer zwischenstaatlich abgestimmten „Gemeinsamen Außen-, Sicherheits- und Verteidigungspolitik (GASEP)" auf absehbare Zeit wenig ändern können. Vielmehr könnte dies eine tiefe Verunsicherung auf Seiten der AKP-Staaten bewirken. Denn schon während der Verhandlungen zum Cotonou-Abkommen schienen diese „keen to ensure that the Community's Development Co-operation Policy will not be ruled by the demands of a Common Foreign and Security Policy [because] such subordination would threaten the success of any development objectives agreed between the parties". Dem pflichtet die Kommission bei und betont, dass "[a]ny [such] subordination [...] could jeopardize development objectives, which are medium and long-term and hence require continuity of action."[201]

Als erstes Fazit bleibt somit, dass die Entwicklungszusammenarbeit von ihrem Charakter her eindeutig im Bereich der Außenbeziehungen anzusiedeln ist, aber aus den genannten Gründen nicht „nur" zu einem Teil der GASP gemacht wurde.

Neben der Außenpolitik rückt die Entwicklungszusammenarbeit mit ihrer Zielsetzung einer harmonischen, schrittweisen Eingliederung in den Welthandel (Art. 177 I 2. Spiegelstrich EGV) automatisch auch in die Nähe der Handelspolitik, welche die handelspolitische Komponente der EU-Außenbeziehungen darstellt. Die Gesamtheit der vier Ziele der Entwicklungszusammenarbeit aus Art. 177 I, II EGV (vgl. Kap. 2.4) geht allerdings gerade angesichts des außenpolitischen Charakters deutlich über die Zielsetzung der gemeinsamen Handelspolitik in Art. 131 EGV hinaus. Selbst wenn man (vgl. Kap. 2.5.2) neben der Verpflichtung zur Wohlstandsmehrung durch Freihandel auch eine Verpflichtung zur Erreichung von Verteilungsgerechtigkeit in diese Zielvorgabe hineininterpretiert, so steht diese im Zusammenhang mit dem

---

[200] Siehe *Brüne* 2004, S. 35.
[201] Siehe *McMahon* 1999, S. 614 und KOM 96 (570)endg., S. 41.

Gemeinsamen Markt und kann von der Handelspolitik sinnvollerweise nur innerhalb der Gemeinschaft angestrebt werden.

Die Entwicklungszusammenarbeit ist somit, sobald sie konkret wird, nahezu immer auch Handelspolitik, geht aber darüber hinaus und legt somit einen eigenen Schwerpunkt, da die rechts- und gesellschaftspolitischen Ziele des Art. 177 I, II EGV gewichtig neben den internationalen handelspolitischen Zielsetzungen des Art. 131 EGV stehen. Eine analoge Abgrenzung lässt sich zur GAP (vgl. Kap. 2.5.3) sowie zu weiteren Gemeinschaftspolitiken mit (in-)direktem Außenbezug ziehen.

4.2.2) Abgrenzung in der Kompetenzfrage

Vergleichbar mit dem Umstand, dass die Entwicklungszusammenarbeit die Ziele der Handelspolitik integriert aber einen eigenen Schwerpunkt legt und eigentlich zum Bereich der Außenbeziehungen gehört, rangiert sie bzgl. der Kompetenzverteilung genau zwischen der intergouvernementalen GASP und der gemeinschaftlichen Handelspolitik. Der Bereich der Außenpolitik ist nicht vergemeinschaftet, sondern die Kompetenz liegt bei den Mitgliedstaaten, welche im Rahmen der GASP als zweite Säule der EU die Gemeinschaftsorgane zur Umsetzung gemeinsamer Standpunkte nutzen (vgl. Kap. 2.5.1). In der Handelspolitik liegt die Kompetenz hingegen, bis auf wenige Ausnahmen, bei der Gemeinschaft (vgl. Kap. 2.5.2). Wie oben beschrieben bestehen in der Entwicklungszusammenarbeit echte parallele Kompetenzen von Mitgliedstaaten und Gemeinschaft.

Je nachdem, welcher Politik eine Maßnahme zuzuordnen ist, entscheidet sich, ob die Mitgliedstaaten und/oder die Gemeinschaft über die zugehörige Kompetenz verfügen, welches Verfahren unter Beteiligung welcher Institutionen angewandt werden muss und welche Konsequenzen sich gegebenenfalls bzgl. der Koordination von Politiken ergeben. Wie entscheidet sich also, auf welche Kompetenz eine Maßnahme gestützt werden muss?

Zum einen spielen gerade bei der Abgrenzung zwischen Außen- und Entwicklungspolitik die Traditionslinien eine besondere Rolle, wonach die AKP-Zusammenarbeit als Fortschreibung der Assoziierung unabhängig gewordener Staaten eine engere Bindung impliziert als eine „Außenbeziehung". In Kap. 4.1.1.1 wurde zum anderen bereits argumentiert, dass eine Maßnahme anhand der inhaltlichen Schwerpunktsetzung bzw. Vorrangregelungen im Vertrag eingeordnet wird. Zwar gibt es Überschneidungen zwischen den Zielsetzungen der Entwicklungszusammenarbeit (Art. 177ff EGV), der GASP (Art. 11 EUV) und der Handelspolitik (Art. 131 EGV), jede Politik setzt aber andere Schwerpunkte. Bzgl. der Abgrenzung zur Handelspolitik synthetisierte der EuGH dabei die „finale Theorie“, wonach eine Regelung nur dann handelspolitisch sei, wenn sie die Änderung von Handelsvolumina oder -strömen intendiert und dabei keine andere Zielsetzung verfolgt, und die „instrumentale Theorie“, wonach eine Regelung immer dann handelspolitisch sei, wenn sie zur Regelung des internationalen Handels geeignet ist.[202]

So wird eine Maßnahme, die (auch) handelspolitische Instrumente beinhaltet, nur dann als „entwicklungspolitisch“ klassifiziert und somit auf Art. 177ff EGV gestützt, wenn sie mit ihrem inhaltlichen Schwerpunkt die Ziele des Art. 177 I, II EGV und nicht explizit die des Art. 131 EGV verfolgt bzw. wenn keine andere Rechtsgrundlage Vorrang hat. Bei der Frage, ob Art. 133 EGV (Handelspolitik) oder Art. 181 EGV (Internationale Abkommen im Rahmen der Entwicklungszusammenarbeit der Art. 177ff EGV) als Kompetenzgrundlage für internationale Abkommen heranzuziehen ist, vermuten Nettesheim/ Duvigneau[203], dass, in Ermangelung einer Vorrangregelung, die sachliche Kompetenz der Handelspolitik gegenüber einer eher zielbezogenen Kompetenz der Entwicklungszusammenarbeit vorzuziehen sei. Beim APS für Entwicklungsländer treten z.B. die entwicklungspolitischen Motive gegenüber den Handelsaspekten derart in den Hintergrund, dass die Gemeinschaft es trotz der Einführung der Art. 177ff EGV weiterhin ausschließlich auf Art. 133 EGV stützt und somit als „handelspolitische“ Maßnahme deklariert.

4.2.3) Koordination, Verfahren und Finanzierung

Das Kohärenzgebot des Art. 178 EGV verpflichtet die Gemeinschaft, auch in ihrer Gemeinsamen Handelspolitik (Art. 131ff EGV) die entwicklungspolitischen Ziele in Art. 177 I, II EGV zu berücksichtigen, da und sofern sie die Entwicklungsländer berühren kann. Aus der Kohärenz ergibt sich automatisch eine Verpflichtung zur Koordinierung (vgl. Kap. 4.1.2.2). Da die GASP nicht vergemeinschaftet, d.h. nicht in Art. 3 EGV aufgelistet ist, fällt sie nicht unter

---

[202] Siehe *Streinz* 2003, Rn. 630.
[203] Siehe *Nettesheim/Duvigneau* 2003, S. 1453, die aufgrund der allgemeinen Grundsätze argumentieren.

das Kohärenzgebot. Allerdings sind die Zielsetzungen von GASP und Entwicklungszusammenarbeit kompatibel und fallen im Entwurf für den Vertrag über eine Verfassung für Europa (siehe Kap. 2.3.4) sogar zusammen. Für Kohärenz und Koordinierung sorgt schon heute der Rat durch Behandlung in demselben Gremium (vgl. wiederum Kap. 4.1.2.2). Als Äquivalent zur Koordinierung zwischen Mitgliedstaaten und Gemeinschaft in der Entwicklungszusammenarbeit (vgl. Art. 180f EGV) gibt es innerhalb der GASP eine Notwendigkeit, Kohärenz und Koordinierung der mitgliedstaatlichen Außenpolitiken herzustellen. Gemäß Art. 13 III Satz 3 EUV trägt der Rat, analog zur Entwicklungszusammenarbeit, für ein einheitliches, kohärentes und wirksames Vorgehen Sorge. In Art. 19f EUV wird dann die Koordination und Kooperation der Mitgliedstaaten näher geregelt.

Deutliche Unterschiede ergeben sich hinsichtlich der Beteiligung des Europäischen Parlaments. Die stärkste Beteiligung erfährt es in der Entwicklungszusammenarbeit, da nach Art. 179 I EGV, mit Ausnahme der AKP-Abkommen (Art. 179 III EGV), das Mitentscheidungsverfahren des Art. 251 EGV Anwendung findet. Da die AKP-Abkommen auf Grund von Art. 179 III EGV für die Gemeinschaft auf Art. 310 EGV basieren, bedürfen diese Abkommen aufgrund von Art. 300 III UAbs. 2 1. Alt. EGV der Zustimmung des Parlaments.[204] Dennoch ist Weber[205] beizupflichten, dass eine konstruktive Beteiligung des Parlaments an der Aushandlung und Durchführung der Abkommen, schon aus Gründen der demokratischen Legitimation, wünschenswert wäre. Immerhin ist das Parlament bei der Durchführung der AKP-Partnerschaft über die Paritätische Parlamentarische Versammlung (vgl. Kap. 2.2.3) nur in beratender Funktion beteiligt.

Bei der GASP sieht der EU-Vertrag lediglich eine Anhörung und regelmäßige Unterrichtung sowie ein Anfrage- und Aussprachereht des Parlaments vor (vgl. Art. 21 EUV). Bzgl. der Handelspolitik gewährt das Verfahren nach Art. 133 II, IV EGV überhaupt keine Beteiligung des Parlaments, dasjenige zum Abschluss von Verträgen nach Art. 133 III UAbs. 3 i.V.m. 300 EGV nur eine sehr eingeschränkte. Einzig über die Zustimmung bzw. Ablehnung zum Gemeinschaftshaushalt kommt dem Parlament aus Art 272 EGV eine nennenswerte, wenngleich indirekte, Einflussmöglichkeit zu.

[204] Bzgl. Zustimmung zum Cotonou-Abkommen siehe A5-0412/2001 vom 21.11.2001.
[205] Siehe hierzu *Weber* 2003, S. 1765f.

Im Bereich der Finanzierung liegen allerdings auch verschiedene Regime vor. Während die Handelspolitik als Gemeinschaftsaufgabe folgerichtig aus dem Gemeinschaftshaushalt finanziert wird, ist für die GASP in Art. 28 EUV auch eine überwiegende Finanzierung aus dem Gemeinschaftshaushalt vorgesehen. Lediglich bei Maßnahmen mit militärischen oder verteidigungspolitischen Bezügen bzw. bei abweichenden einstimmigen Beschlüssen des Rates (Art. 18 III UAbs. 1 EUV) werden die Kosten direkt von den Mitgliedstaaten nach dem Bruttosozialproduktschlüssel getragen (Art. 18 III UAbs. 2 EUV). Somit ergibt sich eine Parallele zur Entwicklungszusammenarbeit, bei der einige Maßnahmen aus dem Gemeinschaftshaushalt getragen werden, die AKP-Partnerschaft aber traditionell direkt über den EEF finanziert wird, allerdings nach einem abweichenden Schlüssel der Beteiligung der Mitgliedstaaten (vgl. Finanzprotokoll zum Cotonou-Abkommen).

Exkurs: Investitionsschutz

Bevor sich die Ausführungen auf die AKP-Abkommen als konkretes Beispiel der gemeinschaftlichen Entwicklungszusammenarbeit konzentrieren, widmet sich dieser Exkurs dem Thema Investitionsschutz. Ausländische Direktinvestitionen bilden zum einen eine wesentliche Grundlage für die wirtschaftliche Entwicklung rückständiger Volkswirtschaften. Zum anderen zeichnet sich gerade im Bereich des Schutzes ausländischer Investitionen ein Kompetenzübergang von der mitgliedstaatlichen auf die europäische Ebene ab.

Während der Investitionsschutz von den Mitgliedstaaten ursprünglich im Rahmen sog. bilateraler Freundschaftsabkommen mit Handelspartnern geregelt wurde, bildete v.a. die Bundesrepublik Deutschland in den vergangenen Jahrzehnten ein dichtes Netz von bilateralen Investitionsförderungs- und -schutzverträgen mit Entwicklungs- und Schwellenländern aus.[206] Derzeit sind mit 115 Ländern derartige Verträge in Kraft, mit weiteren 24 treten sie demnächst (wieder) in Kraft. Sie gewähren den Investoren umfassenden und völkerrechtlich[207] abgesicherten Schutz für ihre ausländischen Direktinvestitionen. Indem sie deren Risiken deutlich reduzieren, wird v.a. kleinen und mittleren Unternehmen die Eroberung neuer Märkte erleichtert.[208]

---

[206] Vgl. *Herdegen* 2003, S. 255f.

[207] Die völkerrechtliche Absicherung basiert traditionell auf dem diplomatischen Schutz durch den Heimatstaat des Investors. Initiativen auf der Plattform der OECD bzw. der Weltbank verfolgen derzeit das Ziel einer Entpolitisierung und somit Verrechtlichung des Investitionsschutzes. Vgl. *Herdegen* 2003, S. 254f.

[208] Siehe *Bundesministerium für Wirtschaft und Arbeit* 2005.

Die vier Grundfreiheiten des Binnenmarktes garantieren u.a. die Niederlassungsfreiheit (Art. 43 EGV) und den freien Kapital- und Zahlungsverkehr (Art. 56 EGV; mit den Ausnahmen des Art. 57 I EGV), allerdings nur innerhalb der Gemeinschaft. Unter restriktiven Bedingungen kann die Gemeinschaft zwar befristete Maßnahmen zur Unterbindung von Direktinvestitionen in Drittstaaten ergreifen (Art. 59 EGV), der Schutz derartiger Investitionen vor politischen Risiken in diesen Drittstaaten liegt bis dato allerdings in der Kompetenz der Mitgliedstaaten. Daher beruft sich auch die Gemeinschaft bisher auf deren bilaterale Investitionsschutzabkommen (siehe oben). Der Entwurf für den Vertrag über eine Verfassung für Europa erweitert in Art. III-217 die Gemeinsame Handelspolitik im Vergleich zu Art. 133 EGV u.a. explizit um die ausländischen Direktinvestitionen. Das Inkrafttreten des „Verfassungsvertrags" vorausgesetzt, ginge die Kompetenz ausschließlich auf die Gemeinschaft über.[209]

4.3) Das Cotonou-Abkommen

Zimmermann[210] betont, dass das Cotonou-Abkommen, ungeachtet der primärrechtlichen Verankerung der Entwicklungszusammenarbeit, das „Kernstück der gemeinschaftlichen Entwicklungspolitik" darstellt, was auch angesichts der vorzunehmenden Kompetenzanalyse eine Beschränkung auf das Beispiel des aktuellen AKP-EG-Abkommens rechtfertigt. Aus europarechtlicher Perspektive wurde das Cotonou-Abkommen als Maßnahme der Entwicklungsassoziierung, bzgl. der Gemeinschaft auf der Grundlage von Art. 310 EGV, zusammen mit den Mitgliedstaaten in Form eines gemischten Abkommens geschlossen.

4.3.1) Fragestellungen und Untersuchungsgang

Aus der genannten Vorgehensweise von Gemeinschaft und Mitgliedstaaten beim Abschluss des Cotonou-Abkommens ergeben sich unmittelbar die drei Fragen, die es im Folgenden zu beantworten gilt: Handelt es sich beim Cotonou-Abkommen tatsächlich um eine Maßnahme der Entwicklungszusammenarbeit nach Art. 177ff EGV, erfüllt sie die Anforderungen an ein Assoziierungsabkommen nach Art. 310 EGV und sind die Mitgliedstaaten zwingend an dessen Abschluss zu beteiligen? Hierfür werden zunächst die relevanten Untersu-

---

[209] Siehe hierzu *Karl* 2004, der sich auch intensiv mit den möglichen Folgen dieser Kompetenzverlagerung beschäftigt.

[210] Siehe *Zimmermann* 2003, S. 1499.

chungsgänge, die der Literatur und der EuGH-Rechtsprechung zu entnehmen sind, aufgestellt und in den folgenden Abschnitten sukzessive abgearbeitet.

4.3.1.1) Maßnahme der Entwicklungszusammenarbeit i.S.v. Art. 177ff EGV

Die Frage, ob es sich beim Cotonou-Abkommen um eine Maßnahme der Entwicklungszusammenarbeit handelt, ist mit Hilfe des EuGH-Urteils in der Rechtssache C-268/94 vom 03. Dezember 1996, das sich generell auf Entwicklungsabkommen der Gemeinschaft auf der Grundlage von Art. 181 EGV bezieht, zu beantworten. Darin betont der EuGH zunächst, dass sich generell „[i]m Rahmen des Zuständigkeitssystems der Gemeinschaft [...] die Wahl der Rechtsgrundlage eines Rechtsakts auf objektive, gerichtlich nachprüfbare Umstände gründen" muss. „Zu diesen Umständen gehören insbesondere das Ziel und der Inhalt des Rechtsakts." (Randnr. 22)

Bezogen auf die relevante Materie bedeutet dies, dass einerseits nur ein Abkommen, welches die Ziele des Art. 177 I, II EGV verfolgt, als Abkommen der Entwicklungszusammenarbeit betrachtet werden kann, dass aber andererseits „diese Ziele [des Art. 177 EGV] weit gefasst sind in dem Sinne, dass die zu ihrer Verfolgung notwendigen Maßnahmen verschiedene besondere Bereiche betreffen können" (Randnr. 37). „Folglich ändert die Aufnahme von Klauseln, die verschiedene besondere Bereiche betreffen, in ein Abkommen über die Entwicklungszusammenarbeit, dessen rechtliche Einordnung nicht; diese hat in Ansehung seines wesentlichen Gegenstands zu erfolgen und nicht anhand einzelner Bestimmungen, sofern diese Bestimmungen in den genannten besonderen Bereichen nicht Verpflichtungen von solcher Tragweite mit sich bringen, da[ss] diese Verpflichtungen in Wirklichkeit anderen Zielen dienen als der Entwicklungszusammenarbeit" (Randnr. 39).

Wird also lediglich ein „Rahmen der Zusammenarbeit zwischen den Vertragsparteien" abgesteckt, indem diese sich darauf beschränken, die Gegenstände der Zusammenarbeit festzulegen und bestimmte Aspekte bzw. Aktionen von Bedeutung im Rahmen dieser Zusammenarbeit zu bezeichnen, ohne jedoch konkrete Modalitäten der Zusammenarbeit in diesen Bereichen zu regeln, so bedarf es keiner anderen als der entwicklungspolitischen Kompetenz (Absatz 3 des 2. Leitsatzes und Randnr. 45). Dasselbe gilt, falls lediglich „Verhaltenspflichten" vorgesehen sind, mit denen keine von den Zielen der Entwicklungszusammenarbeit verschiedenen Ziele verfolgt werden" (Randnr. 54). In diesen Fällen

„impliziert die blosse[!] Aufnahme von Bestimmungen, die eine Zusammenarbeit in einem bestimmten Bereich vorsehen, in das Abkommen nicht notwendig eine allgemeine Ermächtigung, auf die sich die Befugnis stützen ließe, in diesem Bereich Maßnahmen der Zusammenarbeit jedweder Art zu ergreifen" (Randnr. 47). Es ist also eindeutig zu trennen zwischen den Kompetenzen zum Abschluss und zur Durchführung von entwicklungspolitischen Abkommen.

Aus diesen Erwägungen heraus ist das Cotonou-Abkommen dann eine entwicklungspolitische Maßnahme, wenn es zwei Bedingungen erfüllt: (i) Es verfolgt hauptsächlich die Ziele des Art. 177 I, II EGV formal bzgl. seiner Zielsetzung und in seinem wesentlichen Gegenstand und (ii) es enthält keine Elemente, die in besonderen Bereichen derart konkrete, detaillierte und weitreichende Rechte und Pflichten festlegen, dass sie tatsächlich anderen als den entwicklungspolitischen Zielen dienen und somit auf andere Kompetenzgrundlagen gestützt werden müssten.

4.3.1.2) Assoziierungsabkommen gemäß Art. 310 EGV

In Art. 181 I Satz 2 EGV ist zwar für die Gemeinschaft das Recht verankert, dass die „Einzelheiten der Zusammenarbeit der Gemeinschaft [...] Gegenstand von Abkommen zwischen dieser und den betreffenden dritten Parteien [d.h. Ländern oder internationalen Organisationen] sein [können], die nach Art. 300 [EGV] ausgehandelt und geschlossen werden." Dennoch beruht das Cotonou-Abkommen, obwohl es sich als entwicklungspolitische Maßnahme versteht, nicht auf dieser Kooperationskompetenz, sondern auf der Assoziierungskompetenz kraft Art. 310 EGV. Bei Abkommen nach Art. 310 EGV handelt es sich, im Unterschied zu „konstitutionellen Assoziierungen" nach Art. 182ff EGV, um sog. „vertragliche Assoziierungen", bei denen der EuGH in der Rechtssache „Demirel" [211] von „besonderen und privilegierten Beziehungen mit einem Drittstaat, der zumindest teilweise am Gemeinschaftssystem teilhaben muss" spricht. Eine der möglichen Ausprägungen ist die Entwicklungsassoziierung.[212] Eine Assoziierung nach Art. 310 EGV liegt jedoch nur unter bestimmten Bedingungen vor.

Hintergrund ist, dass Art. 310 EGV der EG lediglich eine „horizontale Kompetenz" zubilligt, welche die „Art, Breite und Intensität des angestrebten Zusam-

---

[211] EuGH Rechtssache 12/86, Slg. 1987, 3719 Rnr. 9.
[212] Vgl. *Mögele* 2003, S. 2556f.

menwirkens“ definiert, nicht aber eine „gegenständlich umschriebene, vertikale Außenzuständigkeit“ wie etwa im Bereich der Handelspolitik, festlegt.[213] Es kommt also auf den Charakter der Zusammenarbeit an: Erreicht sie den Grad einer Assoziierung, kann das zugehörige Abkommen auf Art. 310 EGV gestützt werden; fällt sie darunter, muss ein Kooperationsabkommen, bzgl. der Entwicklungszusammenarbeit nach Art. 181 EGV, geschlossen werden; geht sie darüber hinaus, gerät die Zusammenarbeit zu sehr in die Nähe einer Mitgliedschaft in der Gemeinschaft, was die Anwendung von Art. 310 EGV ausschließt. Eine exakte Abgrenzung kann jedoch im konkreten Fall schwierig sein.[214]

Ausgehend von der Literatur und der oben angeführten, bisher einzigen, EuGH-Rechtsprechung erfüllt ein Abkommen nach Mögele[215] dann die Anforderungen an eine Assoziierung nach Art. 310 EGV, wenn folgende Bedingungen erfüllt sind: (i) Es werden gegenseitige Rechte und Pflichten postuliert, die v.a. in einem entwicklungspolitischen Kontext asymmetrisch ausgestaltet sein können; (ii) es wird ein „gemeinsames Vorgehen“ in dem Sinne vereinbart, dass in bestimmten Bereichen gemeinsame Politiken gestaltet werden; (iii) das Abkommen schafft „besondere Verfahren“ in Form von eigenen Verwaltungsabläufen und Institutionen und (iv) die Zusammenarbeit ist auf Dauer angelegt. Zudem dürfen (v) den Assoziierungspartnern in den Gemeinschaftsinstitutionen keine exklusiv den Mitgliedstaaten zukommenden Mitwirkungsrechte eingeräumt werden.

4.3.1.3) Beteiligung der Mitgliedstaaten über ein gemischtes Abkommen

Erfüllt ein Abkommen alle Anforderungen an eine Assoziierung nach Art. 310 EGV, so bleibt zu klären, ob die Gemeinschaft dieses Abkommen alleine oder nur gemeinsam mit den Mitgliedstaaten in Form eines gemischten Abkommens schließen darf. Bei der Frage nach der Reichweite der gemeinschaftlichen Assoziierungskompetenz prallen in der Literatur und in den Einlassungen der Gemeinschaftsorgane zwei diametral verschiedene Rechtsauffassungen aufeinander.[216] Zum einen wird die Ansicht vertreten, Art. 310 EGV enthalte keine originäre materielle Regelungskompetenz, d.h. dass die Gemeinschaft nur insoweit Assoziierungsabkommen abschließen könne, als diese in allen ihren

---

[213] *Mögele* 2003, S. 2558.
[214] Siehe *ebenda*, S. 2559. *Pitschas* 2003, S. 1780, verweist in diesem Zusammenhang darauf, dass Abkommen nach Art. 181 EGV typischerweise „weniger institutionell verdichtet“ sind als diejenigen nach Art. 310 EGV.
[215] Siehe *ebenda*, S. 2558f.
[216] Grundlage für diese Ausführungen ist wiederum *Mögele* 2003, S. 2559ff.

Elementen durch Außenkompetenzen der Gemeinschaft aus dem EGV abgedeckt werden. Es ist Mögele zuzustimmen, dass die Norm bei dieser Auslegung ihrer Existenzberechtigung beraubt würde. Daher schließt sich der Verfasser der alternativen Auslegung an, dass es sich bei Art. 310 EGV um eine eigenständige Kompetenznorm handelt. Ausweislich der oben zitierten EuGH-Rechtsprechung im Fall „Demirel" soll folglich davon ausgegangen werden, dass sich die Assoziierungskompetenz der Gemeinschaft auf alle im EGV genannten Politikbereiche bezieht, explizit auch auf diejenigen, in denen die Gemeinschaft über keine ausschließliche oder explizite Außenkompetenz verfügt; hierzu zählt auch die in Kap. 4.1.1.4 behandelte Kompetenz zur Aufnahme von Demokratie- und Menschenrechtsklauseln. Eindeutig ausgenommen sind jedoch die Regelungsbereiche außerhalb des EGV, d.h. insbesondere die zweite und dritte Säule der EU (vgl. Kap. 2.5.1).

Darüber hinaus kennt die gemeinschaftliche Assoziierungskompetenz nach Art. 310 EGV zwei „ungeschriebene Grenzen"[217], welche die Beteiligung der Mitgliedstaaten in Form von gemischten Abkommen unerlässlich machen. Zum einen ist dies der Fall, wenn die Mitgliedstaaten im Rahmen des Abkommens Finanzierungspflichten zu tragen haben, die über die Deckung von Verwaltungskosten hinausgehen. Zum anderen, wenn der EGV bestimmte Politikbereiche explizit von der Gemeinschaftskompetenz ausnimmt, so z.B. Art. 133 VI EGV im Bereich der Handelskompetenz. Weber[218] geht hier einen Schritt weiter, indem er ein gemischtes Abkommen für erforderlich hält, sobald es Gegenstände regelt, welche in die ausschließliche Zuständigkeit der Mitgliedstaaten fallen.

Henze[219] kritisiert, dass Abkommen der Entwicklungsassoziierung unter den genannten Umständen als gemischte Abkommen geschlossen werden müssen, scharf. Da entwicklungspolitische Maßnahmen Elemente enthalten können, die in die ausschließliche Kompetenz der Gemeinschaft fallen, gelänge es den Mitgliedstaaten über die gemischten Abkommen, in diese Gemeinschaftskompetenzen einzudringen und sie auszuhöhlen. Die Praxis der gemischten Abkommen lehnt Henze daher ab, weil die ausschließlichen und parallelen Kompetenzen der Gemeinschaft zum Abschluss von entwicklungspolitischen Abkommen ausreichten. Berücksichtigt man die obige Argumentation, plädiert Henze ent-

[217] Siehe *Mögele* 2003, S. 2561.
[218] Siehe *Weber* 2003, S. 1762.
[219] Vgl. *Henze* 1995, S. 81f.

weder dafür, Assoziierungsabkommen nach Art. 310 EGV zu Kooperationsabkommen nach Art. 181 EGV herabzusetzen oder sie aufzuspalten in diejenigen Elemente, die von der Gemeinschaft alleine beschlossen werden können, und diejenigen, zu denen es der Beteiligung der Mitgliedstaaten bedarf. Beides scheint gegenüber den Partnerländern weder vermittelbar noch praktisch umsetzbar. Zudem ist die AKP-Entwicklungszusammenarbeit aus historischen Gründen von einem Partnerschaftsgedanken geprägt, der z.B. in der Kündigungsklausel in Art. 99 (Cotonou) zum Ausdruck kommt, wonach das Abkommen nur gemeinsam von Gemeinschaft und Mitgliedstaaten gekündigt werden kann. Im Ergebnis wird Henzes Einwurf daher als nicht tragfähige Mindermeinung bewertet.

4.3.2) Entwicklungspolitischer Charakter

Nach diesen grundsätzlichen Vorbemerkungen wird nunmehr konkret anhand des Cotonou-Abkommens geprüft, ob es sich um eine entwicklungspolitische Maßnahme im Sinne von Art. 177ff EGV handelt. Der Untersuchungsgang aus Kap. 4.3.1.1 fordert hierzu eine Prüfung der Zielsetzungen hinsichtlich ihrer Übereinstimmung sowie der Elemente hinsichtlich der notwendigen Kompetenzgrundlage. Der Vollständigkeit wegen beschäftigt sich dieser Abschnitt zusätzlich mit den für Entwicklungsmaßnahmen bedeutenden Regelungen zur Garantie von Kohärenz und Koordinierung der Aktivitäten aller Vertragspartner und ergänzt so die allgemeinen Ausführungen in Kap. 4.1.2, 4.1.3 und 4.2.3.

4.3.2.1) Komplementarität der Zielsetzungen

Die Komplementarität der Ziele des Art. 177 I, II EGV mit denjenigen des Cotonou-Abkommens ist eine notwendige Voraussetzung für den entwicklungspolitischen Charakter des Abkommens. Die erstgenannten Ziele wurden in Kap. 2.4 diskutiert: *(i)* die Förderung einer nachhaltigen wirtschaftlichen und sozialen Entwicklung, insbesondere der am meisten benachteiligten Entwicklungsländer, *(ii)* die harmonische, schrittweise Eingliederung der Entwicklungsländer in die Weltwirtschaft, *(iii)* die Bekämpfung der Armut in den Entwicklungsländern und *(iv)* die Fortentwicklung und Festigung der Demokratie und des Rechtsstaats sowie die Wahrung der Menschenrechte und Grundfreiheiten.

Die Unterzeichner des Cotonou-Abkommens bekräftigen bereits in der Präambel ihre „Zusammenarbeit zur Verwirklichung des Ziels der Beseitigung der

Armut, der nachhaltigen Entwicklung und der schrittweisen Integration der AKP-Staaten in die Weltwirtschaft“ und wiederholen damit die Ziele (i)-(iii). Ziel (iv) kommt darin zum Ausdruck, dass „ein politisches Umfeld, in dem Frieden, Sicherheit und Stabilität, die Achtung der Menschenrechte, der demokratischen Grundsätze und des Rechtsstaatsprinzips sowie eine verantwortungsvolle Staatsführung gewährleistet sind, fester Bestandteil der langfristigen Entwicklung ist“. Das Abkommen selbst wiederholt dies in Art. 1 mit etwas anderen Worten. Demnach schließen die Vertragsparteien das „Abkommen, um – im Sinne eines Beitrags zu Frieden und Sicherheit und zur Förderung eines stabilen und demokratischen politischen Umfelds – die wirtschaftliche, kulturelle und soziale Entwicklung der AKP-Staaten zu fördern und zu beschleunigen“ und um „in Einklang mit den Zielen der nachhaltigen Entwicklung und der schrittweisen Integration der AKP-Staaten in die Weltwirtschaft die Armut einzudämmen und schließlich zu besiegen“. Ziel (iv) wird in Art 8 IV (Cotonou) nahezu wörtlich als die wichtige Themen des politischen Dialogs wiederholt. Art. 19 I Satz 1 (Cotonou) hebt die Bekämpfung der Armut – neben der schrittweisen Integration in die Weltwirtschaft noch einmal als „zentrales Ziel“ hervor. Die besondere Behandlung der am wenigsten entwickelten AKP-Staaten kommt in Art. 85f (Cotonou) bzw. in den Normen, auf die Art. 86 (Cotonou) verweist, zum Ausdruck.

Im Ergebnis lässt sich also festhalten, dass die Ziele des Cotonou-Abkommens bezogen auf die Gruppe der AKP-Staaten den allgemeinen Zielen der Entwicklungszusammenarbeit entsprechen, wenn auch die Armutsreduktion im Cotonou-Abkommen eine nicht in problematischer Weise über Art. 177 I EGV hinausgehende Priorität erhält.

4.3.2.2) Notwenigkeit alternativer Kompetenzgrundlagen

Neben den allgemeinen und Schlussbestimmungen in Art. 4 - 7 und 98ff sowie den institutionellen Bestimmungen in Art. 14 - 17 und 81ff, die aus Kompetenzperspektive als neutral angesehen werden können, beinhaltet das Cotonou-Abkommen eine Reihe von Vereinbarungen, in denen im Wesentlichen Dialoge oder Formen der Zusammenarbeit in der Entwicklungspartnerschaft organisiert werden. Da sie alle ausschließlich entwicklungspolitisch sind oder offensichtlich in der Hauptsache einen Beitrag zur Umsetzung von Art. 177 I, II

EGV leisten und aufgrund ihrer geringen Tragweite[220] der Regelung für die Begründung des Cotonou-Abkommens auf einer rein entwicklungspolitischen Kompetenz unschädlich sind, werden sie im Rahmen dieser Arbeit nicht näher betrachtet.[221]

Vielmehr soll das Hauptaugenmerk auf denjenigen Elementen liegen, die ersichtlich ausschließlichen Kompetenzbereichen der Mitgliedstaaten oder der Gemeinschaft zuzuordnen sind. Die Erörterung der erstgenannten Elemente findet sich aus organisatorischen Gründen in Kap. 4.3.4.1. Es sei jedoch vorweggenommen, dass auch diese jeweils in der Hauptsache entwicklungspolitische Ziele verfolgen und aufgrund ihrer Regelungstiefe nichts am entwicklungspolitischen Charakter des gesamten Abkommens zu ändern vermögen. Im Folgenden konzentrieren sich die Ausführungen daher auf diejenigen Regelungen im Abkommen von Cotonou, die zwar entwicklungspolitisch motiviert sind, aber von ihrem Gegenstand her handels-, agrar- oder fischereipolitischer Natur sind und somit auf den Gemeinschaftskompetenzen[222] in Art. 133 bzw. 37 EGV beruhen.

Zum Bereich der Handelspolitik gehören sowohl die bisherige präferenzielle als auch die neue Handelsregelung in Art. 34ff (Cotonou). Die WPA tragen, unter besonderer Berücksichtigung der Vorgaben aus dem für alle Vertragsparteien bindenden WTO-Recht, zur Verwirklichung des entwicklungspolitischen Ziels (ii) bei, was auch in Art. 34 I, II (Cotonou) explizit angelegt ist. Obwohl mit der Bildung der WPA der handelspolitische Charakter der AKP-Abkommen zunehmen mag, gilt das Urteil von Pitschas, dass die Abkommen trotzdem mit ihrem wesentlichen Gegenstand im Sinne des EuGH als entwicklungspolitische Instrumente anzusehen sind.[223] Zwar begrüßt die Gemeinschaft auch unabhängig von diesem entwicklungspolitischen Kontext das Ziel des Freihandels (vgl. Art. 131 EGV), im konkreten Fall dienen die Freihandelszonen jedoch

---

[220] Vgl. die immer wiederkehrende Formulierung, dass die Vertragsparteien ohnehin in den AKP-Staaten ablaufende Prozesse „unterstützen", so z.B. in Art. 21 I Satz 1 (Cotonou).

[221] Um nur ein Beispiel anzuführen: Obwohl der Vertrag in Art. 151 III EGV vorsieht, dass Gemeinschaft und Mitgliedstaaten die Zusammenarbeit mit dritten Ländern im Bereich der Kultur fördern, ist Art. 27 (Cotonou) derart offen und deklaratorisch formuliert, dass dieses Element im Ergebnis nicht der kulturellen Zusammenarbeit nach Art. 151 EGV, sondern der Entwicklungszusammenarbeit nach Art. 177ff EGV zuzurechnen ist, und im Rahmen dessen als Grundlegung bzw. Beitrag für die soziale Entwicklung der AKP-Staaten im Sinne des Ziels (i) interpretiert werden kann.

[222] In diesem Zusammenhang sollte auch die Selbstverpflichtung der Gemeinschaft in Art. 12 (Cotonou) berücksichtigt werden, bei Maßnahmen „in Ausübung ihrer Befugnisse" und somit im Rahmen ihrer Kompetenzen, welche die AKP-Staaten betreffen könnten, diese zu informieren bzw. zu konsultieren.

[223] *Pitschas* 2003, S. 1770.

originär der Entwicklung der AKP-Staaten.[224] Die Sonderregelung für die am wenigsten entwickelten AKP-Staaten – hier nur bzgl. der nicht-landwirtschaftlichen Erzeugnisse – in Art. 37 IX (Cotonou), einen zollfreien Zugang zum Gemeinschaftsmarkt zu schaffen, berücksichtigt zudem das in Ziel (i) formulierte besondere Förderungsbedürfnis der am wenigsten entwickelten AKP-Staaten.

Insoweit die Außenkompetenz im Bereich des Handels mit Dienstleistungen bei der Gemeinschaft liegt (vgl. Kap. 2.5.2 und Art. 133 VI EGV), fallen die Vereinbarungen zur Liberalisierung des Dienstleistungsverkehrs in den GATS-Verhandlungen sowie in den WPA (Art. 41 III, IV (Cotonou)) in dieses Kapitel. Auch hier kann, bezogen auf einen besonderen Bereich, eine Förderung des Ziels (ii) als entwicklungspolitische Motivation unterstellt werden. Darüber hinaus ist die Gemeinschaft aus Art. 6 EGV auch im Rahmen der Handelspolitik zum Umweltschutz verpflichtet, worauf sich die Zusage zu einer die Umwelt schonenden Entwicklung des Welthandels in Art. 49 (Cotonou) stützen lässt. Hiermit leisten die Vertragsparteien jedoch hauptsächlich einen Beitrag zur Erreichung von Ziel (i), d.h. einer nachhaltigen Entwicklung der AKP-Staaten (vgl. die erweiterte Interpretation in Kap. 2.4.1).

Unter die agrarpolitische Kompetenz der Gemeinschaft fielen die mit dem Cotonou-Abkommen abgeschafften Systeme STABEX und SYSMIN (vgl. Kap. 3.2.2), die in der „Unterstützung im Falle kurzfristiger Schwankungen der Ausfuhrerlöse" (Art. 68 (Cotonou)) eine Nachfolgeregelung fanden.[225] Die Vertragsparteien erkennen ausweislich Art. 68 I, II (Cotonou) in der Instabilität von Ausfuhrerlösen eine Bedrohung für die Reformen im Wirtschaftsbereich und die Stabilität der ökonomischen Institutionen in den AKP-Staaten. Deren Stabilisierung dient folglich dem entwicklungspolitischen Ziel (i) und bzgl. der Einnahmenstabilisierung auch Ziel (iii). Die Maßnahmen der Nahrungsmittelsicherung in Art. 54 (Cotonou) ragen zwar deutlich in den Agrarbereich hinein, aber die Gemeinschaft stützt ihre Nahrungsmittelhilfe dennoch auf ihre weiter reichende entwicklungspolitische Kompetenz (vgl. Kap. 5.3.4.1). Unabhängig von der Kompetenzgrundlage dient diese Maßnahme der Erreichung des Ziels

---

[224] Hinzu kommt noch, dass die AKP-Abkommen eingebettet sind in ein Netz (nicht-)präferenzieller Abkommen mit Handelscharakter, die teilweise auf Art. 133, teilweise auf Art. 310 EGV gestützt sind. Siehe *Nettesheim/Duvigneau* 2003, S. 1464f. Eine klare Linie ist demzufolge auch hier nicht erkennbar.

[225] Siehe hierzu auch den Beschluss des Rates über den Standpunkt der Gemeinschaft im AKP-EG-Ministerrat zur Überprüfung der Bedingungen für die Finanzierung der Unterstützung im Falle kurzfristiger Schwankungen der Ausfuhrerlöse vom 21.06.2004, Dokument 6832/04.

(iii), indem elementare Armut in Form von Nahrungsmittelknappheit und somit Hunger gelindert wird. Art. 53 (Cotonou) sieht den Abschluss diskriminierungsfreier Fischereiabkommen vor, wofür die Gemeinschaft im Rahmen der Landwirtschaft auch über die Kompetenz verfügt.[226] Da die Fischerei für zahlreiche AKP-Staaten einen bedeutenden Wirtschaftszweig darstellt, tragen die Abkommen wesentlich zur Erreichung des entwicklungspolitischen Ziels (ii) bei.

Somit verbleibt die Erkenntnis, dass die AKP-Abkommen zwar seit Lomé I Vereinbarungen enthalten, welche eindeutig der Handels-, Agrar- oder Fischereipolitik zuzuordnen sind. Dennoch verfolgt das Cotonou-Abkommen in seiner Gesamtheit hauptsächlich die Ziele des Art. 177 I, II EGV; zumindest werden keine Elemente verankert, die eindeutig anderen als diesen Zielen dienen. Die diesbezügliche Zusammenarbeit wird nicht abschließend geregelt, was sich insbesondere anhand der Einrichtung des Paritätischen Ministerausschusses in Handelsfragen (Art. 38 (Cotonou) bzw. Kap. 2.2.3) zeigt, dessen Aufgabe u.a. die Verfolgung der Verhandlungen für die neue Handelsregelung und die Aussprache von Empfehlungen ist.[227] Folglich könnte das Cotonou-Abkommen auf die entwicklungspolitische Kompetenz aus Art. 177ff EGV gestützt werden.

4.3.2.3) Kohärenz und Koordinierung

Zur Abrundung der Untersuchung des entwicklungspolitischen Charakters des Cotonou-Abkommens werden die Aspekte Kohärenz und Koordinierung thematisiert. Die allgemeinen Anforderungen gelten dabei analog zum oben diskutierten allgemeinen Fall. Interessant ist hier jedoch die Koordinierung zwischen den Vertragsparteien, wobei zwei Perspektiven zu betrachten sind. Erstens die Koordinierung zwischen den Mitgliedstaaten und der Gemeinschaft im Rahmen der AKP-Zusammenarbeit, zweitens die Koordinierung zwischen den AKP-Staaten auf der einen und der Gemeinschaft mit den Mitgliedstaaten auf der anderen Seite. Dabei sollte jedoch stets berücksichtigt werden, dass Art. 3 (Cotonou) alle Vertragsparteien, d.h. Gemeinschaft, Mitgliedstaaten und AKP-Staaten, verpflichtet, geeignete Maßnahmen zur Erfüllung der jeweiligen Verpflichtungen zu treffen und alle Maßnahmen, welche die Erreichung der Ziele gefährden könnten, zu unterlassen. Zudem sehen die institutionellen Bestimmungen (Art. 14ff (Cotonou)) vor, dass an allen gemeinsamen Organen (vgl.

---

[226] Für eine Liste bilateraler Fischereiabkommen mit Finanzausgleich siehe *van Rijn* 2003, S. 1266f.

[227] Vgl. EuGH-Urteil in der Rechtssache C-268/94 vom 03. Dezember 1996, Randnr. 46.

Kap. 2.2.3) und somit an allen Entscheidungen innerhalb des Abkommens, Vertreter aller Vertragsparteien beteiligt sind.

Bereits in ihrem Grünbuch stellte die Kommission fest, dass „[t]he European Union should adopt a more coordinated and consistent approach to the ACP countries in order to be more effective.“ Zur Verbesserung dieser Koordinierung schlug sie zwei Wege vor: Zum einen die Vereinbarung einer gemeinsamen entwicklungspolitischen Rahmenstrategie, welche zugleich die Gemeinschaft und die Mitgliedstaaten bindet; zum anderen den Einbau eines Informations-, Monitoring- und Koordinationsmechanismus in die wesentlichen Interventionsbereiche von Gemeinschaft bzw. Mitgliedstaaten.[228] Das Cotonou-Abkommen sieht diesbezüglich in Art. 1 III (Cotonou) vor, dass „die Vertragsparteien [...] in partnerschaftlicher Zusammenarbeit einen einheitlichen Rahmen für die Unterstützung der von den einzelnen AKP-Staaten festgelegten Entwicklungsstrategien [schaffen]“ und folgt somit der ersten Variante. In Richtung der zweiten Variante ist der in Art. 83 (Cotonou) geschaffene „AKP-EG-Ausschuss für Zusammenarbeit bei der Entwicklungsfinanzierung“ innerhalb des Ministerrats zu interpretieren, der die Verwirklichung der Ziele und die dabei aufgetretenen Probleme prüft. Zu dessen Unterstützung sieht Art. 32f (Cotonou Anhang IV) ein Monitoring- und Evaluationsverfahren vor. Alle genannten Maßnahmen scheinen geeignet, die Koordination zwischen Gemeinschaft und Mitgliedstaaten zu verbessern. Es liegt jedoch an der konkreten Ausgestaltung und Ernsthaftigkeit der Umsetzung, ob sie tatsächlich eine effektive Koordinierung bewirken.

Den zweiten Fall betreffend sieht das Cotonou-Abkommen in Art. 12 ein Konsultationsverfahren vor, falls die Gemeinschaft in Ausübung ihrer Befugnisse eine Maßnahme trifft, welche die AKP-Staaten im Zusammenhang mit den Zielen des Abkommens berühren könnte. Die AKP-Staaten sollen jedoch nur rechtzeitig unterrichtet und konsultiert werden, ein Mitspracherecht haben sie dabei nicht. Den Ausführungen des EuGH[229] ist zu entnehmen, dass er es zumindest nicht ausschließt, dass er eine Maßnahme der Gemeinschaft aufgrund eines Verstoßes gegen Art. 12 (Cotonou) für nichtig erklären könnte. Auf die Verfahren zur Entwicklung und Anpassung der nationalen und regionalen Programmierung incl. LFS wurde bereits in Kap. 3.3.3.3 und 3.3.3.5 kurz eingegangen. Als ausführendes Organ sieht das Cotonou-Abkommen im Anhang

[228] Siehe KOM 96(570)endg., S. ix und 46f.
[229] Urteil des EuGH in der Rechtssache C-342/03 vom 10. März 2005, Randnummer (36).

IV („Durchführungs- und Verwaltungsverfahren“) hierbei zumeist die Kommission vor. Bei Streitigkeiten bzgl. der „Auslegung oder Anwendung dieses Abkommens zwischen einem oder mehreren Mitgliedstaaten oder der Gemeinschaft einerseits und einem oder mehreren AKP-Staaten andererseits“, sieht Art. 98 (Cotonou) ein gestaffeltes Streitbeilegungsverfahren vor.

Für das Sanktionsverfahren nach Art. 96f (Cotonou) bilden Gemeinschaft und Mitgliedstaaten eine einheitliche „Vertragspartei“. Folglich müssen beide zustimmen, wenn das vollständige Abkommen oder ein Bereich, welcher in die Zuständigkeit der Mitgliedstaaten fällt, suspendiert werden soll.[230] Zu betonen ist in diesem Zusammenhang, dass das Cotonou-Abkommen ein spezielles Sanktionsverfahren vorsieht, die Gemeinschaft bei Verstößen der AKP-Staaten gegen ihre Grundwerte aus Art. 6 EUV somit nicht auf ihre allgemeine Kompetenz und das allgemeine Verfahren nach Art. 300 II UAbs. 2 EGV zurückgreifen muss. Die Verankerung von „Konsultationen“ in Art. 96f (Cotonou) anstelle von Automatismen reflektiert dabei das Ermessen der Gemeinschaft bei der Durchsetzung von Menschenrechts- und Demokratieklauseln (vgl. Kap. 4.1.1.4).

4.3.3) Einhaltung der Assoziierungsgrenzen

Wenn es sich beim Cotonou-Abkommen um ein Assoziierungsabkommen gemäß Art. 310 EGV handeln soll, müssen die in Kap. 4.3.1.2 wiedergegebenen Kriterien erfüllt sein.

Das erste Kriterium erfordert die Verankerung gegenseitiger Rechte und Pflichten, wobei Mögele[231] betont, dass dies für völkerrechtliche Verträge nicht außergewöhnlich ist. Ein ideales Beispiel hierfür ist die Neue Handelsregelung in Art. 36f (Cotonou), da sie den Übergang von einer asymmetrischen (Präferenzzölle) zu einer reziproken (WPA) Gewährung von Rechten und Pflichten im Handelsbereich beinhaltet, wobei beide Formen die genannte Bedingung erfüllen (siehe oben). Auch die Regelung zur Einwanderung in Art. 13 (Cotonou) beinhaltet für die AKP-Staaten nicht nur Rechte, sondern explizit auch Pflichten bzgl. der Rücknahme von sich illegal in der EU befindlichen Staatsbürgern. Als zweite Bedingung wird ein „gemeinsames Vorgehen“ gefordert, das sich in

---

[230] Vgl. *Hoffmeister* 1998, S. 430f.
[231] Siehe *Mögele* 2003, S. 2558.

der Gestaltung gemeinsamer Politiken konkretisiert. In diesen Bereich fallen z.B. der politische Dialog[232] in Art. 8 (Cotonou) und die finanzielle Zusammenarbeit in Art. 62 - 78 (Cotonou), wohl aber auch der gesamte Bereich der Kooperationsstrategien in Art. 18 - 33 (Cotonou) sowie die übrige wirtschaftliche Zusammenarbeit in Art. 34 - 54 (Cotonou) bzw. die sonstige Zusammenarbeit bei der Entwicklungsfinanzierung in Art. 55 - 83 (Cotonou). Das Kriterium der Schaffung „besonderer Verfahren" wird im Cotonou-Abkommen durch die in Kap. 2.2.3 thematisierten Institutionen sowie das spezielle Streitbeilegungsverfahren in Art. 98 (Cotonou) abgedeckt. Auch die Dauerhaftigkeit der AKP-EU-Beziehungen ist garantiert, da die Entwicklungszusammenarbeit zum einen schon seit Jahrzehnten besteht (siehe Kap. 3), das Cotonou-Abkommen zum anderen ausweislich Art. 95 I (Cotonou) für zwanzig Jahre geschlossen wurde.

Indem die ersten vier in Kap. 4.3.1.2 genannten Kriterien vom Cotonou-Abkommen erfüllt werden, kann davon ausgegangen werden, dass es sich als Abkommen der Entwicklungsassoziierung gemäß Art. 310 qualifiziert hat und somit nicht auf die – bzgl. der Intensität der Entwicklungsbeziehungen als geringerwertig einzuschätzende – gemeinschaftliche Außenkompetenz in Art. 181 EGV gestützt zu werden braucht. Um endgültig als Assoziierungsabkommen anerkannt zu werden, muss jedoch auch sichergestellt sein, dass das fünfte Kriterium erfüllt wird, d.h. dass das Cotonou-Abkommen den AKP-Staaten in den Gemeinschaftsinstitutionen keine Mitwirkungsrechte zubilligt, welche nur den Mitgliedstaaten zukommen. Diesbezüglich besteht jedoch keinerlei Anlass zur Sorge, da die AKP-Staaten lediglich an besonderen Institutionen der AKP-EU-Entwicklungs-zusammenarbeit beteiligt sind (vgl. Kap. 2.2.3), jedoch keinerlei Einfluss auf Entscheidungsprozesse innerhalb der EU bzw. EG erhalten.

Somit ist gewährleistet, dass das Cotonou-Abkommen alle „Assoziierungsgrenzen"[233] einhält und von Seiten der Gemeinschaft folgerichtig auf der Assoziierungskompetenz aus Art. 310 EGV basiert. Es bleibt also nur noch zu klären, ob die Mitgliedstaaten an dessen Abschluss zu beteiligen sind.

---

[232] Art. 8 I (Cotonou) beinhaltet zudem die Formulierung, dass der politische Dialog „zu beiderseitigen Verpflichtungen" im Sinne des ersten Kriteriums führt.
[233] Siehe *Mögele* 2003, S. 2559.

4.3.4) Notwendigkeit eines gemischten Abkommens

Die Bedingungen, unter denen ein Assoziierungsabkommen als gemischtes Abkommen unter Beteiligung der Mitgliedstaaten geschlossen werden muss, sind in Kap. 4.3.1.3 aufgeführt. Das eindeutigere Argument, dass eine direkte finanzielle Beteiligung der Mitgliedstaaten zwingend zu einem gemischten Abkommen führt, wird dabei zuletzt behandelt. Zunächst wird das Abkommen auf Elemente hin untersucht, die auf Kompetenzen beruhen, welche die Gemeinschaft nicht inne hat bzw. die ihr qua Vertrag explizit entzogen wurden. Welche der beiden Hürden anzulegen ist, geht aus der Literatur nicht eindeutig hervor (siehe oben).

4.3.4.1) Elemente außerhalb von Gemeinschaftskompetenzen

Das Cotonou-Abkommen enthält in jedem Fall Elemente, die auf ausschließlichen Kompetenzen der Mitgliedstaaten basieren. Hierzu zählt zum einen der Bereich der Einwanderung. In Art. 13 III (Cotonou) versichern explizit die Mitgliedstaaten, dass sie legal in ihren Ländern beschäftigte Arbeitnehmer aus AKP-Staaten bzgl. Arbeits-, Entlohnungs- und Kündigungsbedingungen nicht aufgrund ihrer Staatsangehörigkeit gegenüber ihren Inländern diskriminieren. Darüber hinaus werden wechselseitige Rückführungsversprechen für Illegale (Art. 13 V lit. c)) zwischen den einzelnen EU-Mitgliedstaaten und den AKP-Staaten vereinbart. In beiden Fällen liegt die Durchführungskompetenz bei den Mitgliedstaaten, wobei das Abkommen auch keine konkreten Regelungen zur Umsetzung vorsieht.[234] Indem Grund- und Menschenrechte geschützt und das Verständnis dafür in den AKP-Staaten geschärft werden, kann zudem von einer Förderung des entwicklungspolitischen Ziels (iv) ausgegangen werden.

Zum anderen liegen Regelungen über ausländische Direktinvestitionen derzeit noch (siehe Exkurs nach Kap. 4.2.3) in der ausschließlichen Kompetenz der Mitgliedstaaten. Daher verweisen die Art. 75 und 78 (Cotonou) auch explizit auf „die Gemeinschaft bzw. ihre Mitgliedstaaten im Rahmen ihrer jeweiligen Zuständigkeiten". Insofern sich Art. 21 I (Cotonou) auf die Schaffung eines günstigen Umfelds für ausländische Privatinvestitionen bezieht, fällt diese Norm ebenfalls darunter. Die genannten Maßnahmen dienen in erster Linie dem entwicklungspolitischen Ziel (i), die Modalitäten zu Förderung und Schutz

[234] Die Gemeinschaft als separate „Vertragspartei" tritt innerhalb von lit. c) nur in lit. ii) in Erscheinung, indem sie Verhandlungen über diesbezügliche Abkommen initiieren kann.

von Investitionen sind im Abkommen allerdings hinreichend inkonkret, um ein Übergreifen der Gemeinschaft in den Kompetenzbereich der Mitgliedstaaten zu verhindern.

Zu denjenigen Bereichen, die von der Assoziierungskompetenz der EG nach Art. 310 EGV explizit ausgenommen sind, gehören die zweite und dritte Säule der EU (Gemeinsame Außen- und Sicherheitspolitik bzw. Polizeiliche und Justizielle Zusammenarbeit in Strafsachen; siehe Kap. 2.5.1), da sie nicht vergemeinschaftet und explizit im EUV geregelt sind.[235] Es kann jedoch davon ausgegangen werden, dass das Cotonou-Abkommen keine Elemente aus diesen Politiken enthält, da alle Elemente der Entwicklungspartnerschaft deutlich über eine reine Außenbeziehung hinausgehen, die Regelungen zur „Politik der Friedenskonsolidierung und der Konfliktprävention und -beilegung" ausschließlich für die AKP-Staaten relevant sind und die dritte Säule überhaupt nicht tangiert wird.

Auch innerhalb des EGV gibt es aber Normen, die der Gemeinschaft explizit bestimmte Kompetenzen entziehen. So schränkt Art. 133 VI EGV die Handelskompetenz der Gemeinschaft ein und schreibt für Abkommen bzgl. des Handels mit bestimmten Dienstleistungen gemischte Abkommen vor. Folgende drei Elemente des Cotonou-Abkommens sind geeignet, auf diese Ausnahmeregel zuzutreffen: Nach Art. 41 V (Cotonou) soll der Ausbau von kulturellen Dienstleistungen gefördert werden, Art. 43 (Cotonou) umfasst im Rahmen der Informations- und Kommunikationstechnologien eventuell auch audiovisuelle Dienstleistungen und Art. 48 könnte am Rande auch den Handel mit Gesundheits-Dienstleistungen tangieren. Da die Gemeinschaft und die Mitgliedstaaten nur als gemischtes Abkommen der WTO beigetreten sind (Kap. 2.6), bergen darüber hinaus alle die WTO betreffenden Regelungen in Art. 39 - 54 (Cotonou) potenziell die Notwendigkeit zur Beteiligung der Mitgliedstaaten.

Selbst wenn man die höhere Hürde anlegt, enthält das Cotonou-Abkommen also in seinen Elementen Indizien dafür, dass die Mitgliedstaaten beteiligt werden müssen. Der Vollständigkeit halber sei jedoch auch betont, dass die Vereinbarungen zur Wettbewerbspolitik in Art. 45 (Cotonou) mit Rückwirkungen auf den Gemeinschaftsmarkt trotz des Fehlens einer expliziten Außenkompetenz ebenso wie die Demokratie- und Menschenrechtsklauseln (vgl. Kap. 4.1.1.4

---

[235] Vgl. *Mögele* 2003, S. 2560.

und 4.3.1.3) in Art. 8 IV, 9 und 96f (Cotonou) von der Assoziierungskompetenz der Gemeinschaft nach Art. 310 EGV voll abgedeckt werden.

4.3.4.2) Finanzierungsbeteiligung der Mitgliedstaaten

In Kap. 4.3.2 wurde der entwicklungspolitische Charakter des Cotonou-Abkommens festgestellt. Aus den parallelen Binnen- und Außenkompetenzen in der Entwicklungszusammenarbeit (vgl. Kap. 4.1.1) folgert der EuGH in der Rechtssache C-316/91 vom 02. März 1994 bezogen auf das Lomé IV-Abkommen und somit direkt übertragbar auf das Cotonou-Abkommen: „Die Mitgliedstaaten sind [...] berechtigt, selbst Verpflichtungen gegenüber den Drittländern, kollektiv oder individuell und sogar zusammen mit der Gemeinschaft, einzugehen" (Randnr. 26). Art. 1 I (Cotonou) bezeichnet „[d]ie Gemeinschaft und ihre Mitgliedstaaten einerseits und die AKP-Staaten andererseits" als „Vertragsparteien". Das Abkommen führt eine AKP-EWG-Zusammenarbeit „im wesentlichen bilateraler Natur ein", weshalb die „Gemeinschaft und ihre Mitgliedstaaten als Partner der AKP-Staaten gemeinsam gegenüber diesen Staaten für die Erfüllung aller eingegangenen Verpflichtungen einschließlich derjenigen, die sich auf die Finanzhilfe beziehen, verantwortlich" sind (Randnr. 29).

Dies bedeutet wiederum, dass „die Verpflichtung, die „Finanzhilfe der Gemeinschaft" [vgl. Art. 62 I (Cotonou) und Art. 1 (Anhang I Cotonou; „Finanzprotokoll")] zu gewähren, der Gemeinschaft und ihren Mitgliedstaaten gemeinsam obliegt" (Randnr. 33). Zudem ist es deren Sache, „die Quelle und die Modalitäten der Finanzierung zu wählen" (Randnr 35). Indem die Mitgliedstaaten ein Internes Abkommen[236] geschlossen und darin die Mittelbereitstellung und -verwendung genau geregelt haben, ist die Entscheidung zugunsten eines direkt von den Mitgliedstaaten gespeisten EEF gefallen (vgl. Randnr. 36-38). Haben sich die Mitgliedstaaten allerdings dazu entschieden, ihr Recht einer direkten Finanzierung wahrzunehmen, muss ihnen ebenfalls das Recht zugestanden werden, über ein gemischtes Abkommen am Abschluss des Abkommens beteiligt zu werden.[237] Erneut sei jedoch an den möglichen Wegfall des Art. 179 III

---

[236] Internal agreement between representatives of the governments of the member states, meeting within the council, on the financing and administration of community aid under the financial protocol to the partnership agreement between the African, Caribbean and Pacific States and the European Community and its member states signed in Cotonou (Benin) on 23 June 2000 and the allocation of financial assistance for the overseas countries and territories to which part part four of the EC treaty applies. Dokument 10688/1/00 REV 1, unterzeichnet am 14. September 2000 in Brüssel.

[237] Unterstützend siehe *Streinz* 2003, Rn. 613.

EGV im Vertrag über eine Verfassung für Europa (vgl. Kap. 2.3.4) erinnert, was das Ende der gesonderten Finanzierung über den EEF bedeuten dürfte.

4.4) Zwischenfazit: Kompetenz in der Entwicklungspolitik

Die Kompetenzanalyse ergibt, dass bei der Entwicklungszusammenarbeit echt parallele Kompetenzen von Gemeinschaft und Mitgliedstaaten vorliegen, wobei die Gemeinschaft zum einen zur Kohärenz ihrer übrigen Politiken mit der Entwicklungspolitik verpflichtet ist, zum anderen Gemeinschaft und Mitgliedstaaten die Koordinierung ihrer parallelen Entwicklungspolitiken gewährleisten müssen. Bezogen auf die Politikinhalte gehört die Entwicklungszusammenarbeit zum Bereich der Außenbeziehungen, sollte aber aus rechtsdogmatischen und historischen Gründen eigenständig bleiben. Sie beinhaltet handels- und agrarpolitische Elemente, legt aber durch zusätzliche rechts- und gesellschaftspolitische Zielsetzungen einen eigenen Schwerpunkt. Diese inhaltliche Brückenfunktion schlägt sich analog in der Kompetenzverteilung sowie in Verfahrens- und Finanzierungsfragen nieder.

Das Cotonou-Abkommen konnte aufgrund seiner Zielsetzung und des Charakters seiner Elemente als Maßnahme der Entwicklungszusammenarbeit der Art. 177ff EGV identifiziert werden. Zudem handelt es sich eindeutig um ein Assoziierungsabkommen auf der Grundlage von Art. 310 EGV, bei dessen Abschluss die Mitgliedstaaten - in jedem Fall aufgrund ihrer direkten finanziellen Beteiligung durch den EEF - über ein gemischtes Abkommens beteiligt werden müssen. Insofern steht das Cotonou-Abkommen bzw. das Verhalten aller Beteiligten vollumfänglich in Einklang mit den europarechtlichen Kompetenzgrundlagen, gegeben die jetzigen rechtlichen Rahmenbedingungen sind also keinerlei Änderungen am Procedere angezeigt.

Assoziierungsabkommen in Form von gemischten Abkommen bergen jedoch generell die Gefahr der Diffusion von Zuständigkeiten und Verschleppung von Prozessen (vgl. auch Kap. 4.1.3.2). Es ist daher ein Ärgernis, dass bisher keine schärfere Kompetenzabgrenzung durch den EuGH herbeigeführt wurde.[238] Etwas anders stellt sich die Sachlage jedoch dar, wenn durch das Inkrafttreten des Vertrages über eine Verfassung für Europa in seiner bisherigen Form die lex specialis des Art. 179 III EGV und somit die Grundlage für die direkte EEF-Finanzierung außerhalb des Gemeinschaftshaushalts entfiele. Hiermit entfiele

---

[238] Vgl. *Mögele* 2003, S. 2561.

nämlich auch der stärkste Grund für den obligatorischen Abschluss als gemischtes Abkommen. Da aber die Ausnahmeregelung schon heute keine Bestandsgarantie für die aktuelle Form der AKP-EG-Partnerschaft darstellt, ist und bleibt es eine politische Frage, ob sich am Modus oder am Charakter der AKP-Entwicklungspartnerschaft Änderungen ergeben werden. Von zentraler Bedeutung dürfte hierbei sein, in wieweit es Gemeinschaft und Mitgliedstaaten gelingt, durch Koordination ihrer Politiken die Effektivität der Entwicklungszusammenarbeit zu steigern.

Um abschließend mit Lister[239] zu sprechen: „[G]reater co-ordination of European development policies, achieving economies of scale and potentially greater effectiveness, is very desirable. But although national governments do value EU-wide development policies, they remain reluctant to commit more of their resources to them or to sacrifice the political and economic returns involved in bilateral aid."

---

[239] Siehe *Lister* 1998, S. 387.

5) Europäische Entwicklungspolitik: Bewertung aus ökonomischer Perspektive

Das Ergebnis von ca. drei Jahrzehnten Entwicklungszusammenarbeit mit den AKP-Staaten fasst die Europäische Kommission in ihrem Grünbuch[240] von 1996 bereits im Vorwort mit deutlichen Worten zusammen: „The economic marginalization of some ACP countries has gone hand in hand with social disintegration, mounting violence and a proliferation of armed conflicts which often trigger humanitarian disasters, undermining development policies and deflecting the international community's aid efforts towards emergency action and crisis management." Immerhin hatte die Hilfe, Studien zufolge, „a beneficial but limited effect on growth, investment and the improvement of health indicators, [whereas] [...] this effect has varied appreciably from country to country according to the initial situation and economic policy conditions." So betont auch Greenidge[241] fast entschuldigend, dass die AKP-Abkommen nie dazu geschaffen oder geeignet waren, all deren Probleme zu lösen.

Dennoch geht dieses letzte Kapitel der Frage nach, wie die AKP-EG-Entwicklungsabkommen aus ökonomischer Perspektive zu bewerten sind. Im ersten Schritt wird der Versuch unternommen, den (Miss-)Erfolg der Abkommen anhand von Daten bzw. Indikatoren objektiv darzustellen. Im zweiten Schritt werden sodann mögliche Gründe für die ermittelten Effektivitätsdefizite der Entwicklungspartnerschaft abgeleitet, um daran anschließend Maßnahmen zur Effizienzsteigerung zu diskutieren. Der letzte Unterabschnitt beschäftigt sich schließlich mit der Handelskomponente der AKP-Partnerschaft und deren Beiträgen zur Effizienzsteigerung.

5.1) Effektivität der AKP-Entwicklungszusammenarbeit

Im Rahmen dieser Ausführungen kann nicht jedes einzelne Instrument der Entwicklungshilfe analysiert bzw. auf seine Wirksamkeit hin überprüft werden.[242] Vielmehr soll die Zusammenarbeit mit den AKP-Staaten in ihrer Gesamtheit an den durch sie verfolgten Zielen gemessen werden. In Kap. 4.3.2 wurde bereits die Komplementarität der Zielsetzungen von Cotonou-

[240] Siehe das Vorwort des Entwicklungshilfe-Kommissars Pinheiro zum Grünbuch [KOM 96(570)endg.] sowie S. 11.
[241] Siehe *Greenidge* 1999, S. 122.
[242] *Aiello* 1999 analysiert z.B., dass STABEX keinen positiven Einfluss auf das Wachstum der AKP-Staaten hatte, obwohl sich die Instabilität der Exporterlöse signifikant negativ auf das Wachstum auswirkte.

Abkommen und Art. 177 I, II EGV festgestellt. Daher wird im Folgenden Bezug genommen auf die allgemeinen entwicklungspolitischen Ziele (i) – (iv) aus Kap. 2.4, die zunächst in ökonomische Termini übertragen werden.

5.1.1) Ökonomische Beschreibung der Ziele und Mittel

Überträgt man die Formulierungen des Art. 177 I, II EGV in makroökonomische Größen, um sie quantitativ erfassbar zu machen, und sortiert[243] die „Ziele" des Vertrags in eigentliche Ziele und Mittel zur Erreichung dieser Ziele, so ergibt sich folgender Ziele-Mittel-Kanon der Entwicklungszusammenarbeit:

1. Ziel ist ein dauerhaft positives Wachstum des BIP und des BIP pro Kopf (bzw. jeweils BNE[244]), womit sich in einfacher Weise eine *„nachhaltige wirtschaftliche und soziale Entwicklung"* darstellen lässt.
2. Als Mittel zur Erreichung dieses Ziels sollen die Entwicklungsländer kontinuierlich ihre Außenhandelsverflechtung vertiefen und ihre Anteile am Welthandel bzw. am Gemeinschaftsmarkt ausbauen, um eine *„harmonische, schrittweise Integration in den Welthandel"* zu erreichen.
3. Ein weiteres Ziel ist die *„Bekämpfung der Armut"*, was zum einen durch einen Anstieg des BIP pro Kopf (siehe oben), zum anderen anhand von relativen oder absoluten Indikatoren zur Messung von Armut oder Ungleichverteilung ausgedrückt werden kann.
4. Als Mittel zur institutionellen Absicherung der Erfolge in der Armutsbekämpfung und Wohlfahrtssteigerung benötigen die Entwicklungsländer stabile demokratische und rechtsstaatliche Strukturen.

Zusammengefasst verfolgt die europäische Entwicklungszusammenarbeit als Ziele dauerhaft positive Wachstumsraten des BIP und des BIP pro Kopf und eine Abnahme von Armut bzw. Ungleichverteilung. Als Instrumente hierzu dienen die verstärkte Beteiligung am Welthandel und die institutionelle Absicherung der Wohlfahrtsgewinne.

Daneben gibt es noch Indikatoren zur Abgrenzung bzw. Analyse von Entwicklungsländern, welche versuchen, die den Lebensstandard beeinflussenden wirt-

---

[243] Es wird also nicht mehr von einer „Gleichberechtigung" der Ziele (vgl. *Zimmermann* 2003, S. 1488) ausgegangen.

[244] Die Aggregate Bruttoinlandsprodukt (BIP) und Bruttonationaleinkommen (BNE) sollen für die vorliegende Verwendung als perfekte Substitute angesehen werden.

schaftlichen und sozialen Faktoren abzubilden. Hierzu gehören der „Augmented Physical Qualitiy of Life Index" und der „Human Development Index".[245] Diese Indikatoren bleiben hier außen vor, im Rahmen der Effektivitätsanalyse in Kap. 5.2 werden jedoch zusätzliche entwicklungsrelevante Indikatoren in die Betrachtung einbezogen.

5.1.2) Kennzahlen der wirtschaftlichen Entwicklung

Für die Bewertung der wirtschaftlichen Entwicklung der AKP-Staaten werden zunächst die folgenden Kennzahlen analysiert. In den Tabellen 4 (S. 98) und 5 (S. 99) sind, jeweils separat für die (nicht) am wenigsten entwickelten AKP-Staaten, die zwei wichtigsten Indikatoren für die wirtschaftliche Entwicklung der betreffenden Länder etappenweise zusammengefasst. Zum einen ist dies das Wachstum des Bruttoinlandsprodukts[246] (BIP), dargestellt als durchschnittliche jährliche Wachstumsraten für die Zeiträume 1960 - 1970, 1980 - 1990 sowie 1990 - 2003, als Indikator für die Wirtschaftskraft der betrachteten Volkswirtschaften. Es zeigt sich, dass die AKP-Staaten heterogenen Wachstumspfaden folgen. Zum Teil nehmen die Wachstumsraten im Zeitverlauf ab, zum Teil nehmen sie zu. Zum einen werden hohe jährliche Wachstumsraten erzielt wie z.B. in Moçambique mit durchschnittlich 7% p.a. von 1990 bis 2003, andere erreichen nicht einmal das Ziel dauerhaft positiver Wachstumsraten, so z.B. die zuletzt schrumpfenden Volkswirtschaften Burundi (-1,5 %), Demokratische Republik Congo (-3,9 %), Haiti (-0,8 %) und Sierra Leone (-3,1 %), die allesamt zu den am wenigsten entwickelten AKP-Staaten gehören. Gerade bezüglich der letztgenannten Gruppe konnte das Ziel einer nachhaltigen wirtschaftlichen Entwicklung folglich nicht erreicht werden.

Da die Entwicklungszusammenarbeit neben der wirtschaftlichen auch eine nachhaltige soziale Entwicklung intendiert, muss zudem die Entwicklung des Lebensstandards der Bevölkerung betrachtet werden, was hier anhand der Wachstumsraten des Bruttonationaleinkommens[247] (BNE) pro Kopf in durch-

[245] Siehe hierzu *Vonessen* 1996, S. 18.
[246] Das BIP ist hier definiert als die Bruttowertschöpfung zu Käuferpreisen aller inländischen Produzenten in dem jeweiligen Land zuzüglich Steuern und abzüglich Subventionen, die nicht im Produktwert enthalten sind. Bei der Berechnung werden keine Abzüge für den Verbrauch von produzierten Gütern oder für Substanzverluste oder die Verschlechterung natürlicher Ressourcen vorgenommen. Siehe *Weltbank* 2005, S. 321.
[247] Das BNE wird definiert als die Wertschöpfung, die von den Inländern im Inland oder Ausland erbracht wird. Das BNE pro Kopf wird ermittelt, indem das BNE durch die Bevölkerungszahl zur Jahresmitte dividiert wird. Vgl. *Weltbank* 2005, S. 318.

schnittlichen jährlichen Wachstumsraten für die Zeiträume 1960 – 1976, 1980 – 1990 sowie 2002 – 2003 geschieht.

AKP-Staat	Wachstum des BIP in % im Jahresdurchschnitt für die Jahre			Wachstum des BNE pro Kopf in % im Jahresdurchschnitt für die Jahre			Wertschöpfungsanteil der Landwirtschaft in % für die Jahre			Ausländische private Netto-Direkt-investitionen in Mio. US-$ in den Jahren		
	1960 - 70	1980 - 90	1990 - 03	1960 - 76	1985 - 95	2002 - 03*	1960	1980	2003	1970	1980	2002
Antigua & Barbuda	-	-	-	-	-	0,4	-	-	-	-	-	-
Bahamas	-	-	-	-	-0,8	-0,6	-	-	-	-	-	-
Barbados	-	-	-	-	0,8	0,8	-	-	-	-	-	-
Belize	-	-	-	-	3,9	1,8	-	-	-	-	-	-
Botswana	-	10,3	4,7	-	6,1	4,0	-	-	2	-	115	37
Cameroon	5,2	3,1	2,7	2,8	-6,6	0,5	48	29	45	16	409	86
Congo (Brazzaville)	-	-	1,8	-	-	-1,7	-	-	6	-	-	331
Cook Islands	-	-	-	-	-	-	-	-	-	-	-	-
Côte d'Ivoire	8,0	0,1	2,4	3,4	-	-5,6	43	27	28	31	936	230
Dominica	-	-	-	-	4,1	-0,7	-	-	-	-	-	-
Dominican Republic	4,4	2,7	5,7	3,4	2,1	-2,2	27	20	11	72	150	961
Fiji	-	-	-	-	2,0	3,5	-	-	-	-	-	-
Gabon	-	0,5	-	-	-8,2	1,2	-	7	-	-	-93	-
Ghana	2,1	3,0	4,3	-0,1	1,4	2,5	41	58	35	68	-26	50
Grenada	-	-	-	-	-	1,4	-	-	-	-	-	-
Guyana	-	-	-	-	0,6	-1,0	-	-	-	-	-	-
Jamaica	4,5	2,0	0,7	1,9	3,6	1,1	10	8	5	161	9	481
Kenya	7,1	4,2	1,8	2,6	0,1	-0,7	38	33	17	14	301	50
Marshall Isl.	-	-	-	-	-	2,0	-	-	-	-	-	-
Mauritius	-	6,2	-	-	5,4	2,1	-	12	-	-	48	-
Micronesia, Fed. States	-	-	-	-	-	-0,1	-	-	-	-	-	-
Namibia	-	1,1	3,7	-	2,9	-6,7	-	12	10	-	-	-
Nauru	-	-	-	-	-		-	-	-	-	-	
Nigeria	3,1	1,6	2,7	3,5	1,2	8,3	63	27	37	205	694	1281
Niue	-	-	-	-	-	-	-	-	-	-	-	-
Palau Islands	-	-	-	-	-	1,5	-	-	-	-	-	-
Papua New Guinea	-	1,9	2,8	3,5	2,3	0,2	-	33	26	-	106	50
St. Kitts and Nevis	-	-	-	-	4,8	2,4	-	-	-	-	-	-
St. Lucia	-	-	-	-	3,9	0,8	-	-	-	-	-	-
St. Vincent & Grenadines	-	-	-	-	3,8	2,8	-	-	-	-	-	-
Senegal	2,6	3,1	4,0	-0,7	-	6,0	30	19	17	5	18	93
Seychelles	-	-	-	-	-	-6,5	-	-	-	-	-	-
South Africa	-	1,3	2,3	-	-1,1	-2,0	-	-	4	-	-	739
Suriname	-	-	-	-	3,5	-	-	-	-	-	-	-
Swaziland	-	-	-	-	-1,4	0,6	-	-	-	-	-	-
Timor Tonga	-	-	-	-	0,5	1,7	-	-	-	-	-	-
Trinidad & Tobago	3,4	-2,5	-	2,6	-1,7	3,1	8	2	-	83	258	-
Zimbabwe	-	3,5	1,1	-	-0,6	-6,7	-	14	17	-	23	26

*) Für den Zeitraum 2002 – 2003 ist das Wachstum des BIP (anstelle des BNE) pro Kopf in % angegeben.

-) Für diese Zellen liegen keine Daten vor.

Tabelle 4: Wirtschaftliche Entwicklung (Teil 1, AKP-Staaten ohne die am wenigsten entwickelten).

Quelle: Weltbank 1978, S. 76-94, Weltbank 1997, S. 214-248 und Weltbank 2005, S. 308ff.

AKP-Staat	Wachstum des BIP in % im Jahres-durchschnitt für die Jahre			Wachstum des BNE pro Kopf in % im Jahresdurchschnitt für die Jahre			Wertschöpfungsanteil der Landwirtschaft in % für die Jahre			Ausländische private Netto-Direkt-investitionen in Mio. US-$ in den Jahren		
	1960 - 70	1980 - 90	1990 - 03	1960 - 76	1985 - 95	2002 - 03*	1960	1980	2003	1970	1980	2002
Angola	5,1	3,7	3,2	3,0	-6,1	1,4	50	-	9	-	38	1312
Benin	2,6	2,6	5,0	0,1	-0,3	2,9	-	35	36	7	4	41
Burkina Faso	1,5	3,7	4,2	0,8	-0,2	4,1	55	33	31	-	4	8
Burundi	5,4	4,4	-1,5	2,3	-1,3	-2,9	-	62	49	-	-3	0
Cape Verde	-	-	-	-	-	2,4	-	-	-	-	-	-
Centr. African Republic	1,2	1,7	1,8	0,3	-2,4	-8,8	45	40	61	1	4	4
Chad	2,5	6,3	3,0	-1,1	0,6	4,3	55	54	38	1	0	901
Comoros	-	-	-	-	-1,4	0,1	-	-	-	-	-	-
Congo, Dem. Rep.	4,6	3,6	-3,9	2,8	-	1,9	16	12	58	-	440	32
Djibuti	-	-	-	-	-	1,8	-	-	-	-	-	-
Equatorial Guinea	-	-	-	-	-	12,8	-	-	-	-	-	-
Eritrea	-	-	4,0	-	-	2,8	-	-	15	-	-	21
Ethiopia	4,4	2,3	4,3	1,9	-0,3	-5,7	65	56	42	4	26	75
Gambia	-	3,4	-	-	-	6,3	-	30	-	-	21	-
Guinea	3,2	-	4,2	0,4	1,4	0	-	-	25	-	80	0
Guinea-Bissau	-	4,5	-	-	2,0	-17	-	44	-	-	18	-
Haiti	0,7	-0,2	-0,8	0,1	-5,2	-1,8	50	-	27	3	20	6
Kiribati	-	-	-	-	-0,6	0,4	-	-	-	-	-	-
Lesotoho	7,0	-	3,4	4,6	-	20,9	73	-	16	-	-	81
Liberia	6,4	-	-	2,0	-	-2,3	40	-	-	-	-	-
Madagascar	-	1,3	2,1	-0,1	-2,2	6,5	37	30	29	20	131	8
Malawi	5,2	2,3	3,1	4,1	-0,7	3,8	58	37	38	9	30	6
Mali	2,9	1,8	4,9	0,9	0,8	3,5	55	61	36	-	10	102
Mauritania	8,1	1,7	4,4	3,7	0,5	2,9	57	30	19	-1	27	12
Mozambique	4,8	-	7,0	1,4	3,6	5,0	55	-	23	-	0	406
Niger	2,7	-1,1	2,7	-1,1	-	1,0	66	43	40	1	199	8
Rwanda	-	2,3	2,3	0,8	-5,4	2,1	81	50	42	-	14	3
Salomon Islands	-	-	-	-	3,2	0,7	-	-	-	-	-	-
Samoa	-	-	-	-	0,2	1,9	-	-	-	-	-	-
Sao Tome and Principe	-	-	-	-	-2,1	2,5	-	-	-	-	-	-
Sierra Leone	3,5	1,6	-3,1	1,1	-3,6	4,5	-	33	52	8	-7	5
Somalia	1,0	-	-	-0,3	-	-	45	-	-	5	-	-
Sudan	2,9	-	-	0,4	-	3,6	58	-	-	-	-	-
Tansania	5,4	3,8	3,7	2,6	1,0	3,5	57	46	43	-	100	240
Tomor-Leste	-	-	-	-	-	-	-	-	-	-	-	-
Togo	8,5	1,8	2,1	4,1	-2,7	0,9	55	27	41	1	83	75
Tuvalu	-	-	-	-	-	-	-	-	-	-	-	-
Uganda	5,1	3,1	6,8	1,0	2,7	0,8	-	72	33	-	44	150
Vanuatu	-	-	-	-	-1,1	-0,2	-	-	-	-	-	-
Zambia	4,0	0,8	1,4	1,7	-0,8	3,5	11	14	19	-297	175	197

*) Für den Zeitraum 2002 – 2003 ist das Wachstum des BIP (anstelle des BNE) pro Kopf in % angegeben.

-) Für diese Zellen liegen keine Daten vor.

Tabelle 5: Wirtschaftliche Entwicklung (Teil 2: am wenigsten entwickelte AKP-Staaten).

Quelle: Weltbank 1978, S. 76-94, Weltbank 1997, S. 214-248 und Weltbank 2005, S. 308ff.

Auch hier sind sowohl Zunahmen als auch Abnahmen der Wachstumsraten zu verzeichnen. Bei den meisten AKP-Staaten kann jedoch das Wachstum des individuellen Lebensstandards (Wachstum des BNE pro Kopf) nicht mit der allgemeinen wirtschaftlichen Entwicklung (Wachstum des BIP) Schritt halten, d.h. das Wirtschaftswachstum wird überkompensiert vom Bevölkerungswachstum. In den Jahren 2002 bis 2003 kam es in 19 AKP-Staaten sogar zu einem absoluten Rückgang des individuellen Lebensstandards, wobei Guinea-Bissau mit knapp 17 % den stärksten Verlust zu verzeichnen hat. Somit konnte auch das Ziel dauerhaft positiver Wachstumsraten des BNE pro Kopf nicht erreicht werden.

Als weitere Anhaltspunkte für den Stand der ökonomischen Entwicklung der AKP-Volkswirtschaften ist in den Tabellen zudem der prozentuale Anteil der Landwirtschaft an der gesamten Wertschöpfung[248] in den Jahren 1960, 1980 und 2003 erfasst. Die Daten zeigen bis auf wenige Ausnahmen (Republik Zentralafrika, Demokratische Republik Congo, Sierra Leone; Malawi stagniert approximativ) einen deutlichen Rückgang der relativen Bedeutung der Landwirtschaft an, was man typischerweise als Hinweis auf eine zunehmende Entwicklung von Volkswirtschaften, verbunden mit dem Potenzial zur Zunahme des Lebensstandards, interpretieren kann. Sieht man von den obigen Ausnahmen ab, so bedeuten Wertschöpfungsanteile der Landwirtschaft von bis zu 49 % (Burundi) dennoch einen starken Nachholbedarf einiger AKP-Staaten beim sektoralen Wandel.

Einen zweiten Hilfs-Indikator stellt die Höhe der ausländischen privaten Netto-Direktinvestitionen[249], angegeben in Millionen US-Dollar für die Jahre 1970, 1980 und 2002, dar. Da sie den inländischen Kapitalstock erweitern, bilden sie gerade in Entwicklungsländern eine bedeutende Grundlage für die Ausweitung der Produktion und somit des Wohlstands. Soweit Daten für die AKP-Staaten vorliegen, zeigen sich zum Teil erhebliche stochastische Schwankungen in der Investitionshöhe, wobei sich 2002 zumindest keine Anzeichen mehr für eine Dekapitalisierung von AKP-Staaten finden lassen. Bezogen auf die Gesamtheit der Kapitalverflechtung zwischen EU und AKP-Staaten ist zudem ein positiver

---

[248] Als Wertschöpfung wird die Netto-Produktionsmenge einer Volkswirtschaft, nach Summierung aller Produktionsmengen und Abzug aller Vorleistungen, bezeichnet. Vgl. *Weltbank* 2005, S. 322.

[249] Diese sind definiert als Nettozuflüsse von Investitionen zum Erwerb einer dauerhaften Beteiligung an der Geschäftsführung eines Unternehmens, das in einer anderen Volkswirtschaft tätig ist als der private Investor. Vgl. *Weltbank* 2005, S. 322f. Negative Werte ergeben sich, indem mehr ausländische Investitionen aufgrund von Wertverzehr abgeschrieben werden müssen als neue Investitionen getätigt werden.

Trend zu beobachten, da sich die ausländischen Direktinvestitionen aus der EU in den AKP-Staaten von 1996 bis 2002 von 1,9 Mrd. € auf 4,3 Mrd. € erhöhten.[250]

Als erstes Zwischenfazit kann folglich festgehalten werden, dass das Ziel einer nachhaltigen wirtschaftlichen und sozialen Entwicklung in einigen AKP-Staaten eklatant verfehlt wurde, sich bzgl. der genannten Hilfsindikatoren (Wertschöpfungsanteil der Landwirtschaft und ausländische Direktinvestitionen) aber zumindest eine Entwicklung in die richtige Richtung abzeichnet.

5.1.3) Kennzahlen der gesellschaftlichen Entwicklung

Der Bereich der sozialen bzw. gesellschaftlichen Entwicklung wird nunmehr gesondert untersucht, indem der Anteil der Armen an der Bevölkerung und das Maß der Ungleichverteilung von Einkommen in den AKP-Gesellschaften betrachtet werden. Ergänzend werden das Bevölkerungswachstum und die Kindersterblichkeitsraten herangezogen.

Als Armutsmaß wird in den Tabellen 6 (S. 102) und 7 (S. 103) die internationale Armutsschwelle betrachtet, wobei der prozentuale Anteil an der Bevölkerung ausgewiesen wird, der, ausgedrückt in Kaufkraftparitäten, mit weniger als einem US-Dollar pro Tag seinen Lebensunterhalt bestreiten muss. Dabei beziehen sich die Werte in der linken Spalte stets auf den Durchschnitt in den Jahren 1981 - 1995, in der rechten Spalte ist das zugehörige Erhebungsjahr in Klammern angegeben.[251] Die Daten ergeben, dass es bis auf zwei Ausnahmen (Nigeria, Tansania) zu einem Rückgang dieser elementaren Form von Armut gekommen ist. Dennoch weisen auch in den neuesten Erhebungen immer noch sieben AKP-Staaten, darunter nicht nur die am wenigsten entwickelten Staaten, einen Armen-Anteil jenseits von 50% auf (Mali 72,8%, Nigeria 70,2%, Zentralafrikanische Republik 66,6%, Sambia 63,7%, Niger 61,4%, Burundi 58,4% und Sierra Leone 57,0%). Abgesehen von den wenigen positiven Ausnahmen (Dominikanische Republik und Jamaika jeweils weniger als 2% Arme) kann der Entwicklungszusammenarbeit bzgl. der Bekämpfung von Armut folglich kein rein positives Zeugnis ausgestellt werden.

[250] Vgl. *Europäische Kommission* 2005a.

[251] Dabei erfolgt eine Umrechnung in Kaufkraftparitäten, wobei den Daten für 1981 - 1995 die internationalen Preise von 1985 (vgl. *Weltbank* 1997, S. 251) und den Daten in der zweiten Spalte die internationalen Preise von 1993 zugrunde liegen, weshalb die beiden Werte auch nicht direkt vergleichbar sind (vgl. *Weltbank* 2005, S. 319).

AKP-Staat	Armut (Anteil der Bevölkerung in % mit weniger als 1 US-$ in KKP)		Gini-Index (Grad der Ungleichverteilung von Einkommen in der Gesellschaft)		Durchschnittliche jährliche Wachstumsrate der Bevölkerung in % für die Jahre			Kindersterblichkeit (Anteil der der lebend Geborenen in %, die mit 0 – 1 Jahren sterben) für die Jahre		
	1981 - 95	Wert (Jahr)	Wert (Jahr)	Wert (Jahr)	1960 - 70	1980 - 90	1990 - 03	1960	1980	1995
Antigua & Barbuda	-	-	-	-	-	-	1,6	-	-	-
Bahamas	-	-	-	-	-	-	1,6	-	-	-
Barbados	-	-	-	-	-	-	0,4	-	-	-
Belize	-	-	-	-	-	-	2,4	-	-	-
Botswana	34,7	23,5 (1993)	-	63,0 (1993)	-	-	2,3	-	6,9	5,6
Cameroon	-	17,1 (2001)	-	44,6 (2001)	2,1	2,8	2,5	7,2	9,4	5,6
Congo (Brazzaville)	-	-	-	-	-	-	3,2	-	-	-
Cook Islands	-		-	-	-	-	-	-	-	-
Côte d'Ivoire	17,7	15,5 (1993)	36,9 (1988)	45,2 (1998)	3,4	3,8	2,7	-	10,8	8,6
Dominica	-	-	-	-	-	-	-0,1	-	-	-
Dom. Rep.	19,9	< 2,0 (1998)	50,5 (1989)	-	2,9	2,2	1,6	10,1	7,6	3,7
Fiji	-	-	-	-	-	-	1,0	-	-	-
Gabon	-	-	-	-	-	3,0	2,6	-	11,6	8,9
Ghana	-	44,8 (1999)	33,9 (1992)	30,0 (1999)	2,6	3,3	2,2	11,3	10,0	7,3
Grenada	-	-	-	-	-	-	0,8	-	-	-
Guyana	-	-	-	-	-	-	0,4	-	-	-
Jamaica	4,7	< 2,0 (2000)	41,1 (1991)	37,9 (2000)	1,7	1,2	0,8	5,2	2,1	1,3
Kenya	50,2	23,0 (1997)	57,5 (1992)	44,5 (1997)	3,1	3,4	2,4	-	7,2	5,8
Marshall Islands	-	-	-	-	-	-	1,1	-	-	-
Mauritius	-	-	-	-	-	0,9	1,1	-	3,2	1,6
Micronesia, Fed. States	-	-	-	-	-	-	2,0	-	-	-
Namibia	-	34,9 (1993)	-	70,7 (1993)	-	2,7	2,8	-	9,0	6,2
Nauru	-	-	-	-	-	-	-	-	-	-
Nigeria	28,9	70,2 (1997)	45,0 (1992)	50,6 (1996)	2,5	3,0	2,6	20,7	9,9	8,0
Niue	-	-	-	-	-	-	-	-	-	-
Palau Islands	-	-	-	-	-	-	2,2	-	-	-
Papua New Guinea	-	-	-	50,9 (1996)	2,3	2,2	2,5	-	6,7	6,4
St. Kitts and Nevis	-	-	-	-	-	-	0,8	-	-	-
St. Lucia	-	-	-	-	-	-	1,4	-	-	-
St. Vincent and Gren.	-	-	-	-	-	-	0,2	-	-	-
Senegal	54,0	26,3 (1995)	54,1 (1991)	41,3 (1995)	2,6	2,9	2,4	19,3	9,1	6,2
Seychelles	-	-	-	-	-	-	1,4	-	-	-
South Africa	23,7	7,1 (1995)	58,4 (1993)	59,3 (1995)	-	2,4	1,9	-	6,7	5,0
Suriname	-	-	-	-	-	-	0,7	-	-	-
Swaziland	-	-	-	-	-	-	2,8	-	-	-
Timor Tonga	-	-	-	-	-	-	0,5	-	-	-
Trinidad & Tobago	-	-	-	-	2,1	1,3	0,6	4,5	3,5	1,3
Zimbabwe	41,0	36,0 (1990)	56,8 (1990)	56,8 (1995)	-	3,3	1,9	-	8,2	5,5
-) Für diese Zellen liegen keine Daten vor.										

Tabelle 6: Gesellschaftliche Entwicklung (Teil 1: AKP-Staaten ohne die am wenigsten entwickelten).

Quelle: Weltbank 1987, S. 100ff, Weltbank 1997, S. 214-248 und Weltbank 2005, S. 308ff.

AKP-Staat	Armut (Anteil der Bevölkerung in % mit weniger als 1 US-$ in KKP)		Gini-Index (Grad der Ungleichverteilung von Einkommen in der Gesellschaft)		Durchschnittliche jährliche Wachstumsrate der Bevölkerung in % für die Jahre			Kindersterblichkeit (Anteil der der lebend Geborenen in %, die mit 0 – 1 Jahren sterben) für die Jahre		
	1981 - 95	Wert (Jahr)	Wert (Jahr)	Wert (Jahr)	1960 - 70	1980 - 90	1990 - 03	1960	1980	1995
Angola	-	-	-	-	1,3	2,7	2,8	-	15,3	12,4
Benin	-	-	-	-	2,7	3,1	2,7	11,0	12,2	9,5
Burkina Faso	-	44,9 (1998)	-	48,2 (1998)	2,1	2,6	2,4	18,2	12,1	9,9
Burundi	-	58,4 (1998)	-	33,3 (1998)	2,0	2,8	2,1	-	12,1	9,8
Cape Verde	-	-	-	-	-	-	2,5	-	-	-
Centr. African Rep.	-	66,6 (1993)	-	61,3 (1993)	2,2	2,4	2,1	20,0	11,7	9,8
Chad	-	-	-	-	1,7	2,4	3,0	-	14,7	11,7
Comoros				-	-	-	2,5	-	-	-
Congo, Dem. Rep.	-	-	-	-	2,6	3,1	2,7	20,0	8,9	9,0
Djibuti	-	-	-	-	-	-	2,8	-	-	-
Equatorial Guinea	-	-	-	-	-	-	2,6	-	-	-
Eritrea	-	-	-	-	-	-	1,6	-	-	-
Ethiopia	33,8	26,3 (1999)	-	30,0 (2000)	2,0	3,1	2,3	-	15,5	11,2
Gambia	-	-	-	-	-	3,6	3,3	-	15,9	12,6
Guinea	26,3	-	46,8 (1991)	40,3 (1994)	2,6	2,5	2,4	15,6	16,1	12,8
Guinea-Bissau	87,0	-	56,2 (1991)	-	-	1,8	2,9	-	16,8	13,6
Haiti	-	-	-	-	1,6	1,9	2,0	20,0	12,3	7,2
Kiribati	-	-	-	-	-	-	2,2	-	-	-
Lesotoho	-	36,4 (1995)	56,0 (1986)	63,2 (1995)	2,2	2,7	1,0	-	10,8	7,6
Liberia	-	-	-	-	-	-	2,5	-	-	-
Madagascar	72,3	49,1 (1999)	43,4 (1993)	47,5 (2001)	2,6	2,9	2,9	6,9	13,8	8,9
Malawi	-	41,7 (1997)	-	50,3 (1997)	2,6	3,3	2,0	-	16,9	13,3
Mali	-	72,8 (1994)	-	50,5 (1994)	2,1	2,5	2,5	12,3	18,4	12,3
Mauritania	31,4	25,9 (2000)	-	39,0 (2000)	1,8	2,6	2,2	-	12,0	9,6
Mozambique	-	37,9 (1996)	-	39,6 (1996)	1,9	1,6	2,2	-	-	-
Niger	61,5	61,4 (1995)	36,1 (1992)	50,5 (1995)	2,7	3,3	3,3	20,0	15,0	11,9
Rwanda	45,7	35,7 (1983)	28,9 (1983)	28,9 (1983)	3,6	3,0	1,3	-	12,8	13,3
Salomon Islands	-	-	-	-	-	-	2,8	-	-	-
Samoa	-	-	-	-	-	-	0,8	-	-	-
Sao Tome & Principe	-	-	-	-	-	-	2,4	-	-	-
Sierra Leone	-	57,0 (1989)	-	62,9 (1989)	2,2	2,1	2,2	-	19,0	17,9
Somalia	-	-	-	-	2,4	-	2,3	-	-	-
Sudan	-	-	-	-	2,2	-	2,3	15,9	-	-
Tansania	16,4	19,9 (1993)	38,1 (1993)*	38,2 (1993)*	3,0	3,2	2,6	19,0	10,4	8,2
Timor-Leste	-	-	-	-	-	-	0,7	-	-	-
Togo	-	-	-	-	2,7	3,0	2,6	12,7	11,0	8,8
Tuvalu	-	-	-	-	-	-	-	-	-	-
Uganda	50,0	-	40,8 (1992)	43,0 (1999)	2,7	2,4	2,9	16,0	11,6	9,8
Vanuatu	-	-	-	-	-	-	2,7	-	-	-
Zambia	84,6	63,7 (1998)	46,2 (1993)	52,6 (1998)	2,9	3,0	2,2	-	9,0	10,9

*) Die Abweichung in der ersten Dezimale ergibt sich aus den Quellen und beruht vermutlich auf Rundungen.

-) Für diese Zellen liegen keine Daten vor.

Tabelle 7: Gesellschaftliche Entwicklung (Teil 2: am wenigsten entwickelte AKP-Staaten).

Quelle: Weltbank 1987, S. 100ff, Weltbank 1997, S. 214-248 und Weltbank 2005, S. 308ff.

Neben diesem absoluten Armuts-Indikator ist der Gini-Index als Maß für die Ungleichverteilung von Einkommen in einer Gesellschaft von Interesse. Er gibt an, um wie viel Prozent die Einkommensverteilung von der perfekten Gleichverteilung abweicht. Dabei gilt die Intuition, dass mit steigendem Gini-Index die Ungleichverteilung zunimmt, wobei ein Gini-Index von 0 vollkommene Gleichverteilung, ein Wert von 100 vollkommene Ungleichverteilung bedeutet.[252] Die Datenlage erlaubt nur für wenige Länder eine Aussage über die Entwicklung dieser Ungleichverteilung. Unter diesen Ländern sind sowohl Beispiele für die Zunahme (Elfenbeinküste, Lesotho, Madagaskar, Niger, Nigeria, Sambia, Südafrika, Uganda) wie auch für die Abnahme (Ghana, Guinea, Jamaika, Kenia, Senegal) des Grades der Ungleichheit festzustellen, ein einheitlicher Trend hin zu mehr Gleichverteilung ist jedenfalls nicht auszumachen. In Nigeria haben sowohl Armut als auch Ungleichverteilung zugenommen.

Als ergänzender Indikator für die gesellschaftliche Entwicklung ist zudem die durchschnittliche jährliche Wachstumsrate der Bevölkerung für die Zeiträume 1960 - 1970, 1980 - 1990 sowie 1990 - 2003 angegeben. Am Beispiel 1980 - 1990 zeigt sich, dass die Bevölkerung der AKP-Staaten mit Wachstumsraten zwischen 1,2% (Jamaika) und 3,8% (Elfenbeinküste) deutlich schneller gewachsen ist als z.B. diejenige Deutschlands (0,1%) oder der USA (0,9%).[253] Dieses immense Bevölkerungswachstum in den AKP-Staaten erklärt auch die bereits in Kap. 5.1.2 festgestellte Diskrepanz zwischen der Entwicklung der Wirtschaftskraft und dem individuellen Lebensstandard der Bevölkerung. Umso erstaunlicher sind die Zahlen für das Bevölkerungswachstum, wenn man die Daten für die Kindersterblichkeit[254] in die Betrachtung mit einbezieht. Die Zahlen gehen zwar nahezu ausnahmslos zurück, sind aber zu jedem betrachteten Zeitpunkt in allen AKP-Staaten deutlich höher als z.B. in Deutschland, wo die analog zur Tabelle definierte Kindersterblichkeit im Jahr 1960 bei 3,4%, im Jahr 1980 bei 1,2% und schließlich 1995 bei 0,6% lag.[255]

---

[252] Dem Gini-Index liegt die Lorenzkurve zur Veranschaulichung des Einkommensprofils einer Gesellschaft zugrunde. Dabei wird auf der Abszisse der Anteil der ärmsten Individuen, auf der Ordinate der diesen Individuen zufließende Anteil am Gesamteinkommen abgetragen. Besteht perfekte Gleichverteilung, entspricht die Lorenzkurve einem Abschnitt auf einer Geraden mit 45°-Steigung. Der Gini-Index gibt den prozentualen Anteil der Fläche zwischen der Kurve der perfekten Gleichverteilung und der Lorenzkurve an der maximal möglichen Fläche unterhalb der Kurve der perfekten Gleichverteilung an. Siehe *Weltbank* 1997, S. 253.

[253] Siehe ebenfalls *Weltbank* 1997, S. 114f.

[254] Die Kindersterblichkeit wird hier gemessen als prozentualer Anteil an den lebend geborenen Kindern, die vor dem Erreichen des ersten Lebensjahres versterben.

[255] Quelle siehe ebenda.

Diese Eindrücke werden bestätigt durch die Studie von Wodon[256], der aufgrund der geringen Deckungsgleichheit der betrachteten Staaten allerdings nur einen bescheidenen Beitrag zur Analyse der Entwicklung von Armut und Ungleichverteilung in den AKP-Staaten leistet. Demnach ist im Bereich Lateinamerikas und der Karibik im Jahr 1996 ca. jeder dritte Einwohner als arm[257] und ca. jeder sechste als extrem arm einzustufen. Dies bedeutet ein hohes Maß an Armut trotz einiger Fortschritte in den 90er Jahren des vergangenen Jahrhunderts. Zudem sind die betrachteten Länder durch ein hohes Maß an Ungleichheit der Einkommensverteilung gekennzeichnet, die zuletzt nur leicht zurückgegangen ist. Bezogen auf das Ziel im Cotonou-Abkommen, die Armut zu bekämpfen, können insgesamt nur geringfügige Erfolge konstatiert werden.

5.1.4) Kennzahlen der Handelsverflechtung

Im dritten und letzten Teil dieser Effektivitätsanalyse wird das Ziel einer nachhaltigen Integration der AKP-Staaten in den Welthandel auf den Grad seiner Erreichung hin untersucht. Bezogen auf die Integration der AKP-Staaten in die Exporte und Importe am Weltmarkt ergibt sich das folgende Bild.

Die Tabellen 8 (S. 106) und 9 (S. 107) liefern einen Eindruck von der Verflechtung der einzelnen AKP-Staaten in den Welthandel zu den Zeitpunkten 1976 und 2003. Dabei wird zunächst bezogen auf die Exporte aus den und die Importe in die AKP-Staaten untersucht, wie hoch diese (ausgedrückt in Millionen US-Dollar) sind und welchen Anteil sie an den weltweiten Export- bzw. Importmengen in Promille ausmachen. Dabei ist es zunächst für das Jahr 1976 wenig überraschend, dass die einzelnen AKP-Staaten bei weitem nicht an die Weltmarktanteile von z.B. Deutschland (89,54 ‰ der Exporte und 109,65 ‰ der Importe) oder den USA (129,91 ‰ der Exporte und 134,24 ‰ der Importe) heranreichen; der Spitzenreiter Nigeria erreicht lediglich 11,7 ‰ an den Weltexporten und 8,87 ‰ an den Weltimporten. Bezogen auf die AKP-Staaten, für die Daten vorliegen, liegt deren kumulierter Weltmarktanteil an den Exporten bei 32,7 ‰, an den Importen bei 31,9 ‰.

[256] Siehe *Wodon* 2000, S. 15-54. Der Weltbank-Bericht analysiert die Entwicklung von Armut und Ungleichheit in Lateinamerika und der Karibik, darunter die Dominikanische Republik, in der Zeit von 1986 bis 1996.
[257] Die Weltbank bezeichnet ein Individuum als „extrem arm", wenn sein Pro-Kopf-Einkommen maximal ausreicht, um sich ein landestypisches Bündel an Nahrungsmitteln zu kaufen, das ca. 2.200 kcal pro Person pro Tag garantiert. „Armut" liegt dementsprechend vor, wenn das Individuum maximal über das doppelte Pro-Kopf-Einkommen wie bei der extremen Armutsgrenze verfügt.

AKP-Staaten	Exporte (Für die angegebenen Jahre in Mio. US-$ (links) und in Promille des Welthandels (rechts))				Importe (Für die angegebenen Jahre in Mio. US-$ (links) und in Promille des Welthandels (rechts))				Anteil an den Waren-Exporten in entwickelte Volkswirtschaften in % für die Jahre		
	1976		2003		1976		2003				
	Mio. $	‰*	Mio. $	‰*	Mio. $	‰*	Mio. $	‰*	1960	1976	1983
Antigua & Barbuda	-	-	-	-	-	-	-	-	-	-	-
Bahamas	-	-	-	-	-	-	-	-	-	-	-
Barbados	-	-	-	-	-	-	-	-	-	-	-
Belize	-	-	-	-	-	-	-	-	-	-	-
Botswana	-	-	2.480	0,33	-	-	2.085	0,27	-	-	-
Cameroon	511	0,57	1.855	0,25	609	0,66	1,970	0,26	93	73	85
Congo (Brazzaville)	-	-	2.645	0,35	-	-	1.110	0,15	-	-	-
Cook Islands	-	-	-	-	-	-	-	-	-	-	-
Côte d'Ivoire	1620	1,79	6.059	0,81	1296	1,40	3.750	0,49	85	73	70
Dominica	-	-	-	-	-	-	-	-	-	-	-
Dominican Republic	716	0,79	5.547	0,74	764	0,83	7.970	1,05	92	93	84
Fiji	-	-	-	-	-	-	-	-	-	-	-
Gabon	-	-	-	-	-	-	-	-	-	-	-
Ghana	804	0,89	1.945	0,26	845	0,91	3.225	0,42	90	73	47
Grenada	-	-	-	-	-	-	-	-	-	-	-
Guyana	-	-	-	-	-	-	-	-	-	-	-
Jamaica	633	0,70	1.215	0,16	913	0,99	3.815	0,50	96	85	78
Kenya	656	0,73	2.395	0,32	941	1,02	3.735	0,49	79	55	47
Marshall Islands	-	-	-	-	-	-	-	-	-	-	-
Mauritius	-	-	-	-	-	-	-	-	-	-	-
Micronesia, Fed. States	-	-	-	-	-	-	-	-	-	-	-
Namibia	-		1.155	0,15	-		1.590	0,21	-	-	-
Nauru	-	-	-	-	-	-	-	-	-	-	-
Nigeria	10.567	11,7	20.255	2,71	8.199	8,87	10.890	1,43	95	82	74
Niue	-	-	-	-	-	-	-	-	-	-	-
Palau Islands	-	-	-	-	-	-	-	-	-	-	-
Papua New Guinea	573	0,63	2.146	0,29	430	0,47	1.193	0,16	-	91	85
St. Kitts and Nevis	-	-	-	-	-	-	-	-	-	-	-
St. Lucia	-	-	-	-	-	-	-	-	-	-	-
St. Vincent and Gren.	-	-	-	-	-	-	-	-	-	-	-
Senegal	426	0,47	1.330	0,18	713	0,77	2.270	0,30	89	83	54
Seychelles	-	-	-	-	-	-	-	-	-	-	-
South Africa	4.776	5,29	36.452	4,87	6.751	7,30	38.141	5,00	71	79	45
Suriname	-	-	-	-	-	-	-	-	-	-	-
Swaziland	-	-	-	-	-	-	-	-	-	-	-
Timor Tonga	-	-	-	-	-	-	-	-	-	-	-
Trinidad & Tobago	2.213	2,45	-	-	1.976	2,14	-	-	80	82	74
Zimbabwe	-	-	1.225	0,16	-	-	2.835	0,37	-	-	53

-) Für diese Zellen liegen keine Daten vor.

*) Eigene Berechnungen aus den angegebenen Datenquellen.

Tabelle 8: Entwicklung der Handelsverflechtung (Teil 1: AKP-Staaten ohne die am wenigsten entwickelten).

Quelle: IMF 1977, S. 2, Weltbank 1978, S. 86ff, Weltbank 1985, S. 196f und Weltbank 2005, S. 314f.

AKP-Staaten	Exporte (Für die angegebenen Jahre in Mio. US-$ (links) und in Promille des Welthandels (rechts))				Importe (Für die angegebenen Jahre in Mio. US-$ (links) und in Promille des Welthandels (rechts))				Anteil an den Waren-Exporten in entwickelte Volkswirtschaften in % für die Jahre		
	1976		2003		1976		2003		1960	1976	1983
	Mio. $	‰*	Mio. $	‰*	Mio. $	‰*	Mio. $	‰*			
Angola	535	0,59	9.075	1,21	317	0,34	4.175	0,54	64	70	66
Benin	51	0,06	425	0,06	223	0,24	765	0,10	98	63	79
Burkina Faso	53	0,06	340	0,05	144	0,16	710	0,09	4	72	48
Burundi	55	0,06	38	0,01	58	0,06	155	0,02	-	-	78
Cape Verde	-	-	-	-	-	-	-	-	-	-	-
Centr. African Rep.	52	0,06	130	0,01	50	0,05	97	0,01	85	75	82
Chad	63	0,07	230	0,03	116	0,13	852	0,11	73	65	72
Comoros	-	-	-	-	-	-	-	-	-	-	-
Congo, Dem. Rep.	182	0,20	1.260	0,17	177	0,19	1.489	0,20	93	72	98
Djibuti	-	-	-	-	-	-	-	-	-	-	-
Equatorial Guinea	-	-	-	-	-	-	-	-	-	-	-
Eritrea	-	-	56	0,01	-	-	600	0,08	-	-	-
Ethiopia	278	0,31	535	0,07	353	0,38	2.015	0,26	69	65	66
Gambia	-	-	-	-	-	-	-	-	-	-	-
Guinea	202	0,22	824	0,11	123	0,13	764	0,10	63	75	89
Guinea-Bissau	-	-	-	-	-	-	-	-	-	-	-
Haiti	125	0,14	330	0,04	-		1.200	0,15	98	99	98
Kiribati	-	-	-	-	-	-	-	-	-	-	-
Lesotoho	15	0,02	427	0,06	80	0,09	914	0,12	-	-	-
Liberia	476	0,53	-	-	399	0,43	-	-	100	89	94
Madagascar	292	0,32	626	0,08	214	0,23	843	0,11	79	79	72
Malawi	148	0,16	460	0,06	205	0,22	720	0,09	-	-	68
Mali	97	0,11	985	0,13	150	0,16	1.010	0,13	93	70	72
Mauritania	178	0,20	369	0,05	180	0,19	471	0,06	89	86	94
Mozambique	303	0,36	730	0,10	334	0,36	1.305	0,17	31	63	37
Niger	86	0,10	350	0,05	173	0,19	510	0,07	74	86	-
Rwanda	81	0,09	60	0,01	103	0,11	240	0,03	-	-	92
Salomon Islands	-	-	-	-	-	-	-	-	-	-	-
Samoa	-	-	-	-	-	-	-	-	-	-	-
Sao Tome and Prin.	-	-	-	-	-	-	-	-	-	-	-
Sierra Leone	112	0,12	91	0,01	156	0,17	320	0,04	99	97	66
Somalia	85	0,09	-	-	-	-	-	-	85	19	16
Sudan	554	0,61	-	-	980	1,06	-	-	59	56	36
Tansania	459	0,51	990	0,13	570	0,62	2.120	0,28	75	57	59
Tomor-Leste	-	-	-	-	-	-	-	-	-	-	-
Togo	135	0,15	425	0,06	202	0,22	558	0,07	74	87	52
Tuvalu	-	-	-	-	-	-	-	-	-	-	-
Uganda	360	0,40	525	0,07	80	0,09	1.240	0,16	63	86	84
Vanuatu	-	-	-	-	-	-	-	-	-	-	-
Zambia	1043	1,15	940	0,13	654	0,71	1.503	0,20	-	91	85
-) Für diese Zellen liegen keine Daten vor.											
**) Eigene Berechnungen aus den angegebenen Datenquellen.*											

Tabelle 9: Entwicklung der Handelsverflechtung (Teil 2: am wenigsten entwickelte AKP-Staaten).

Quelle: IMF 1977, S. 2, Weltbank 1978, S. 86ff, Weltbank 1985, S. 196f und Weltbank 2005, S. 314f.

Gravierender ist jedoch die Erkenntnis, dass der Weltmarktanteil nahezu aller AKP-Staaten im Jahr 2003 niedriger liegt als noch 1976; mit Ausnahme von marginalen Zuwächsen bei den Exporten von Lesotho und Mali um jeweils 0,02 Promillepunkte sowie dem steigenden Importanteil Angolas, der Demokratischen Republik Congo, der Dominikanischen Republik, Lesothos und Ugandas.

Obwohl mehr Länder zusätzlich berücksichtigt werden als bei der Erhebung herausfallen, sinkt der aggregierte Weltmarktanteil der betrachteten AKP-Staaten bei den Exporten und Importen auf jeweils 14,3 ‰ und somit auf weniger als die Hälfte des Niveaus von 1976. Folglich ist es den AKP-Staaten während der Laufzeit der AKP-EG-Partnerschaftsabkommen nicht gelungen, mit dem Wachstum der weltweiten Handelsströme mitzuhalten. Stattdessen kam es zu einer Desintegration in den Welthandel, verbunden mit einem Bedeutungsverlust der AKP-Volkswirtschaften. Das entwicklungspolitische Ziel einer harmonischen, schrittweisen Integration in den Welthandel wurde also grundlegend verfehlt.

Ein weiterer Anhaltspunkt für die Entwicklung der Handelsverflechtung der AKP-Staaten ergibt sich aus dem prozentualen Anteil an den Exporten aus den AKP-Staaten, welche an entwickelte Volkswirtschaften - anstelle von anderen Entwicklungsländern - verkauft wurden. Die Intuition hierbei lautet, dass ein hoher Exportanteil an entwickelte Volkswirtschaften einhergeht mit einer hohen Wettbewerbsfähigkeit der AKP-Volkswirtschaften auf dem Weltmarkt.

Die Schwäche der verfügbaren und in den Tabellen 8 und 9 replizierten Daten liegt darin, dass sie nur für die Jahre 1960, 1976 und 1983 verfügbar sind und in Ermangelung von Jahresdurchschnitten lediglich Momentaufnahmen darstellen. Abgesehen von den daher unvermeidbaren erratischen Schwankungen ist erkennbar, dass bei der Mehrzahl der betrachteten AKP-Staaten dieser Anteil von 1960 nach 1983 gesunken ist. Bei aller gegebenen Vorsicht könnte dies dahingehend interpretiert werden, dass die Produkte der AKP-Staaten auf den Märkten der entwickelten Volkswirtschaften an Wettbewerbsfähigkeit verloren haben.

Neben der Verflechtung in den Welthandel ist explizit auch die Entwicklung des Handels der AKP-Staaten mit der EU von Interesse, der mit Hilfe der Partnerschaftsabkommen gezielt ausgebaut werden sollte. Negativmeldungen hierüber finden sich jedoch allerorten. So dokumentiert Greenidge[258], dass in der Zeit von 1970 bis 1993 der Anteil der Importe in die AKP-Staaten, welche aus der EU stammten, von 16,24% auf 5,6% und der Anteil der Importe in die EU, welche aus den AKP-Staaten stammen, von 8,9% auf 3,1% gefallen seien, was eindeutig als Desintegration der AKP-Staaten in den Handel mit der Gemeinschaft zu bezeichnen ist. Anders ausgedrückt, sanken die AKP-Exporte in die EU ab 1990 binnen fünf Jahren um 11%.[259]

Nichtsdestotrotz stellt die EU für die meisten der AKP-Staaten den wichtigsten Handelspartner dar, wenngleich die AKP-Staaten als Handelspartner für die EU nur von marginaler Bedeutung sind.[260] In ihrer Gesamtheit bilden die AKP-Staaten im Jahr 2004 immerhin nach den USA, China, der Schweiz, Russland, Japan und Norwegen den siebtgrößten Handelspartner der EU, während die EU mit großem Abstand vor den USA der wichtigste Handelspartner der AKP-Staaten ist.[261]

Betrachtet man den Handel zwischen den AKP-Staaten und der EU am aktuellen Rand, so gibt Tabelle 10 (S. 110) die Lage wieder. Die Entwicklung im Zeitraum 2000 bis 2004 zeigt, dass die Bedeutung der Handelsverflechtung zwischen der EU und den AKP-Staaten im Vergleich zu 1993 (siehe oben) und im Vergleich von 2004 zu 2000 aus Sicht der EU weiter abgenommen hat. Dieses Bild verstärkt sich noch, wenn man den Anteil des Handels zwischen der EU und Südafrika, das nur in Teilen als Entwicklungsland bezeichnet werden kann, herausrechnet. Im Gegenzug konnte die EU ihre Vormachtstellung, welche sie als Handelspartner auf den Märkten der AKP-Staaten besitzt, halten und bzgl. ihrer Exporte an die AKP-Staaten von 2000 nach 2004 sogar ausbauen, während die AKP-Staaten einen geringeren Anteil ihrer Exporte am Gemeinschaftsmarkt absetzen konnten. Ein näherer Blick auf die Exporte der AKP-Staaten in die EU offenbart zudem, dass es sich 2004 zu fast zwei Dritteln um Rohstoffe, lediglich zu knapp einem Drittel um verarbeitete Produkte handelt,[262] so dass nur ein geringer Teil der Wertschöpfung in den AKP-Staaten selbst stattfindet.

---

[258] Siehe *Greenidge* 1999, S. 106f.
[259] Zitiert nach *Windmeißer* 2002, S. 38.
[260] Siehe *Europäische Kommission* 2005a.
[261] Siehe *Europäische Kommission* 2005f, S. 3f. Ohne Südafrika fallen die übrigen AKP-Staaten auf den achten Rang; vgl. *Europäische Kommission* 2005g, S. 3.
[262] Siehe *Europäische Kommission* 2005f, S. 6.

Der Export von Öl und Ölderivaten macht dabei alleine 22,1 % der Gesamtimporte aus den AKP-Staaten in die EU aus.[263]

		2000	2001	2002	2003	2004
Handel EU - AKP (incl. Südafrika)						
	Anteil der AKP-Staaten an allen Importen in die EU in %	4,41	4,91	4,93	4,74	4,28
	Anteil der AKP-Staaten an den Exporten aus der EU in %	4,53	4,56	4,49	4,66	4,4
Handel EU - AKP (excl. Südafrika)						
	Anteil der AKP-Staaten an allen Importen in die EU in %	2,93	3,26	3,24	3,14	2,75
	Anteil der AKP-Staaten an den Exporten aus der EU in %	3,15	3,15	3,09	3,12	2,73
Handel AKP - EU (incl. Südafrika)						
	Anteil der EU an den Importen in die AKP-Staaten in %	31,81	31,91	32,14	32,55	32,41
	Anteil der EU an den Exporten aus den AKP-Staaten in %	28,50	30,90	31,68	28,79	26,76
Handel AKP-EU (excl. Südafrika)						
	Anteil der EU an den Importen in die AKP-Staaten in %	28,18	28,47	28,43	28,43	28,55
	Anteil der EU an den Exporten aus den AKP-Staaten in %	27,65	30,47	31,44	27,04	23,84

Tabelle 10: Entwicklung des Handels zwischen der EU und den AKP-Staaten in den Jahren 2000 - 2004.

Quelle: Europäische Kommission 2005f, S. 1f und 2005g, S. 1f.

Zusammenfassend ist festzustellen, dass während der Laufzeit der AKP-EU-Entwicklungszusammenarbeit nicht nur das Ziel einer harmonischen, schrittweisen Integration in den Welthandel verfehlt wurde. Hinzu kommt, dass sich speziell die Veränderungen in den Handelsströmen zwischen der EU und den AKP-Staaten zu Lasten der AKP-Anbieter bzw. zu Gunsten der Anbieter aus der EU auswirkten.

5.2) Ursachen der mangelnden Effektivität

Die vorangegangene Analyse zeigt, dass die Entwicklungszusammenarbeit mit den AKP-Staaten in der Vergangenheit nicht effektiv war, da die selbst gesteckten Ziele sowie das Mittel der Handelsintegration nicht oder nicht in ausrei-

---

[263] Eine genaue Aufschlüsselung der Importe der EU-25 aus den AKP-Staaten und vice versa, zudem aufgeschlüsselt nach Regionen innerhalb der AKP-Gruppe, findet sich in *Europäische Kommission* 2005c, 2005d und 2005e.

chendem Maße erreicht werden konnten.[264] Der zweite Teil der ökonomischen Ausführungen widmet sich der Suche nach den möglichen Ursachen dieser Ineffektivität.

5.2.1) *Determinanten des Wachstums von Entwicklungsländern*

Ein erster wertvoller Ansatzpunkt findet sich bei Barro/Sala-i-Martin[265], die mit Hilfe ökonometrischer Untersuchungen die Determinanten des (Negativ-) Wachstums von Entwicklungsländern analysieren. Hierzu identifizieren sie diejenigen 24 Länder, die in den Jahren 1965 bis 1985 das geringste durchschnittliche jährliche Wachstum des BIP pro Kopf aufweisen, wovon 17 AKP-Staaten sind: Moçambique (-2,9 %), Tschad (-2,5 %), Uganda (-2,3 %), Angola (-2,1 %), Madagaskar (-1,9 %), Sambia (-1,7 %), Guyana (-1,1 %), Mauretanien (-0,9 %), Somalia (-0,9 %), Guinea (-0,7 %), Ghana (-0,7 %), Niger (-0,6 %), Benin (-0,6 %), Sierra Leone (-0,4 %), Papua Neuguinea (-0,1 %), die Komoren (0,0 %) und Liberia (0,0 %). Im Durchschnitt schrumpfte der Lebensstandard in diesen Ländern über die betrachteten 20 Jahre um 1% pro Jahr.

Im nächsten Schritt ermittelt die Studie, welchen Anteil die aus der Wachstumstheorie bekannten Einflussfaktoren auf das Wachstum der Länder hatten. Die folgende Tabelle stellt diese partiellen Einflüsse, bezogen auf die afrikanischen Länder südlich der Sahara, aufgesplittet nach den Perioden 1965 - 75, 1975 - 1985 und 1985 - 95 dar. Erklärt wird jeweils die Abweichung von der weltweit durchschnittlichen Wachstumsrate.

Zu erklären ist die Spalte E(1-6) in Tabelle 11 (S. 112), die angibt, um wie viel Prozentpunkte das durchschnittliche Wachstum des BIP pro Kopf im jeweiligen Zehnjahreszeitraum für die Staaten Sub-Sahara Afrikas vom durchschnittlichen weltweiten Wachstum abwich. In den Jahren 1965 - 1975 wuchsen diese Staaten demnach um 1,9 Prozentpunkte weniger als die Weltwirtschaft, in der folgenden Dekade um 2,7 %, in der letzten um 1,4 %. Als erste erklärende Variable wird in der Spalte „NKE“ das Konstrukt des Netto-Konvergenzeffekts

---

[264] Die AKP-Abkommen fallen zwar ausweislich des Art. 179 III EGV nicht unter Art. 179 I EGV, angesichts der anhaltenden Erfolglosigkeit stellt sich allerdings auch die Frage, ob die im Rahmen der AKP-Zusammenarbeit ergriffenen Maßnahmen das Kriterium der „Erforderlichkeit“ (vgl. Fußnote in Kap. 4.1.1.1) überhaupt erfüllt hätten. Denn dann hätten sie dazu führen müssen, dass die AKP-Staaten im Sinne einer „Hilfe zur Selbsthilfe“ mittel- bis langfristig in die Lage versetzt worden wären, ihre Probleme aus eigener Kraft zu lösen. Dies ist offenbar nicht zu verzeichnen.

[265] Vgl. *Barro/Sala-i-Martin* 1995, S. 414-450.

angeführt. Dieser berücksichtigt das ursprüngliche Niveau des BIP – wobei man typischerweise davon ausgeht, dass das BIP-Wachstum umso höher ausfällt, je geringer das ursprüngliche BIP-Niveau liegt (Konvergenzeffekt) – korrigiert um Indikatoren der durchschnittlichen Humankapitalausstattung der Individuen, welche als Schulbildung von Frauen und Männern sowie Lebenserwartung ausgedrückt werden. In den Jahren 1965 – 1975 liegt der Netto-Konvergenzeffekt schwach negativ nahe Null, d.h. der wachstumsfördernde Effekt des niedrigen Ausgangsniveaus des BIP wird egalisiert durch die wachstumshemmenden Einflüsse der geringen Schulbildung und Lebenserwartung.

	NKE in %	E(1) in %	E (2) in %	E(3) in %	E(4) in %	E(5) in %	E(6) in %	E(1-6) in %
1965 – 1975	- 0,1	-0,2	-0,3	-1,0	-0,2	-0,1	-0,1	-1,9
1975 – 1985	0,3	-0,2	-0,3	-0,9	-1,4	-0,3	0,1	-2,7
1985 – 1995	0,9	-0,2	-0,2	-0,8	-0,8	-0,4	0,0	-1,4

Legende:

NKE	*Netto-Konvergenzeffekt, d.h. Kombination aus dem Niveau-Effekt des BIP und dem Niveau-Effekt der durchschnittlichen Humankapitalausstattung der Individuen.*
E(1)	*Anteil der staatlichen Bildungsausgaben pro Schuljahr am realen BIP.*
E(2)	*Anteil der realen Bruttoinvestitionen am realen BIP.*
E(3)	*Anteil des Staatskonsums, d.h. der Staatsausgaben ohne die Ausgaben für Bildung und Verteidigung, am realen BIP.*
E(4)	*Schwarzmarktprämie, d.h. der Aufschlag auf den offiziellen Wechselkurs auf dem Schwarzmarkt; dient als Indikator für Marktunvollkommenheiten.*
E(5)	*Politische Instabilität, ausgedrückt als Linearkombination aus der Zahl der Revolutionen pro Jahr und der Zahl der politischen Morde pro Million Einwohner.*
E(6)	*Wachstumsrate der „Terms of Trade", d.h. der Relation von Export- zu Importpreisen.*
E(1-6)	*Summe der individuellen Einflüsse E(1) bis E(6), die sich zur gesamten Abweichung von der weltweit durchschnittlichen Wachstumsrate, ausgedrückt in Prozentpunkten, addieren.*

Tabelle 11: Determinanten des Wachstums von Entwicklungsländern.

Quelle: Barro/Sala-i-Martin 1995, S. 448.

In der folgenden Dekade wird der Netto-Konvergenzeffekt positiv (0,3 % für 1975 – 1985), da das Niveau des BIP pro Kopf bei const. Humankapitalniveau zuvor gefallen war. In der Zeit von 1985 – 1995 steigt er aufgrund von Erfolgen bei der Schulbildung und Lebenserwartung sogar weiter auf 0,9 %. Für die Jahre 1975 – 1995 sind folglich an Dynamik gewinnende Ansätze zu einem Aufholprozess der wachstumsschwächsten Länder auszumachen, die aber wesentlich durch das geringe Ausgangsniveau des BIP pro Kopf und dessen weiteres

Absinken sowie erst später durch Erfolge bei der Schulbildung von Männern und Frauen sowie steigende Lebenserwartung erzielt werden konnten.

Die gesamte Abweichung vom weltweiten Durchschnittswachstum in E(1-6) wird erklärt durch die Einflussgrößen E(1) bis E(6), deren partielle Einflüsse auf das Wachstum sich aufaddieren, z.B. zu den genannten -1,9 % für 1965 – 1975. Als erklärende Variablen werden aufgeführt:

- E(1), die staatlichen Ausgaben für Bildung pro Schuljahr in % des realen BIP, die einen Indikator für die Qualität der Arbeitnehmer darstellen und somit einen positiven Einfluss auf die Wachstumsrate erwarten lassen,
- E(2), die realen (privaten und staatlichen) Bruttoinvestitionen in % des realen BIP, von denen ebenfalls eine wachstumsfördernde Wirkung erwartet wird,
- E(3), die konsumtiven Ausgaben des Staates ohne Berücksichtigung der Ausgaben für Verteidigung und Bildung in % des realen BIP, welche typischerweise für allokative Ineffizienz und somit für geringere Wachstumsraten sorgen,
- E(4), die Schwarzmarktprämie als Aufschlag auf den Wechselkurs bei Schwarzmarktgeschäften, welche als einfach messbarer Indikator für die Unvollkommenheit von Märkten und somit für allokative Ineffizienz dient und folglich wachstumshemmend wirken dürfte,
- E(5), die politische Instabilität des Landes, ausgedrückt als Linearkombination der Zahl der Revolutionen pro Jahr und der politischen Morde pro Million Einwohner, welche dem Verfall der Sicherheit von Verfügungsrechten gleichkommt, was sich wiederum negativ auf die Wachstumsrate auswirkt und zuletzt
- E(6), die Wachstumsrate der „Terms of Trade“, d.h. der exogen vom Weltmarkt bestimmten Relation der Export- zu den Importpreisen, wobei ein positives Wachstum einer Zunahme der Wettbewerbsfähigkeit am Weltmarkt entspricht, der Wachstumseffekt jedoch theoretisch unklar ist.

Die in Tabelle 11 dargestellten partiellen Einflüsse zeigen, dass die schlechte Wachstums-Performance der betrachteten Staaten Sub-Sahara Afrikas für die Jahre 1965 – 1975 (-1,9 %) im Wesentlichen verursacht wird – bzw. erklärt werden kann – durch den hohen Anteil konsumtiver anstelle von investiver Staatsausgaben (-1,0 %); hinzu kommen die insgesamt zu geringen Investitionen

(-0,3 %), die geringen staatlichen Bildungsausgaben (-0,2 %) sowie in gewissem Umfang Marktversagen (-0,2 %). In der zweiten Dekade (1975 – 1985) verstärkt sich die Wachstumsschwäche (-2,7 %), wobei die negativen Einflüsse der geringen Bildungsausgaben (-0,2 %) und der geringen Investitionen (-0,3 %) const. bleiben und sich die wachstumshemmende Wirkung der verfehlten staatlichen Ausgabenpolitik mit -0,9 % sogar geringfügig verbessert. Massiv tritt jedoch das Problem des Marktversagens aufgrund von politischen Eingriffen in das Wirtschaftsgeschehen auf, das anhand der Schwarzmarktprämie (-1,4 %) zum Ausdruck kommt. Zudem wird die politische Instabilität der Länder zum Wachstumshemmnis (-0,3 %). In der letzten Dekade (1985 – 1995) gelingt schließlich ein Rückgang des Wachstumsdefizits auf -1,4 %, der sich insbesondere auf die Abnahme allokativer Verzerrungen infolge staatlicher Markteingriffe (-0,8 %) zurückführen lässt. Dem entgegen steht jedoch ein weiterer geringfügiger Anstieg der negativen Auswirkungen der politischen Instabilität (-0,4 %). Als durchgehend irrelevant erweist sich der „Terms of Trade"-Indikator.

Zusammengefasst erklären Barro/Sala-i-Martin die Wachstumsschwäche der Entwicklungsländer, am Beispiel der Staaten Sub-Sahara Afrikas, zum einen damit, dass die geringe Schulbildung und die kurze Lebenserwartung die Wachstumspotenziale zur Aufholung des geringen Lebensstandards zu lange konterkarierten. Angezeigt sind daher Initiativen zum Ausbau der Schulbildung von Frauen und Männern, um Humankapital zu akkumulieren, sowie zur Steigerung der Lebenserwartung, v.a. durch ausreichende medizinische Versorgung. Zum anderen identifizieren die Autoren als Wachstumshemmnisse die verfehlte Ausgabenpolitik der Staaten, das Marktversagen aufgrund von Staatseingriffen sowie die Gefahren politischer Instabilität. Als politische Forderungen an die betreffenden Entwicklungsländer lassen sich daraus ableiten: Umstellung der Budgets von konsumtiven auf investive Ausgaben, Garantie von Verfügungsrechten und weitestgehender Rückzug des Staates aus dem operativen Wirtschaftsleben sowie die Garantie der öffentlichen Ordnung und Herstellung von politischer Stabilität und physischer Sicherheit.

Die Europäische Kommission[266] stützt diese Argumentation in ihrem Grünbuch, indem sie folgende Gründe für das extrem schwache Pro-Kopf-Wachstum der AKP-Staaten Sub-Sahara Afrikas angibt: die geringen Investitionen, das immense Bevölkerungswachstum und das Versagen bei der Produktivitätsstei-

---

[266] Siehe KOM 96(570)endg., S. 24.

gerung in Landwirtschaft und Industrie; wobei diese Faktoren wiederum zu einem wesentlichen Teil durch das Versagen des politischen Managements in den betreffenden Ländern zu erklären seien.

5.2.2) Korruption als Entwicklungshemmnis

In den obigen Ausführungen wurde bereits die zentrale Rolle der politischen Entscheidungsträger bei der Garantie von Verfügungsrechten sowie das Funktionieren von Märkten für das Anwachsen des Lebensstandards in Entwicklungsländern deutlich. Mit dem besonderen Aspekt der Korruption befasst sich auch der von der Organisation „Transparency International" jährlich veröffentlichte Corruption Perceptions Index (CPI) zur Messung des von erfahrenen Geschäftspersonen und Länderanalysten wahrgenommenen Ausmaßes an Korruption,[267] der hier zur Vertiefung der Argumentation herangezogen wird. Korruption wird zu diesem Zwecke definiert als „Missbrauch von öffentlicher Macht zu persönlichem Nutzen", beschränkt sich also auf den öffentlichen Sektor, wobei die Bestechung von Amtsträgern bei öffentlichen Ausschreibungen im Vordergrund steht. Eine Unterscheidung zwischen Korruption in Verwaltung bzw. Politik sowie nach der Schwere der Korruption wird jedoch nicht vorgenommen. Tabelle 12 (S. 116) gibt einen Überblick über die Stellung der AKP-Staaten im CPI, wobei den insgesamt 159 Ländern Index-Werte zwischen 10 (frei von wahrgenommener Korruption) und 0 (extrem von Korruption befallen) zugeordnet und die erfassten AKP-Staaten unterstrichen sind.

Die Autoren der Studie weisen insbesondere auf den engen Zusammenhang zwischen Armut und Korruption hin und kommen zu dem Ergebnis, dass gerade die Menschen in den am wenigsten entwickelten Entwicklungsländern durch die Korruption daran gehindert werden, der Armutsfalle nachhaltig zu entkommen. Zum einen führt Korruption dazu, dass die Früchte von Entwicklungshilfe und Wirtschaftswachstum die bedürftigen Menschen nicht erreichen, weil sie durch „Habgier, Verschwendung und Misswirtschaft verloren gehen". Zum anderen werden ausländische Investoren durch Korruption abgeschreckt, was die Chancen für den Ausbau des Kapitalsstocks in den Entwicklungsländern schmälert. Diese Zusammenhänge lassen sich insbesondere auch anhand der AKP-Staaten nachzuvollziehen, da zwei ihrer am wenigsten entwickelten

[267] Siehe *Transparency International* 2005. Für ausführliche Informationen zu den gewählten Methoden der Indexerstellung durch Prof. Dr. Johann Graf Lambsdorff siehe auch *Lambsdorff* 2005.

Rang	Land	CPI 2005	Rang	Land	CPI 2005	Rang	Land	CPI 2005
1	Island	9,7	51	Mauritius	4,2	107	Belarus	2,6
2	Finnland	9,6	55	Bulgarien	4,0		Eritrea	
	Neuseeland			Kolumbien			Honduras	
4	Dänemark	9,5		Fidschi			Kasachstan	
5	Singapur	9,4		Seychellen			Nikaragua	
6	Schweden	9,2	59	Kuba	3,8		Palestina	
7	Schweiz	9,1		Thailand			Ukraine	
8	Norwegen	8,9		Trinidad u. Tobago			Vietnam	
9	Australien	8,8	62	Belize	3,7		Sambia	
10	Österreich	8,7		Brasilien			Simbabwe	
11	Niederlande	8,6	64	Jamaika	3,6	117	Afghanistan	2,5
	UK		65	Ghana	3,5		Bolivien	
13	Luxemburg	8,5		Mexiko			Ecuador	
14	Kanada	8,4		Panama			Guatemala	
15	Hongkong	8,3		Peru			Guyana	
16	Deutschland	8,2		Türkei			Libyen	
17	USA	7,6	70	Burkina Faso	3,4		Nepal	
18	Frankreich	7,5		Kroatien			Philippinen	
19	Belgien	7,4		Ägypten			Uganda	
	Irland			Lesotho		126	Albanien	2,4
21	Chile	7,3		Polen			Niger	
	Japan			Saudi Arabien			Rußland	
23	Spanien	7,0		Syrien			Sierra Leone	
24	Barbados	6,9	77	Laos	3,3	130	Burundi	2,3
25	Malta	6,6	78	China	3,2		Kambodscha	
26	Portugal	6,5		Marokko			Kongo Brazzaville	
27	Estland	6,4		Senegal			Georgien	
28	Israel	6,3		Sri Lanka			Kirgisien	
	Oman			Surinam			Papua Neuguinea	
30	Ver. Arab. Em.	6,2	83	Libanon	3,1		Venezuela	
31	Slowenien	6,1		Ruanda		137	Aserbaidschan	2,2
32	Botswana	5,9	85	Dominik. Republik	3,0		Kamerun	
	Katar			Mongolei			Äthiopien	
	Taiwan			Rumänien			Indonesien	
	Uruguay		88	Armenien	2,9		Irak	
36	Bahrain	5,8		Benin			Liberien	
37	Zypern	5,7		Bosn.-Herzegowina			Usbekistan	
	Jordanien			Gabun		144	Kongo Dem. Rep.	2,1
39	Malaysia	5,1		Indien			Kenia	
40	Ungarn	5,0		Iran			Pakistan	
	Italien			Mali			Paraguay	
	Südkorea			Moldawien			Somalia	
43	Tunesien	4,9		Tansania			Sudan	
44	Litauen	4,8	97	Algerien	2,8		Tadschikistan	
45	Kuwait	4,7		Argentinien		151	Angola	2,0
46	Südafrika	4,5		Madagaskar		152	Elfenbeinküste	1,9
47	Tschechien	4,3		Malawi			Äquatorialguinea	
	Griechenland			Mosambik			Nigeria	
	Namibia			Serbien Montenegro		155	Haiti	1,8
	Slowakei		103	Gambia	2,7		Myanmar	
51	Costa Rica	4,2		Mazedonien			Turkmenistan	
	El Salvador			Swasiland		158	Bangladesch	1,7
	Lettland			Jemen			Tschad	

Quelle: Transparency International 2005, S. 6ff. Alle Länder sind der Quelle folgend in deutscher Sprache aufgeführt.

Tabelle 12: Der Korruptionsindex 2005.

zugleich zu den aktuell am stärksten von Korruption betroffenen Staaten gehören: der Tschad (1,7) und Haiti (1,8).[268] In Ermangelung von Daten zur Entwicklung von Armut und Ungleichverteilung in diesen beiden Ländern (vgl. Tab. 7) kann hier nur der Bezug zur Entwicklung des durchschnittlichen Lebensstandards der Bevölkerung, ausgedrückt als jahresdurchschnittliche Wachstumsrate des BNE pro Kopf (vgl. Tab. 5) herangezogen werden. Das Bild ist hierbei uneinheitlich, da der Tschad zuletzt eine positives Wachstum von 4,3 %, Haiti hingegen einen Rückgang um (-)1,8 % zu verzeichnen hat. Bei der Interpretation dieser Daten sei jedoch auf die in Kap. 5.2.1 thematisierte Niveau- und Humankapitalbestands-Abhängigkeit des Lebensstandard-Wachstums verwiesen.

Darüber hinaus beinhaltet der Korruptionsindex 2005 auch positive Nachrichten, wie z.B. die Platzierung der nicht zu den am wenigsten entwickelten AKP-Staaten zählenden Barbados und Botswana, die immerhin deutlich oberhalb des EU-Gründungsmitglieds Italien rangieren. Andererseits erreicht keiner der anderen AKP-Staaten Werte oberhalb von 5 Punkten, immerhin 31 der 48 betrachteten AKP-Staaten erzielen CPI-Werte unterhalb von 3 Punkten, was die Autoren der Studie als „schwerwiegendes Korruptionsproblem“ bezeichnen. Zudem ist in den AKP-Staaten Gabun, Papua Neuguinea, Seychellen, Surinam und Trinidad und Tobago die wahrgenommene Korruption von 2004 nach 2005 weiter angestiegen, wohingegen sich keiner der AKP-Staaten deutlich verbessern konnte.

Insgesamt ist das Problem der Korruption, von lobenswerten Ausnahmen abgesehen, in den AKP-Staaten virulent und tendenziell auf dem Vormarsch. Von dem theoretisch fundierten negativen Zusammenhang von Armut und Korruption ist auch hier auszugehen, wenngleich die beschränkte Datenlage keine expliziten Aussagen zulässt. Politisch leitet sich daraus ein eindeutiger Auftrag zur Bekämpfung der Korruption ab.

---

[268] Folgende AKP-Staaten werden zusätzlich in den CPI aufgenommen, sobald ein weiterer Datensatz zur Verfügung steht: Antigua und Barbuda, die Bahamas, Dominika, Grenada, Guinea, Guinea-Bissau, Mauretanien, Timor-Leste, Togo und die Zentralafrikanische Republik (vgl. *Transparency International* 2005, S. 13). Dann wird der CPI für den Untersuchungsgegenstand dieser Arbeit noch aussagekräftiger.

5.2.3) Die Bedeutung der wirtschaftlichen Freiheit

Einen anderen Ansatz zur Erklärung des mangelnden Anstiegs des Lebensstandards in den Entwicklungsländern verfolgen die verschiedenen Indikatoren der wirtschaftlichen Freiheit. Im Folgenden werden die Erkenntnisse aus den jeweils aktuellen Indizes „Economic Freedom of the World“[269] mit Stand 2003 und „Index of Economic Freedom“[270] mit Stand 2005 herangezogen.

Für das Fraser Institute, den Herausgeber des Index „Economic Freedom of the World“, besteht wirtschaftliche Freiheit aus den vier Komponenten individuelle Wahlfreiheit anstelle kollektiver Entscheidungen, Freiwilligkeit der Wirtschaftsbeziehungen, Freiheit des Wettbewerbs und Sicherheit individueller privater Verfügungsrechte. Auf diese Kriterien hin untersucht werden in allen Ländern die fünf Bereiche (1) Einfluss der Regierung anstelle von Märkten auf die Ressourcenallokation[271], (2) Rechtssystem und Schutz von Verfügungsrechten als Voraussetzung für das Funktionieren von Märkten, (3) freier Zugang zu wertstabilem Geld,[272] (4) Freiheit zu internationalem Handel und (5) Freiheit von Regulierung auf Kredit-, Arbeits- und Gütermärkten. Aggregiert über diese fünf Bereiche wird den betrachteten Ländern ein Indexwert zwischen 10 (vollkommene wirtschaftliche Freiheit) und 0 (vollkommene wirtschaftliche Unfreiheit) zugewiesen.

Die Heritage Foundation, Herausgeber des „Index of Economic Freedom“, legt eine invertierte Skala an und vergibt maximal 5 Punkte für maximale wirtschaftliche Unfreiheit. Hierzu gruppiert sie insgesamt 50 Indikatoren zu den zehn Kategorien der wirtschaftlichen Freiheit und aggregiert darüber: (1) Handelspolitik, (2) Steuerlast, (3) Staatseingriffe auf Märkten, (4) Geldpolitik, (5) Kapitalströme und ausländische Direktinvestitionen, (6) Banken und Finanzwesen, (7) Löhne und Preise, (8) Garantie von Verfügungsrechten, (9) Regulierung und (10) Schwarzmarktaktivität. Im Wesentlichen stimmen die Kriterien zur Messung der wirtschaftlichen Freiheit also überein, die Indizes unterscheiden sich jedoch in der Methodik sowie in der Gewichtung einzelner Aspekte.

---

[269] Siehe *Gwartney et al.* 2005 mit dem Index „Economic Freedom of the World“ des Fraser Institute (www.freetheworld.com), bei dem 40 von 127 gelisteten Ländern AKP-Staaten sind.

[270] Siehe *Miles et al.* 2005 mit dem „Index of Economic Freedom“ der Heritage Foundation (www.heritage.org), bei dem 47 der 155 Länder AKP-Staaten sind.

[271] Relevant sind hier die Höhe der Staatsausgaben relativ zum BIP, die Staatsquote, der Anteil der staatlich dominierten Unternehmen an der Wirtschaft sowie der Spitzensteuersatz und das zugehörige Mindesteinkommen.

[272] Im Vordergrund stehen als unabhängige geldpolitische Institutionen, die eine langfristige Preisniveaustabilität und den freien Zugang der Wirtschaftssubjekte zu Finanzmitteln garantieren.

AKP-Staaten (ohne am wenigsten entwickelte)	Economic Freedom of the World (2003)		Index of Economic Freedom (2005)		AKP-Staaten (am wenigsten entwickelte)	Economic Freedom of the World (2003)		Index of Economic Freedom (2005)	
	Wert	Rang (AKP intern)	Wert	Rang (AKP intern)		Wert	Rang (AKP intern)	Wert	Rang (AKP intern)
Antigua, Bar.	-	-	-	-	Angola	-	-	-	-
Bahamas	6,7	50 (7)	2,25	25 (1)	Benin	5,5	103 (25)	3,63	128 (37)
Barbados	6,1	78 (16)	2,35	32 (2)	Burkina Faso	-	-	3,28	93 (18)
Belize	6,6	54 (9)	2,66	47 (5)	Burundi	4,5	122 (37)	-	-
Botswana	7,2	30 (1)	2,44	37 (3)	Cape Verde	-	-	2,84	62 (9)
Cameroon	5,6	98 (22)	3,60	126 (36)	Central African Rep.	4,9	118 (34)	3,51	117 (31)
Congo (Braz.)	4,8	120 (36)	3,80	136 (42)	Chad	5,4	110 (29)	3,38	103 (26)
Cook Islands	-	-	-	-	Comoros	-	-	-	-
Côte d'Ivoire	5,5	103 (25)	3,26	92 (17)	Congo, Dem. Republic	4,3	124 (39)	-	-
Dominica	-	-	-	-	Djibuti	-	-	3,30	98 (22)
Dom. Rep.	6,3	70 (13)	3,54	121 (34)	Equ. Guinea	-	-	3,35	118 (32)
Fiji	6,1	78 (16)	3,28	93 (18)	Eritrea	-	-	-	-
Gabon	5,0	118 (34)	3,40	106 (27)	Ethiopia	-	-	3,73	133 (40)
Ghana	6,2	76 (15)	3,30	98 (22)	Gambia	-	-	3,40	106 (27)
Grenada	-	-	-	-	Guinea	-	-	3,28	93 (18)
Guyana	6,4	66 (12)	3,08	79 (14)	Guinea-Bissau	4,5	122 (37)	3,35	138 (43)
Jamaica	6,9	38 (3)	2,81	60 (8)	Haiti	5,9	88 (18)	4,04	145 (46)
Kenya	6,5	59 (10)	3,28	93 (18)	Kiribati	-	-	-	-
Marshall Isl.	-	-	-	-	Lesotoho	-	-	3,36	102 (25)
Mauritius	7,0	35 (2)	2,90	65 (10)	Liberia	-	-	-	-
Micronesia	-	-	-	-	Madagascar	5,9	88 (18)	2,68	48 (6)
Namibia	6,8	44 (5)	3,10	81 (15)	Malawi	5,5	103 (25)	3,65	129 (38)
Nauru	-	-	-	-	Mali	5,6	98 (23)	3,18	85 (16)
Nigeria	5,9	88 (18)	3,95	141 (45)	Mauritania	-	-	2,93	67 (11)
Niue	-	-	-	-	Mozambique	5,5	103 (25)	3,34	100 (24)
Palau Islands	-	-	-	-	Niger	5,3	112 (31)	3,53	118 (32)
Papua New Guinea	5,6	98 (23)	-	-	Rwanda	5,1	115 (32)	3,54	121 (34)
St. Kitts and Nevis	-	-	-	-	Salomon Islands	-	-	-	-
St. Lucia	-	-	-	-	Samoa	-	-	-	-
St. Vincent a. Grenadines	-	-	-	-	Sao Tome and Principe	-	-	-	-
Senegal	5,8	94 (21)	2,99	72 (12)	Sierra Leone	5,4	110 (29)	3,78	135 (41)
Seychelles	-	-	-	-	Somalia	-	-	-	-
South Africa	6,9	38 (4)	2,78	56 (7)	Sudan	-	-	-	-
Suriname	-	-	3,93	140 (44)	Tansania	6,3	70 (13)	3,41	109 (30)
Swaziland	-	-	-	-	Tomor-Leste	-	-	-	-
Timor Tonga	-	-	-	-	Togo	5,1	115 (32)	3,68	131 (39)
Trinidad & Tobago	6,8	44 (5)	2,49	40 (4)	Tuvalu	-	-	-	-
Zimbabwe	3,3	126 (40)	4,36	151 (47)	Uganda	6,5	59 (10)	3,0	74 (13)
Identische Rangziffern ergeben sich aus identischen Punktwerten.					Vanuatu	-	-	-	-
					Zambia	6,7	50 (8)	3,40	106 (27)

-) Für diese Felder liegen keine Daten vor.

Quelle: Gwartney et al. 2005 und Miles et al. 2005.

Tabelle 13: Indikatoren der wirtschaftlichen Freiheit.

Den Indizes liegt gemeinsam eine Erkenntnis zugrunde, welche bereits in der eingangs behandelten Studie deutlich wurde: Es gibt einen stabilen positiven[273] Zusammenhang zwischen dem Grad der wirtschaftlichen Freiheit und dem Lebensstandard der Menschen bzw. dessen Entwicklung. So zeigen die Daten des „Economic Freedom of the World“, dass die Staaten im oberen Quintil der wirtschaftlichen Freiheit mehr als das zehnfache Pro-Kopf-Einkommen, mehr als das vierfache Wachstum des BIP pro Kopf und weniger als die halbe Arbeitslosenquote als die diejenigen im unteren Quintil aufweisen.[274]

Gerade für die AKP-Staaten zeigen die Indikatoren schlechte Werte für die wirtschaftliche Freiheit, was deren Defizite im Lebensstandard erklären kann. Tabelle 13 gibt einen Überblick über die erreichten Punktwerte und Rangziffern[275], wobei die fett gedruckten Länder die jeweiligen Spitzenreiter kennzeichnen. Dies sind zum einen Botswana und Mauritius, zum anderen die Bahamas und Barbados. Betrachtet man jedoch nur Sub-Sahara Afrika, so ist Botswana in beiden Indizes bestplatziert. Hierzu passt, dass Botswana zuletzt einen bemerkenswerten Anstieg des individuellen Lebensstandards von 4,0 % verzeichnen konnte (vgl. Tab. 4). Bei genauerem Hinsehen ergibt sich jedoch auch, dass Botswana sein gutes Abschneiden im Wesentlichen seinem hervorragenden ersten Platz bei der Kreditmarktregulierung zu verdanken hat, trotzdem aber unter einer überbordenden Staatsgröße leidet.

Der einheitlich am schlechtesten platzierte AKP-Staat Zimbabwe weist hingegen in allen Bereichen schlechte bis sehr schlechte Platzierungen auf und hat – ausweislich des erstgenannten Index – im Langzeitvergleich seit 1985 als einziger AKP-Staat sogar einen Rückgang an wirtschaftlicher Freiheit zu verzeichnen. Dementsprechend sank der Lebensstandard in Zimbabwe zuletzt auch dramatisch um 6,7 % (vgl. Tab. 4). Andere afrikanische AKP-Staaten wie Ghana, Sambia, Tansania und Uganda weisen hingegen deutliche Fortschritte auf.

---

[273] Der „Index of Economic Freedom“ stellt sogar einen progressiven Zusammenhang her: Bezogen auf 2003 ergibt das BIP pro Kopf in Kaufkraftparitäten geplottet gegen die Zunahme der wirtschaftlichen Freiheit, d.h. die Abnahme des Index-Wertes zwischen 5 und 0, einen quadratischen, parabolisch steigenden Trend. Siehe *Miles et al.* 2005, S. 18.

[274] Bzgl. des Lebensstandards bedeutet dies konkret 25.062 $ für das obere Quintil versus 2.409 $ für das untere Quintil, jeweils gemessen als BIP pro Kopf in Kaufkraftparitäten bei const. internationalen Preisen des Jahres 2000, bezogen auf das Jahr 2003. Bei der jahresdurchschnittlichen Wachstumsrate des realen BIP pro Kopf für die Jahre 1994 – 2003 stehen 2,5 % im oberen Quintil den 0,6 % im unteren Quintil gegenüber. Die Staaten im unteren Quintil der wirtschaftlichen Freiheit weisen in den Jahren 2000 – 2002 durchschnittlich eine Arbeitslosenquote von 13 % auf, diejenigen im oberen Quintil lediglich von 5,2%. Siehe *Gwartney et al.* 2005, S. 21f.

[275] In Klammern ist dabei jeweils angegeben, welcher Rang innerhalb der betrachteten AKP-Staaten eingenommen wird. Dabei ergeben sich zwischen den Indizes zum Teil deutliche Unterschiede, was auf die konzeptionellen Unterschiede zurückzuführen ist.

Diese Erfolge gründen jedoch auf desolaten Ausgangssituationen, so dass Sub-Sahara Afrika noch heute zu den wirtschaftlich unfreisten - und am wenigsten entwickelten - Regionen dieser Welt gehört.

Als Fazit für die AKP-Staaten bzw. die Entwicklungszusammenarbeit lässt sich - ohne die theoretische Gefahr der Fehlinterpretation einer Korrelation als Kausalität gänzlich ausschließen zu können - ziehen, dass die Regierungen der AKP-Staaten für mehr wirtschaftliche Freiheit sorgen müssen, wenn sie den Lebensstandard ihrer Bevölkerungen heben wollen. Geschieht dies nicht freiwillig, muss die EU als Entwicklungspartner stärker auf einen Rückzug des Staates aus allen Bereichen der Wirtschaft hinwirken.

5.2.4) Politisches Management und Entwicklung

Die beiden letzten Kapitel ergaben bereits Zusammenhänge zwischen dem Verhalten der politisch Verantwortlichen und der Entwicklung der Lebensbedingungen in den AKP-Staaten. Als Entwicklungshemmnisse wurden hierbei konkret die Korruption im öffentlichen Sektor bzw. lähmende Staatseingriffe in die Wirtschaft identifiziert. Im Folgenden wird mit dem Bertelsmann Transformation Index[276] ein noch breiter angelegter Indikator in die Analyse aufgenommen, der neben Wirtschaftsdaten und politischen Institutionen auch das konkrete Verhalten der Entscheidungsträger berücksichtigt. Es wird also ein Zusammenhang hergestellt zwischen dem politischen Management in Entwicklungsländern - der „governance“ - und den daraus resultierenden Entwicklungserfolgen.

Zu diesem Zweck unterscheidet der Bertelsmann Transformation Index zwischen dem Status-Index[277], der den Stand der Transformation der betrachteten Volkswirtschaft zur marktwirtschaftlichen Demokratie angibt, und dem Management-Index[278], der die politische Gestaltungsleistung auf dem Weg zur marktwirtschaftlichen Demokratie messbar und somit das „good governance“-

---

[276] Zum Bertelsmann Transformation Index 2006 siehe *Bertelsmann Stiftung* 2005; vgl. auch *Schmidt* 2004.

[277] Der Status-Index setzt sich wiederum zusammen aus den Entwicklungsbereichen Demokratie (umfasst die Staatlichkeit, politische Partizipation, Rechtsstaatlichkeit, Stabilität demokratischer Strukturen sowie die politische und gesellschaftliche Integration im Sinne funktionierender Repräsentation und Bürgerkultur) und Marktwirtschaft (umfasst die Beteiligung der Bevölkerung an der ökonomischen Entwicklung, die Markt- und Wettbewerbsordnung, die Währungs- und Preisstabilität, den Schutz von Privateigentum, die Sozialordnung, die Leistungsstärke der Volkswirtschaft und die Nachhaltigkeit des Wirtschaftswachstums).

[278] Der Management-Index beschreibt anhand der Kriterien Gestaltungsfähigkeit, Ressourceneffizienz, gesellschaftliche Konsensbildung über die Reformziele und internationale Zusammenarbeit, wie konsequent und zielsicher die Entscheidungsträger Reformen in Richtung Demokratie und Marktwirtschaft durchgeführt haben.

AKP-Staaten (ohne am wenigsten entwickelte)	Status-Index 2006		Management-Index 2006		AKP-Staaten (am wenigsten entwickelte)	Status-Index 2006		Management-Index 2006	
	Wert	Rang (AKP intern)	Wert	Rang (AKP intern)		Wert	Rang (AKP intern)	Wert	Rang (AKP intern)
Antigua, Bar.	-	-	-	-	Angola	3,41	104 (30)	3,57	93 (28)
Bahamas	-	-	-	-	Benin	6,26	44 (10)	5,68	38 (14)
Barbados	-	-	-	-	Burkina Faso	5,34	69 (19)	4,42	73 (22)
Belize	-	-	-	-	Burundi	3,58	101 (29)	2,77	106 (33)
Botswana	7,98	16 (2)	7,44	3 (2)	Cape Verde	-	-	-	-
Cameroon	4,31	89 (24)	3,26	99 (30)	Central African Rep.	3,23	108 (33)	3,90	84 (25)
Congo (Brazzaville)	-	-	-	-	Chad	3,86	97 (27)	3,24	100 (31)
Cook Islands	-	-	-	-	Comoros	-	-	-	-
Côte d'Ivoire	3,14	111 (35)	1,83	116 (38)	Congo, Dem. Republic	2,62	117 (38)	2,47	109 (34)
Dominica	-	-	-	-	Djibuti	-	-	-	-
Dom. Rep.	6,36	42 (9)	5,28	50 (18)	Equ. Guinea	-	-	-	-
Fiji	-	-	-	-	Eritrea	2,94	113 (36)	2,18	111 (36)
Gabon	-	-	-	-	Ethiopia	4,19	92 (26)	4,12	83 (24)
Ghana	6,99	31 (6)	6,76	18 (5)	Gambia	-	-	-	-
Grenada	-	-	-	-	Guinea	4,20	91 (25)	3,84	87 (26)
Guyana	-	-	-	-	Guinea-Bissau	-	-	-	-
Jamaica	7,58	21 (4)	6,02	31 (10)	Haiti	3,28	107 (32)	2,84	105 (32)
Kenya	5,78	60 (15)	4,53	69 (20)	Kiribati	-	-	-	-
Marshall Islands	-	-	-	-	Lesotoho	-	-	-	-
Mauritius	8,17	15 (1)	7,57	1 (1)	Liberia	2,79	114 (37)	3,62	92 (27)
Micronesia	-	-	-	-	Madagascar	6,45	40 (8)	6,31	25 (7)
Namibia	7,15	26 (5)	5,98	32 (11)	Malawi	4,89	77 (22)	4,73	63 (19)
Nauru	-	-			Mali	6,10	48 (11)	6,44	22 (6)
Nigeria	5,38	67 (17)	5,33	45 (17)	Mauritania	-	-	-	-
Niue	-	-	-	-	Mozambique	6,01	55 (13)	6,05	29 (9)
Palau Islands	-	-	-	-	Niger	5,36	68 (18)	6,13	28 (8)
Papua New Guinea	5,14	73 (21)	4,18	79 (23)	Rwanda	4,60	80 (23)	4,44	72 (21)
St. Kitts and Nevis	-	-	-	-	Salomon Islands	-	-	-	-
St. Lucia	-	-	-	-	Samoa	-	-	-	-
St. Vincent a. Grenadines	-	-	-	-	Sao Tome and Principe	-	-	-	-
Senegal	6,64	35 (7)	6,77	17 (4)	Sierra Leone	5,27	70 (20)	5,73	37 (13)
Seychelles	-	-	-	-	Somalia	1,36	119 (39)	1,55	118 (39)
South Africa	7,98	16 (2)	6,93	11 (3)	Sudan	3,17	110 (34)	3,43	98 (29)
Suriname	-	-	-	-	Tansania	5,65	63 (16)	5,92	34 (12)
Swaziland	-	-	-	-	Tomor-Leste	-	-	-	-
Timor Tonga	-	-	-	-	Togo	3,82	98 (28)	2,28	110 (35)
Trinidad and Tobago	-	-	-	-	Tuvalu	-	-	-	-
Zimbabwe	3,38	105 (31)	2,00	114 (37)	Uganda	5,82	59 (14)	5,55	41 (15)
					Vanuatu	-	-	-	-
					Zambia	6,07	51 (12)	5,52	43 (16)

-) Für diese Felder liegen keine Daten vor.

Quelle: Bertelsmann Stiftung 2005.

Tabelle 14: Der Bertelsmann Transformation Index 2006.

Kriterium der Entwicklungspolitik operationalisierbar macht. Demokratie und Marktwirtschaft mit sozialer Prägung werden dabei als allen anderen politischen und wirtschaftlichen Systemen überlegen angesehen und somit als normatives Ziel gesetzt. Beide Teil-Indizes basieren auf qualitativen Experteneinschätzungen. Aggregiert aus den Einzelkriterien, werden den betrachteten Ländern jeweils Punkte zwischen einem (am schlechtesten) und zehn (am besten) zugeordnet.

Die zentrale Erkenntnis für die Entwicklungspolitik bringen die Autoren des Index mit den Worten zum Ausdruck, dass „Entwicklungsfortschritte nicht nur glücklichen Umständen oder ausländischer Hilfe zu verdanken sind, sondern vor allem auf der Reformfähigkeit der politischen Akteure basieren. Gute Gestaltungsleistungen setzen keine hoch entwickelte marktwirtschaftliche Demokratie voraus, sondern sind auch unter schwierigen wirtschaftlichen und politischen Rahmenbedingungen möglich. Die externen Unterstützer von Transformationsprozessen sollten deshalb Anreizsysteme schaffen, die vorrangig Good Governance fördern. Über Notfall- und Katastrophenhilfe hinaus sollten noch stärker solche Länder in den Mittelpunkt [...] gestellt werden, die aus eigenem Antrieb einen Reformkurs einschlagen und diesen durch gute Regierungsführung untermauern“, da hier die Unterstützung von außen verstärkend wirken könne.[279]

Bezogen auf die AKP-Staaten ergibt sich aus Tabelle 14 (S. 122) wiederum ein differenziertes Bild. Zum einen erreichen Mauritius und Botswana in beiden Teil-Indizes die besten Platzierungen unter den AKP-Staaten, wobei dies im Management-Index sogar absoluten Spitzenplätzen entspricht. Der Senegal, Ghana, Madagaskar und der Niger weisen zum Teil beeindruckende Positionsverbesserungen im politischen Management auf. Zudem versprechen Südafrika und Nigeria mit ihren Erfolgen im Transformationsmanagement als „regionale Ankerstaaten“ [280] zu Zugpferden der Entwicklung Afrikas zu werden. Andererseits geben einige AKP-Staaten bzgl. des Standes der politischen Transformation Anlass zur Sorge. So verzeichnet die Studie bei der Elfenbeinküste und Kamerun einen Rückfall in autokratische Verhältnisse, in der Demokratischen Republik Kongo, Eritrea, Haiti und Simbabwe größere Rückschritte, in Liberia, Ruanda und der Zentralafrikanischen Republik immerhin Rückschritte im Transformationsprozess. Somalia verharrt in bedenklicher Verfassung und be-

---

279 Siehe *Bertelsmann Stiftung* 2005, S. 9.
280 Siehe *ebenda*.

legt jeweils den letzten Platz, Simbabwe bestätigt den oben gewonnenen negativen Eindruck mit den schlechten Platzierungen in beiden Teil-Indizes.

Beim Transformationsprozess hin zu marktwirtschaftlichen Demokratien bieten die AKP-Staaten somit Beispiele für Erfolgs- wie auch für Misserfolgsgeschichten. Dennoch, oder gerade deshalb, fällt das Fazit aus dem Bertelsmann Transformation Index 2006 eindeutig aus: Echte Verbesserungen in den Lebensbedingungen der Menschen lassen sich dann und nur dann erzielen, wenn die politischen Eliten in den Entwicklungsländern willens und in der Lage sind, demokratische und ökonomische Reformen durchzusetzen. Liegen diese Voraussetzungen nicht vor, so erscheinen entwicklungspolitische Anstrengungen von Außen, wie z.B. von der EU, zum Scheitern verurteilt zu sein.

5.3) Reformen zur Effizienzsteigerung in der AKP-Zusammenarbeit

Die Ausführungen des vorangegangenen Kapitels begründen die nach wie vor vorhandenen Defizite der meisten AKP-Staaten bzgl. Wachstum und Entwicklung, und damit die mangelnde Effektivität der Entwicklungszusammenarbeit, mit Defiziten im politischen Management des Transformationsprozesses, bei den Investitionen und in der gesellschaftlichen Entwicklung. Auf Grundlage dieser Erkenntnisse werden nunmehr - vorhandene und zusätzliche - Maßnahmen erörtert, welche die Effizienz der Hilfe steigern können. Gelingt dies, kann bei gleichem Ressourceneinsatz ein besseres Entwicklungsergebnis erzielt, gleichsam die Effektivität gesteigert werden. Zu Beginn sollte jedoch betont werden, dass von einer (Rück-)Verlagerung der Entwicklungspolitik auf die rein nationale Ebene keine Wohlfahrtsgewinne zu erwarten sind, da es sich um ein zentrales öffentliches Gut handelt, das somit aufgrund von Größen- und Verbundvorteilen auf der zentralen Ebene besser und günstiger bereitgestellt werden kann als rein dezentral. Im Gegenzug ist eine vollständige Vergemeinschaftung v.a. aus historischen Gründen nicht zu erwarten.

5.3.1) Anpassungen im Bereich „good governance"

Es ist zunächst unmittelbar einsichtig, dass es zur Durchführung nachhaltiger entwicklungspolitischer Maßnahmen eines stabilen, handlungsfähigen und glaubwürdigen institutionellen Rahmens in den AKP-Staaten bedarf. Die Kommission beschreibt die bisherige Realität allerdings als geprägt von „little institutional capacity and ineffectual public administration with the result that partnership is limited to day-to-day resource management."[281] Es ist also unverzichtbar, dass die AKP-Staaten mit finanzieller, technischer und logistischer Unterstützung durch die Gemeinschaft die für eine effiziente Mittelverwendung notwendigen Strukturen schaffen und sich die Entwicklungszusammenarbeit bis dahin auf das vor Ort Machbare beschränkt. Die Strukturfrage wird dabei umso wichtiger, wenn die Integrität und Handlungsfähigkeit von AKP-Staaten aufgrund von Krisen oder kriegerischen Auseinandersetzung nicht mehr gewährleistet ist. Initiativen wie Statebuilding-Projekte nach schweren Staatskrisen[282] oder die Friedensfazilität für Afrika[283], die der Prävention bzw. Beendigung von Krieg oder Konflikten dienen (vgl. Art. 11 (Cotonou)), sind daher als grundsätzlich wichtig und richtig anzusehen.

Über diese organisatorischen Fragen hinaus, müssen bei den Bemühungen um eine größere Effizienz der Entwicklungszusammenarbeit allerdings die rechtlichen Institutionen sowie das politische Management des Transformationsprozesses im Vordergrund stehen. Die wichtigste Aufgabe des Staates besteht demnach darin, einen sicheren Rahmen für alle politischen und wirtschaftlichen Aktivitäten zu schaffen, indem Verfügungsrechte, politische Stabilität und öffentliche Sicherheit garantiert und politische Korruption wirksam bekämpft werden. Über die Garantie einer Wettbewerbsordnung hinaus sollte sich der Staat jedoch zur wirtschaftlichen Freiheit bekennen und möglichst wenig durch Regulierung oder öffentliche Unternehmen in die Wirtschaft einmischen. Die politischen Entscheidungsträger müssen vielmehr den Mut aufbringen, Reformen für mehr Demokratie und Marktwirtschaft auf den Weg zu bringen, um Entwicklungschancen zu nutzen.

Damit rückt automatisch die „good governance"-Klausel, die mit dem Cotonou-Abkommen zum fundamentalen Element der Partnerschaft wurde (Art. 9 III (Cotonou)), ins Zentrum des Interesses. Neben der Katastrophenvorsorge ist „good governance" die entscheidende Basis für eine nachhaltige Entwicklung.[284] Betrachtet man jedoch die Definition in Art. 9 III sowie die zurückhaltende Suspendierungsregelung in Art. 97 (Cotonou) näher, so fällt das Bekenntnis zur Achtung bzw. Bekämpfung von Korruption eher schwach aus. Eine Verpflich-

[281] Siehe KOM 96(570)endg., S. iv und 12.
[282] Siehe die Fallstudie von *Wainwright/Harris* 2005 über die erfolgreichen – allerdings australischen – Bemühungen seit 2003 zur Wiederherstellung der öffentlichen Ordnung auf den Salomonen, die durch Korruption und Bandenkonflikte an den Rand ihrer Existenz als (Insel-)Staat gebracht wurden.
[283] Für eine nähere Beschreibung siehe *o.A.* 2005b.
[284] Vgl. z.B. *Bundesministerium für wirtschaftliche Zusammenarbeit und Entwicklung* 2005, S. XVI.

tung der politischen Entscheidungsträger zur engagierten Durchführung von Reformen hin zu Demokratie und Marktwirtschaft sowie zur Herstellung und Bewahrung von wirtschaftlicher Freiheit kann allenfalls implizit aus dem Gebot der verantwortungsbewussten Verwaltung herausgelesen werden. Daher erscheint es dem Autor notwendig und sinnvoll, das Kriterium der „good governance" explizit bzgl. dieser drei Verpflichtungen zu verschärfen bzw. zu ergänzen.

Diese Erweiterung des „good governance"-Begriffs kommt jedoch erst dann zum Tragen, so die Erkenntnis aus dem Bertelsmann Transformation Index, wenn sie mit einem über Art. 33 (Cotonou) hinausgehenden einem Anreizsystem verbunden wird. Viel wichtiger als eine Vertiefung der bisherigen Differenzierung der Hilfe nach Entwicklungsstand[285] und geographischen Besonderheiten oder die Einführung von Vorschriften mit oder ohne Strafen bei Zuwiderhandlung sind daher diejenigen Ansätze, die im Bereich der leistungsbezogenen Mittelvergabe (vgl. Kap. 3.3.3.5 bzw. Art. 3 I lit. b) (Cotonou Anhang IV)) zu erkennen sind. Neben einer dringend notwendigen Krisen- und Notfallhilfe sollten in Zukunft also diejenigen Staaten, deren Regierungen aus eigenem Antrieb Reformen in Richtung Demokratie und soziale Marktwirtschaft vorantreiben, spürbar höhere Fördersätze z.B. für Infrastrukturmaßnahmen als reformunwillige Staaten erhalten. Nur unter dieser Prämisse erscheint auch ein Schuldenerlass für die ärmsten AKP-Staaten sinnvoll, weil dann eine sinnvolle Verwendung der frei gewordenen Ressourcen gewährleistet ist.[286]

Eine derartige Förderung von „Leuchttürmen" könnte wiederum Ausstrahlungswirkung auf Nachbarstaaten erzielen und die in den AKP-Staaten schlummernden Entwicklungspotenziale wecken. Andererseits müsste ein AKP-Staat, der gegen die „good governance"-Bedingungen verstößt, auch im Bereich Korruption nicht mit der Aussetzung des Cotonou-Abkommens „bestraft" werden, was möglicherweise Trotzreaktionen auslöst, sondern würde automatisch durch den Verlust an finanzieller Zuwendung empfindlich getroffen und so wirksam zu Reformen angehalten.[287] Um die Gesamtausgaben für

---

[285] Nunnenkamp stellt auch das Prinzip der Selektivität der Entwicklungshilfe in den Vordergrund, bezieht sich dabei aber nur auf den wirtschaftlichen Entwicklungsstand und die wirtschaftspolitischen Rahmenbedingungen in den Entwicklungsländern. Vgl. *Nunnenkamp* 2004, S. 47f

[286] Vgl. hierzu *Lachmann* 2005, der rein armutsinduzierte Schuldenerlasse wegen der Fehlanreize deutlich kritisiert.

[287] Bei Verstößen gegen die wesentlichen Elemente (Achtung der Menschenrechte, Demokratie und Rechtsstaatlichkeit, Art. 9) erscheint jedoch weiterhin das formale Suspendierungsverfahren nach Art. 96 (Cotonou) erforderlich.

die Entwicklungszusammenarbeit konstant zu halten, könnte und müsste die Basis-Unterstützung deutlich reduziert werden, wodurch Spielraum für die Belohnung von reformerischem Wohlverhalten entsteht. Aus Gründen der Glaubwürdigkeit und somit der Wirksamkeit ist es jedoch auch unerlässlich, sowohl die Belohnung als auch deren Entzug unverzüglich und im Idealfall automatisiert durchzuführen.[288]

5.3.2) Maßnahmen zur Erhöhung der Investitionen

Neben dem politischen Management wurde der Mangel an Investitionen als wesentliches Entwicklungshemmnis identifiziert, denn der Aufbau eines soliden Realkapitalstocks dient als Grundlage für Wirtschaftswachstum und die Steigerung des Lebensstandards. Sachs[289] spricht bezogen auf Afrika sogar von der Notwendigkeit eines „big push" in den öffentlichen Investitionen. Der Hinweis der Weltbank, dass die Verbesserung des Investitionsklimas in nur einem einzigen Land eine Wertschöpfung auslösen kann, welche das Niveau aller weltweit verteilten Entwicklungshilfezahlungen übersteigt, ist dabei sehr illustrativ.[290]

Höhere Investitionen können erreicht werden, indem größere Teile des Staatshaushalts für investive anstelle von konsumtiven Ausgaben genutzt werden. Diese sollten insbesondere in die (Teil-)Finanzierung von privatwirtschaftlich[291] bereitgestellter Verkehrs- und Versorgungs-Infrastruktur als Grundlage für die Entwicklung der Lebensbedingungen und der Privatwirtschaft[292] sowie in die Bildung, d.h. in den Aufbau von Humankapital, fließen. Eine Möglichkeit, dies zu erreichen, ist in zukünftigen AKP-Abkommen Investitionsquoten der Etats festzuschreiben, was aber ebenso wenig praktikabel wie zielführend zu sein scheint. Da es sich im Rahmen der verantwortungsvollen Ressourcennutzung

---

[288] Nunnenkamp weist darauf hin, dass die weltweite Entwicklungshilfe bisher kaum die Durchführung von Reformen durch erhöhte Leistungen belohnt hat. Siehe *Nunnenkamp* 2004, S. 52ff.

[289] Siehe *Sachs et al.* 2004, S. 122, der in einer massiven Kapitalzufuhr durch die befristete Ausweitung der Entwicklungshilfe den Schlüssel zur Überwindung der „Armutsfalle" Sub-Sahara Afrikas sieht.

[290] Siehe *Weltbank* 2005, S. 239.

[291] Die Erfahrung der Weltbank zeigt, dass es vielfach effizienter ist, wenn sich der jeweilige AKP-Staat nur an der privatwirtschaftlichen Bereitstellung von Infrastruktur beteiligt, weil dadurch die Entwicklung der Privatwirtschaft zusätzlich gefördert und deren technisches Wissen genutzt werden kann. Vgl. *Weltbank* 2005, S. 244. Abgestellt werden sollte dadurch auch die Unsitte, dass ein Großteil der Aufträge an Unternehmen aus den Geberländern, nicht aber der AKP-Staaten erteilt wird. Siehe *Europäisches Parlament* A5-0412/2001, S. 10.

[292] Vor diesem Hintergrund sind auch die Fazilitäten der Gemeinschaft in der Wasser- und Energieversorgung im Rahmen der Cotonou-Partnerschaft zu bewerten (vgl. *o.A.* 2005b): Es ist zwar zu begrüßen, dass die AKP-Staaten jeweils die gestaltende Rolle einnehmen, es sollte jedoch verpflichtend verankert werden, dass die AKP-Staaten mit den Geldern aus der Entwicklungszusammenarbeit nur private Initiativen teilfinanzieren.

um eine Komponente der „good governance“ handelt, sollte die EU auch hier zukünftig finanzielle Anreize setzen für diejenigen Staaten, die den investiven Anteil an den Staatsausgaben ausweiten.

Zum anderen müssen die höheren Investitionen aus dem privaten Sektor kommen, innerhalb der jeweiligen AKP-Staaten oder als ausländische Direktinvestitionen. Strukturschwache und kapitalarme Volkswirtschaften wie die der AKP-Staaten sind dabei in besonderer Weise auf Kapital aus dem Ausland angewiesen. Ausländische Investoren werden jedoch durch Unsicherheit aufgrund des mangelnden Schutzes von Verfügungsrechten, der Korruption der öffentlichen Hand oder politischer Instabilität abgeschreckt, was die Bemühungen im Cotonou-Abkommen zur Förderung von Investitionen und zur Entwicklung der Privatwirtschaft (Art. 74ff (Cotonou)) zunichte zu machen droht. Die oben beschriebenen „good governance“-Bemühungen lassen viel eher positive Auswirkungen auf die Investitionsbereitschaft ausländischer Kapitalgeber erwarten. Einen wesentlichen Beitrag zur Sicherung ausländischer Investitionen leisten jedoch auch Investitionsschutzabkommen,[293] auf die sich bereits der Exkurs in Kap. 4 aus der Kompetenzperspektive bezog. Art. 78 (Cotonou), der die Notwendigkeit des Abschlusses von Investitionsförderungs- und –schutzabkommen betont, ist daher dringend in die Tat umzusetzen. Aufgrund der elementaren Bedeutung von Investitionen ist es allerdings befremdlich, dass Maßnahmen zu deren Förderung und Schutz nicht mit einem stärker verpflichtenden Charakter im Abkommen verankert sind.

5.3.3) Gesellschaftspolitische Maßnahmen

Eine weiteres Ursachenbündel der Wachstums- und Entwicklungsschwäche der AKP-Staaten liegt im gesellschaftlichen Bereich. Die Unfähigkeit zahlreicher AKP-Staaten, den Lebensstandard ihrer Bevölkerung zu heben, liegt im Wesentlichen in der mangelnden Humankapitalakkumulation und im rasanten Bevölkerungswachstum begründet.

Um die Produktivität der Arbeitnehmer – und somit auch ihren Lohn und letztendlich ihren Lebensstandard – zu steigern, müssen die AKP-Staaten höhe-

[293] Dieser Zusammenhang wird von Mahnkopf, eingebettet in eine grundsätzliche Kritik an der Globalisierung, bestritten. Die Autorin sieht zudem in Investitionsschutzabkommen eine Gefahr für den politischen Handlungsspielraum der betreffenden Entwicklungsländer und setzt sich somit vom ökonomischen Mainstream, von ihr als „Propagandisten der neoliberalen Marktvergötzung“ verunglimpft, ab. Vgl. *Mahnkopf* 2005, S.121f, 129ff.

re Investitionen in die Schul- und Weiterbildung ihrer Bevölkerung, d.h. Frauen und Männer, tätigen. Steigt neben dem Humankapitalbestand auch noch der Bestand des komplementären Produktionsfaktors Realkapital aufgrund von inländischen oder ausländischen Investitionen (siehe oben), so steigt die Produktivität der Arbeitnehmer weiter. Die genannten staatlichen Investitionen in Bildung werden zudem umso rentabler, je höher die Lebenserwartung der Menschen ist, da sich die Amortisationsphase verlängert. Maßnahmen zur Verlängerung der Lebenserwartung, d.h. v.a. der Ausbau der medizinischen Basisversorgung für die gesamte Bevölkerung, aber auch der Kampf gegen die Ausbreitung epidemischer Infektionskrankheiten wie HIV/AIDS und Malaria,[294] sind daher von großer entwicklungspolitischer Bedeutung. Es wurde bereits argumentiert, dass die Initiativen aus den AKP-Staaten selbst kommen müssen, um nachhaltige Wirkung zu erreichen. Europa sollte also diejenigen Staaten belohnen, die engagiert in Bildung und Maßnahmen zur Verlängerung der Lebenserwartung investieren und insoweit über Art. 25 (Cotonou) hinausgehen.

In diesem Zusammenhang ist auch auf das Wachstum der Bevölkerung einzugehen, wenngleich Maßnahmen zur Regulierung der Bevölkerungsentwicklung aus ethischen, religiösen bzw. kulturellen Gründen problematisch sind. Die AKP-Staaten weisen allerdings ein sehr hohes Bevölkerungswachstum auf, die Bevölkerung der Staaten Süd-Sahara Afrikas gehört sogar zu den am schnellsten wachsenden dieser Welt (vgl. Tab. 6 und 7). Ungebremstes Bevölkerungswachstum bildet in Verbindung mit Armut einen Teufelskreis, der jegliche Entwicklungsbemühungen torpedieren kann. Insbesondere führt es dazu, dass sich Wirtschaftswachstum nicht in einem Anstieg des individuellen Lebensstandards niederschlägt, was in vielen AKP-Staaten zu beobachten war bzw. ist. Von der Verankerung gesellschaftspolitischer Elemente in zukünftigen AKP-Abkommen, die auf eine Reduktion des übermäßigen Bevölkerungswachstums abzielen, kann wohl nur dann abgesehen werden, wenn der Ausbau der medizinischen Versorgung und die flächendeckende Schulbildung für Mädchen bzw. Frauen zu einer schnellen Normalisierung der Bevölkerungsentwicklung führen. Umso forcierter sollten daher die Entwicklung der medizinischen Versorgung und Bildung angegangen werden, um problematische bevölkerungssteuernde Maßnahmen vermeiden zu können.

---

[294] Die Bekämpfung von HIV/AIDS und anderen Infektionskrankheiten ist zentraler Bestandteil der Partnerschaft EU-Afrika im Rahmen der AKP-EU-Zusammenarbeit., vgl. *o.A.* 2005b. Da AIDS in Afrika mittlerweile bedenkliche Ausmaße angenommen hat und die bisherigen Entwicklungserfolge zunichte zu machen droht, sind besondere Anstrengungen in diesem Bereich nachdrücklich zu unterstützen. Zur besonderen Dimension des Malaria-Problems in Afrika siehe auch *Sachs et al.* 2004, S. 134.

5.3.4) Beiträge auf Seiten der Gemeinschaft

Die vorangegangenen Abschnitte enthalten Vorschläge, wie die in Kap. 5.2 ermittelten Ursachen der mangelnden Effektivität der Entwicklungszusammenarbeit durch Veränderungen, welche die AKP-Staaten betreffen, beseitigt werden können. Dies geschah jedoch unter der impliziten Annahme, dass diese Ursachen auch tatsächlich auf Seiten der AKP-Staaten zu finden sind. Dabei ist es jedoch keinesfalls ausgeschlossen, dass mangelhafte Entwicklungserfolge in Wahrheit Ineffizienzen auf Seiten der Gemeinschaft anzulasten sind. Unter besonderem Verdacht stehen hierbei zwei Aspekte: Zum einen, dass die in Art. 178 EGV explizit geforderte Kohärenz der die Entwicklungsstaaten berührenden Teile der GAP mit der Entwicklungszusammenarbeit nicht gewährleistet ist,[295] zum anderen, dass eine als intransparent kritisierte Finanzierung über den EEF zu Effizienzverlusten führt. Beide Fragen werden daher im Folgenden zur Abrundung der obigen, die AKP-Staaten betreffenden Ausführungen, kurz diskutiert.

5.3.4.1) Kohärenz von Agrarpolitik und Entwicklungszusammenarbeit

Die Entwicklungszusammenarbeit (Art. 177ff EGV) und die Agrarpolitik (Art 32ff EGV) geraten in der Praxis häufig in Konflikt, weil ihre Zielsetzungen diametral verschieden sind bzw. sein können.[296] Dadurch wird nicht nur der Aufbau tragfähiger Strukturen in den Entwicklungsländern behindert,[297] sondern auch der europäische Steuerzahler geschädigt, da er zwei sich im schlimmsten Fall egalisierende Politiken finanzieren muss. Ein Beispiel sind subventionierte Rindfleischexporte nach Westafrika, welche die EU-Maßnahmen zum Aufbau einer eigenständigen Rindfleischproduktion in der Region konterkarierten.[298] Generell sorgte die Gemeinschaft durch „Hilfslieferungen" in Form von Agrar-Überschussproduktionen aus der EU dafür, dass heimische Produzenten durch die kostenlosen Produkte aus dem Markt gepreist und somit eigene Versorgungs-Kapazitäten zerstört wurden. Mit ihren

---

[295] Dies wird vom Europäischen Parlament sogar expressis verbis eingestanden. Siehe A5-0412-2001, S. 21.

[296] Lediglich die Nahrungsmittelhilfe ist, als eigentlich agrarpolitische Maßnahme, aufgrund ihrer entwicklungspolitischen Ausrichtung auf Art. 179 EGV anstelle von Art. 37 EGV gestützt. Vgl. *van Rijn* 2003, S. 1238. Als Hintergrund siehe VO (EWG) Nr. 1292/96 zur Nahrungsmittelhilfepolitik und -verfahren sowie spezifische Maßnahmen zur Erhöhung der Ernährungssicherheit. Als Beispiel für die Auseinandersetzung des Gerichtshofs mit dem Konflikt zwischen Entwicklungspolitik und Agrarpolitik siehe das Urteil des EuGH im Fall C-17/98 vom 08.02.2000.

[297] Siehe *Raffer* 1999, S. 133.

[298] Vgl. Dok. A5-0412/2001, S. 11.

Bestrebungen im Hinblick auf einen „nachhaltigen Handel" (vgl. Kap. 2.4.1) versucht die EU, diese Fehler mittlerweile zu vermeiden.

Hiervon zu unterscheiden sind diejenigen Bereiche, in denen die EU durch Gemeinsame Marktordnungen besonders restriktive Regime etablierte, d.h. insbesondere bei Bananen und Zucker. Noch heute enthält das Cotonou-Abkommen daher als Anhänge u.a. ein Bananenprotokoll (Anhang V, Protokoll Nr. 5 (Cotonou)); siehe hierzu Kap. 3.3.2.1) und ein Zuckerprotokoll (Anhang V, Protokoll Nr. 3 (Cotonou)). Letzteres verpflichtet die EU zur Abnahme bestimmter Kontingente zu den in der EU garantierten Preisen aus 20 AKP-Staaten, was dazu führt, dass die Überproduktion aufgrund der überhöhten Garantiepreise der Zuckermarktordnung durch den AKP-Zucker noch erweitert wird. Aufgrund der Sonderbehandlung von AKP-Staaten greift v.a. beim Zucker der Vorwurf anderer Entwicklungs- und Schwellenländer, ihre Weltmarktanteile durch die hohen Exportsubventionen der EU künstlich zu drücken, an die EU nicht. Es kommt jedoch auch in AKP-Staaten zu allokativen Verzerrungen und somit zu Wohlfahrtsverlusten, weil Ressourcen wegen des Zuckerprotokolls in die Zuckerproduktion fehlgeleitet werden.[299] Der Beschluss des Agrarministerrats vom 22.11.2005, die Garantiepreise um 36% zu senken, trägt dazu bei, die vielschichtigen Fehlanreize aus der Zuckermarktordnung zu reduzieren. Dem stehen allerdings die hohen beschlossenen Ausgleichs- und Restrukturierungshilfen für EU-Zuckerrübenbauern sowie ein Hilfsprogramm von 40 Mio. € für die ebenfalls betroffenen AKP-Zuckerlieferanten entgegen.[300]

Abschließend gilt generell der Aufruf Reisens[301] an die Industrieländer, d.h. v.a. auch an die EU, die Abschottung ihrer Märkte und die immensen Subventionen im Agrarbereich abzubauen und somit Freihandel zuzulassen, der den

[299] Vgl. *Zimmermann* 2003, S. 1508f und *van Houtte* 2005. Eine umfassende Analyse der Wohlfahrtswirkungen des Zuckerprotokolls findet sich bei *Herrmann/Weiss* 1995, die zu dem Ergebnis kommen, dass das Zuckerprotokoll zu Ressourcenverschwendung und somit insgesamt zu einem Wohlfahrtsverlust führt, aber einzelne AKP-Staaten erheblich davon profitierten.

[300] Vgl. *FAZ* 2005b. Siehe hierzu auch den Vorschlag für eine Verordnung des Europäischen Parlaments und des Rates zur Einführung von Begleitmaßnahmen für Vertragsstaaten des AKP-Zuckerprotokolls, die von der Reform der EU-Zuckermarktordnung betroffen sind. Zugehörige Dokumente: A6-0281/2005, KOM(2005)0266 – C6-0210/2005 – 2005/0117(COD).

[301] Siehe hierzu *Reisen* 2005, S. 75. Die Weltbank schließt sich diesem Aufruf an und sieht bei der Verbesserung der Investitionsbedingungen in den Entwicklungsländern in erster Linie die Industrienationen, also auch die EU, in der Pflicht, ihre verzerrenden Handelshemmnisse und Subventionen abzubauen, mit denen sie weltweit auch für eine Fehlallokation der Investitionen zu Lasten der Entwicklungsländer, und somit auch der AKP-Staaten, sorgen. Siehe *Weltbank* 2005, S. 240. *Sachs et al.* 2004, S. 178, stellen die Baumwollsubventionen v.a. der USA in den Vordergrund.

Entwicklungsländern eine Chance zur Entwicklung durch Handel gibt. Dabei ist jedoch auch zu berücksichtigen, dass die GAP zwar die wichtigste, nicht aber die einzige Gemeinschaftspolitik ist, die mit ihren entwicklungspolitischen Bemühungen v.a. im Bereich der AKP-Staaten kollidiert. Negative Auswirkungen auf die Wettbewerbsfähigkeit der AKP-Staaten können sich ebenfalls aus der Verschärfung von Gesundheitsvorschriften ergeben, die von der EU z.B. im Zusammenhang mit einer Vogelgrippe-Pandemie erlassen werden.[302]

5.3.4.2) Transparenz in der Finanzierung

Vermeidbare Ineffizienzen ergeben sich möglicherweise auch aus der direkten Finanzierung der AKP-Zusammenarbeit über den EEF. Henze[303] beklagt unisono mit Kommission und Parlament, dass zum einen Maßnahmen, die zumindest teilweise in die ausschließliche Kompetenz der Gemeinschaft fallen, von den Mitgliedstaaten über den EEF direkt finanziert, zum anderen Mittel der Mitgliedstaaten auf der Grundlage von Ratsbeschlüssen von der Kommission verwaltet würden (vgl. die Kompetenzdiskussion in Kap. 4.3). Zudem habe das Parlament im Unterschied zu den Ausgaben aus dem Gemeinschaftshaushalt keine Kontrollmöglichkeiten. Alle diese Tatsachen lassen zumindest die Vermutung zu, dass bei der EEF-Finanzierung nicht immer die gewünschte Ausgabendisziplin bzw. Verfahrenstransparenz und -geschwindigkeit gewährleistet ist.[304] Andererseits muss auch betont werden, dass die mitgliedstaatlichen Beiträge zu jedem Zeitpunkt der Kontrolle durch die mitgliedstaatlichen Parlamente unterlagen und diese zumindest in der Vergangenheit aufgrund ihres Budgetrechts eine wirksamere Kontrolle ausüben konnten als das Europäische Parlament. Daher ist es zwar verständlich, dass Kommission und Parlament aus Gründen des Ausbaus ihrer Machtposition für eine Integration der Finanzierung der Entwicklungszusammenarbeit in den Gemeinschaftshaushalt plädieren, aus Effizienzgesichtspunkten sind aber keine nennenswerten Fortschritte zu erwarten.

5.4) Effizienzsteigerung durch Wirtschaftspartnerschaftsabkommen?

Bei der Suche nach Möglichkeiten zur Effizienzsteigerung der Entwicklungspartnerschaft mit den AKP-Staaten blieb der Bereich Handel bisher bewusst ausgespart. Das Cotonou-Abkommen sieht bis spätestens 2020 den Übergang

---

302 Vgl. *Arts* 2003, S. 109.
303 Siehe *Henze* 1995, S. 85.
304 Vgl. auch die Begründung des Parlaments zur Zustimmung zum Cotonou-Abkommen, Dok. A5-0412/2001, S. 8.

von den bisherigen Präferenzzöllen zu regionalen WPA im Sinne von Freihandelszonen vor. Einerseits stellt dies eine fundamentale Umstellung dar, andererseits ist die Bedeutung präferenzieller Zölle durch WTO-bedingte allgemeine Zollsenkungen in den letzten Jahren ohnehin gesunken. Da die Gemeinschaft ausweislich des Vertrags im Handel ein zentrales Entwicklungsinstrument sieht, ist die Frage nach den Wohlfahrtswirkungen der neuen WPA von großem Interesse. Eine diffuse Front so genannter Globalisierungskritiker[305] stemmt sich dabei generell gegen die Anwendung des Meistbegünstigungsgrundsatzes der WTO gegenüber Entwicklungsländern und erklärt die AKP-Staaten schon heute zu den Verlierern der WPA. Andere Stimmen plädieren dagegen vehement gegen Protektionismus und für den Freihandel, der auch den Entwicklungsländern Wohlstand bringe.[306] Gerade angesichts dieser Divergenz lohnt ein kurzer Blick in die theoretischen Grundlagen, um daraus Lehren für die WPA ziehen zu können.

5.4.1) Lehren aus dem bisherigen System der Zollpräferenzen

Bei der Analyse des noch aus dem Lomé IV-Abkommen bestehenden Systems sind zwei Elemente getrennt voneinander zu betrachten: zum einen die von der Gemeinschaft den AKP-Staaten gewährten Zollvergünstigungen bei deren Importen in den Gemeinschaftsmarkt, zum anderen das Recht der AKP-Staaten, ihre Märkte durch Prohibitivzölle auch gegen europäische Anbieter abzuschotten („Nichtreziprozität"). Aus systematischen Gründen wird mit dem zweitgenannten Element begonnen.

5.4.1.1) Protektionismus zum Aufbau junger Industrien

Eines der Standardargumente der WPA-Gegner[307] lautet, dass die heute entwickelten Länder ihren heutigen Reichtum der Tatsache verdankten, zum Zeitpunkt ihrer Industrialisierung ihre jungen Industrien durch Handelsbarrieren geschützt zu haben. Daher sei es unverantwortlich, den Entwicklungsländern diesen Schutz durch den Zwang zu Freihandelszonen mit reziprokem Zollerlass zu verweigern.

---

[305] Eine Stimme wird ihnen z.B. durch *Mahnkopf* 2005 verliehen.
[306] Ein Vertreter ist z.B. *Walter* 2005.
[307] Siehe z.B. *Mahnkopf* 2005, S. 122.

Die Antwort, welche die Außenhandelsökonomie[308] darauf gibt, ist keine einfache, aber letztlich eine eindeutige. So ist das Argument der „jungen Industrien" („Infant Industry Argument") nicht per se falsch, sondern hängt davon ab, ob zwei Formen von Marktversagen vorliegen: zum einen unvollkommene Kapitalmärkte, die ein Wachstum aufgrund kreditfinanzierter Investitionen verhindern, zum anderen die Existenz positiver Externalitäten, die von den Pionierunternehmen generiert werden, für die sie aber nicht kompensiert werden können („Appropriability Argument"). Die allgemeine institutionelle Schwäche der AKP-Staaten und die Daten aus dem Index „Economic Freedom of the World" bzgl. der Kreditmarktregulierung[309] geben Anlass zu der Vermutung, dass in den meisten AKP-Staaten beide Marktversagenstatbestände vorliegen. Protektionismus, d.h. prohibitive Zölle zum Schutz der jungen Industrien in den AKP-Staaten, erscheint daher als sog. zweitbeste Lösung zur Garantie der für den Aufbau notwendigen Unternehmensgewinne.

Problematisch ist jedoch, dass die Entwicklungsländer zumeist eine Strategie der „import-substituierenden Industrialisierung" wählten, d.h. sie versuchten, Importe durch prohibitive Einfuhrzölle zu verhindern und diese durch eigene Industrieproduktion zu ersetzen. Die Daten zur Handelsverflechtung in den Tabellen 8, 9 und 10, welche bei den Importen und den Exporten zurückgehende Anteile am Weltmarkt sowie am Handel mit der EU konstatieren, scheinen diese These auch für die AKP-Staaten zu stützen. Hintergrund ist, dass es durch diese Strategie zu allokativer Ineffizienz kommt, indem den Exportindustrien Ressourcen entzogen werden und so das Exportwachstum behindert wird. Zudem verzichten die AKP-Staaten aufgrund der Autarkisierung der Wirtschaft auf die möglichen Wohlfahrtsgewinne aus der internationalen Arbeitsteilung. Hinzu kommt eine hausgemachte Kostenineffizienz, da die protegierten heimischen Industrien nicht dem weltweiten Wettbewerb ausgesetzt sind und somit keinen Zwang zu Effizienzsteigerungen verspüren; die Existenz von Monopolrenten aus der Protektion lässt ineffizient viele Unternehmen in Industrien mit steigenden Skalenerträgen Gewinne erzielen und die Beschränkung auf die Märkte der eigenen Volkswirtschaft verhindert die Ausnutzung dieser Größenvorteile. Der Vergleich mit den Ländern Ostasiens[310], die auf eine Strategie der „exportorientierten Industrialisierung" setzten, zeigt, dass die protektionistische Binnenorientierung der AKP-Staaten zu Wachstumsverlusten,

---

[308] Vgl. *Krugman/Obstfeld* 2006, S. 243-256.
[309] Siehe *Gwartney et al.* 2005, S. 14ff.
[310] Hierzu gehören Japan, Hong Kong, Taiwan, Südkorea, Singapur, Malaysia, Thailand, Indonesien und China.

mehr Arbeitslosigkeit und Ungleichheit und letztlich zu Wohlfahrtsverlusten geführt haben dürfte.

Ostasien zeigt aber auch, dass diese Länder zwar weniger protektionistisch waren als z.B. Sub-Sahara Afrika, dass sie ihre Entwicklungserfolge aber auch nicht durch einen reinen Freihandel erzielt haben. Bei genauerem Hinsehen erweist sich die konkrete Handelspolitik der ostasiatischen Staaten bei der Erklärung ihres Wachstums- und Entwicklungserfolges jedoch als zweitrangig. Vielmehr scheint ein Abbau protektionistischer Maßnahmen hin zum Freihandel lediglich eine hinreichende Bedingung zu sein; als notwendige Bedingungen für Wachstum und Wohlstand ergeben sich hohe Sparquoten zur Finanzierung von Investitionen sowie Fortschritte bei der Bildung. Damit bestätigen Krugman/Obstfeld[311] für Ostasien grundsätzlich die Ergebnisse von Barro/Sala-i-Martin (vgl. Kap. 5.2.1), die eine weitgehende Bedeutungslosigkeit des „Terms of Trade"-Indikators für die Erklärung des Negativwachstums einiger Entwicklungsländer konstatierten.

Als Fazit lässt sich für die AKP-Staaten ziehen, dass es durchaus eine ökonomische Rechtfertigung für den Fortbestand protektionistischer Einfuhrzölle der AKP-Staaten gäbe, wobei sich Protektionismus immer dann gegen den Protegierten selbst wendet, wenn er zur Absicherung einer „importsubstituierenden Industrialisierung" dienen soll. Der Rat an die AKP-Staaten kann also nur lauten, ihre Industrien auf Exporte auszulegen, die notwendigen Grundlagen für Investitionen zu schaffen und ihre Bevölkerungen flächendeckend gut auszubilden. Dann haben sie auch aus Freihandel keine nennenswerten Gefahren zu befürchten. Problematisch ist allerdings der Übergang vom Protektionismus hin zu Freihandel innerhalb der WPA: Die bisher abgeschirmten Industrien in den AKP-Ländern brauchen Zeit, um die Reallokation der Ressourcen in – auf dem Gemeinschaftsmarkt – wettbewerbsfähige Exportindustrien vorzunehmen. Geschieht die Umstellung zu schnell, droht ein alternativloser Verfall der bestehenden Industriekapazitäten, der Parallelen zum Schicksal der Industrie der ehemaligen DDR aufweisen dürfte.

---

[311] Siehe *Krugman/Obstfeld* 2006, S. 256.

5.4.1.2) Auswirkungen der Zollpräferenzen auf die Handelsvolumina

Das Dilemma der unilateral gewährten Handelspräferenzen für die AKP-Staaten fasst die Kommission[312] wiederum prägnant zusammen: „Trade preferences [have] not been sufficient to enhance growth and increase diversification. ACP countries' export performance and their performance in attracting foreign direct investment (FDI) deteriorated during the period in which they most enjoyed those preferences." Die Daten aus Kap. 5.1 stützen die genannten Befunde und belegen die Ineffektivität des gesamten Instrumentariums.

Ergänzend sei die aufschlussreiche Studie von Manchin[313] angeführt, welche die Nutzung und Wirkung der Präferenzzölle, bezogen auf die nicht am wenigsten entwickelten AKP-Staaten, untersucht. Die Daten zeigen zunächst eine starke Divergenz des Präferenzhandels: Der Anteil an den gesamten Exporten, für den die betrachteten AKP-Staaten Präferenzen nach dem Cotonou-Abkommen bei der EU beantragten, weicht zwischen den Staaten stark von einander ab (vgl. Tab. 15) und liegt durchschnittlich bei ca. 50 %.

AKP-Staaten	Anteil Präferenzhandel in %	AKP-Staaten	Anteil Präferenzhandel in %	AKP-Staaten	Anteil Präferenzhandel in %
Antigua and Barbuda	25,0	Ghana	57,2	Papua New Guinea	81,6
Bahamas	87,6	Grenada	79,0	St. Kitts and Nevis	66,8
Barbados	33,2	Guyana	64,5	St. Lucia	98,5
Belize	76,0	Jamaica	72,7	St. Vincent a. Gren.	58,1
Botswana	87,7	Kenya	55,6	Senegal	88,6
Cameroon	89,2	Marshall Islands	0,0	Seychelles	88,6
Congo (Brazzaville)	41,0	Mauritius	85,0	South Africa	21,2
Cook Islands	-	Micronesia, Fed. St.	0,0	Suriname	64,9
Côte d'Ivoire	70,2	Namibia	87,2	Swaziland	53,6
Dominica	96,0	Nauru	-	Timor Tonga	37,5
Dominican Republic	55,3	Nigeria	56,3	Trinidad and Tobago	48,9
Fiji	79,0	Niue	-	Zimbabwe	68,9
Gabon	78,9	Palau Islands	0,0	*-) Keine Daten verfügbar.*	

Tabelle 15: Anteil an den Gesamtexporten, für den Präferenzen nach dem Cotonou-Abkommen beantragt wurden, bezogen auf die nicht am wenigsten entwickelten AKP-Staaten.

Quelle: Manchin 2005, S. 8f.

[312] Siehe Grünbuch der Kommission, KOM 96(570) endg. S. 17, 19.
[313] Siehe *Manchin* 2005. Ergänzende Beiträge finden sich bei *Inama* 2003.

Da die Zollpräferenzen offenbar zum Teil nicht genutzt werden, können sie auch nicht ihre volle erwartete Wirkung erzeugen. Die ökonometrische Analyse fördert zur Erklärung die Existenz einer Präferenzschwelle zu Tage: Aufgrund von administrativen und technischen Transaktionskosten (z.B. komplizierte Herkunftsregeln) zur Erlangung der Präferenz lohnt es sich für die betrachteten AKP-Staaten offenbar erst ab der Reduktion von ad valorem-Zöllen[314] um ca. 4,5 %, diese Präferenz auch tatsächlich zu beantragen.[315] Hat sich ein Anbieter allerdings einmal entschieden, eine Zollpräferenz zu beantragen, hat das Ausmaß der Zollreduktion keinerlei Einfluss mehr auf das Handelsvolumen. Die Studie legt folglich den Schluss nahe, dass die EU durch die Ausweitung von Zollpräferenzen die Importe aus AKP-Staaten nicht erhöhen kann, was deren Sinnhaftigkeit als Instrument zur Handelsausweitung deutlich in Frage stellt.[316]

Nutzung und Wirksamkeit der noch bestehenden Präferenzzölle bleiben also hinter den Erwartungen zurück. Neben der oben angeführten Erklärung ist auch die in Kap. 5.4.1.1 thematisierte Schwächung der Exportwirtschaft in den AKP-Staaten, der durch Protektionismus und importsubstituierende Industrialisierung die notwendigen Ressourcen und somit ihre Wettbewerbsfähigkeit entzogen wurden, zu berücksichtigen. Hinzu kommt noch der bereits eingangs angesprochene weltweite Abbau von tarifären und nichttarifären Handelshemmnissen, insbesondere durch die WTO und in der Folge durch die EU, der die Bedeutung bzw. den Wert von Zollpräferenzen über die Zeit hinweg reduzierte. Es ist François et al.[317] beizupflichten, dass die Antwort darauf aber nicht in einer Erhöhung der übrigen Zölle liegen kann, da potenzielle Entwicklungsgewinne nicht mit sicheren globalen Wohlfahrtsverlusten erkauft werden dürfen.

Angesichts der bisherigen Erosion und Wirkungslosigkeit sowie des zukünftigen Wegfalls der Zollpräferenzen liegt der Schlüssel vielmehr in einer Kompensation der AKP-Staaten durch direkte finanzielle Transfers und andere Hilfe-

[314] Ad valorem- bzw. Wertzölle verstehen sich als prozentualer Aufschlag auf den Wert der gehandelten Güter, spezifische Zölle als absoluter Aufschlag auf den Preis je gehandelter Einheit. Siehe z.B. *Krugman/Obstfeld* 2006, S. 176.

[315] Oberhalb dieser Schwelle gilt, dass die Wahrscheinlichkeit Zollpräferenzen zu beantragen – und nur diese – mit zunehmender Zollreduktion positiv beeinflusst wird und zudem von Länder- und Sektorenspezifika abhängt.

[316] Nilsson zeichnet ein etwas positiveres Bild, indem er in einzelnen Perioden zwischen 1973 und 1992 einen signifikanten handelsschaffenden Effekt der Zollpräferenzen der Lomé-Abkommen ermittelt. Siehe *Nilsson* 2002, S. 445ff.

[317] Siehe *François et al.* (2005), S. 23f.

stellungen, die nicht in die Preisbildung auf den Weltmärkten eingreifen, in Höhe des verbliebenen Präferenzwertes. Diese Leistungen müssen dazu beitragen, dass die Exportindustrien der AKP-Staaten produktiver und somit weltweit wettbewerbsfähiger werden. Letztlich geht es also um nichts anderes als um den Ausbau der finanziellen, technischen und institutionellen Entwicklungszusammenarbeit mit den in Kap. 5.3 beschriebenen Weichenstellungen.

5.4.2) WPA: Wohlfahrtswirkungen im Allgemeinen

Bevor in Kap. 5.4.3 die neuen Handelsregelungen des Cotonou-Abkommens näher analysiert bzw. Anforderungen an deren Ausgestaltung formuliert werden, erfolgt zunächst ein kurzer Blick auf die Theorie der Freihandelszone. Aus didaktischen Gründen bietet es sich an, die Zollunion voranzustellen, die ebenfalls mit WTO-Recht vereinbar ist (vgl. Kap. 2.6), sich allerdings durch ein einheitliches Außenzollregime von der Freihandelszone unterscheidet. Schließen sich zwei oder mehrere Volkswirtschaften zu einer Zollunion zusammen, so sind in Importländern aus Wohlfahrtsperspektive zwei gegenläufige Effekte zu erwarten: Zum einen der wohlfahrtssteigernde handelsschaffende Effekt („Trade Creation"), falls durch sinkende Preise zusätzliche Kunden versorgt werden und ineffiziente heimische durch günstigere Produktion in den Partnerländern ersetzt werden kann; zum anderen der wohlfahrtsmindernde handelsumleitende Effekt („Trade Diversion"), falls günstigere Produkte vom Weltmarkt durch den präferenziellen Wegfall der Binnenzölle verdrängt werden durch teurere aus den Partnerländern. Ein Netto-Wohlfahrtseffekt ist theoretisch nicht ermittelbar.[318] Die Anforderungen, welche das GATT an die Bildung von regionalen Integrationsräumen stellt, nämlich die Verpflichtung zur Lockerung des Außenzollregimes sowie zur Integration eines Großteils des jeweiligen Handels (vgl. Kap. 2.6), sind allerdings dazu geeignet, ein Überwiegen der handelsschaffenden gegenüber den handelsumleitenden Effekten wahrscheinlich zu machen.

Berücksichtigt man, dass die Mitglieder einer Freihandelszone individuelle Außenzölle für Importe aus Drittstaaten aufrecht erhalten können, so kommt es zu einer weiteren wohlfahrtsrelevanten Wirkung, dem handelsumlenkenden Effekt („Trade Deflection"). Er tritt auf, wenn Waren aus einem Drittland über den Umweg eines Mitgliedslandes der Freihandelszone mit niedrigen Außenzöllen in ein Mitgliedsland mit hohen Zöllen gelangen und so das Hochzollland

[318] Siehe hierzu z.B. *Krugman/Obstfeld* 2006, S. 235.

um seine Zolleinnahmen bzw. seinen Zollschutz gegenüber dem Drittland gebracht wird. Um dies zu verhindern, sind bei Freihandelszonen - im Gegensatz zur Zollunion mit einheitlichen Zöllen an allen Außengrenzen - strenge Herkunftskontrollen notwendig, die einen erheblichen bürokratischen Aufwand bedeuten.[319] Die Notwendigkeit zu Herkunftskontrollen besteht allerdings bei den Zollpräferenzen für AKP-Staaten in gleicher Weise (vgl. Kap. 5.4.1.2), so dass die neue Handelsregelung diese Form von Bürokratie lediglich konserviert.

Aufbauend auf diesen allgemeinen Erwägungen könnte nunmehr der Übergang von Präferenzzöllen zu Freihandelszonen modelliert werden, was hier nicht en détail zu geschehen braucht. Es genügt, die wesentlichen Rahmenbedingungen und deren Implikationen darzustellen: Die AKP-Staaten befinden sich auf einem geringeren wirtschaftlichen und technologischen Entwicklungsniveau als die EU, sie produzieren folglich teurer, was auch einen höheren Autarkiepreis zur Folge hat. Zollpräferenzen bedeuten, dass die AKP-Staaten gegenüber der EU wie auch gegenüber dem Rest der Welt Außenzölle erheben, die aus Gründen der importsubstituierenden Industrialisierung approximativ als prohibitiv angenommen werden können. Die EU hingegen erhebt auf Waren mit AKP-Ursprung geringere Zölle als für solche aus dem Rest der Welt, was den präferenziellen Zugang zum EU-Markt ausmacht. Durch die Bildung einer Freihandelszone zwischen der EU und den AKP-Staaten - die zur Vereinfachung als Einheit betrachtet werden sollen - entfallen die präferenziellen Zölle der EU für Einfuhren aus den AKP-Staaten sowie die prohibitiven Importzölle der AKP-Staaten für Einfuhren mit Ursprung in der EU jeweils ersatzlos. Gegenüber dem Rest der Welt behalten EU und AKP-Staaten ihre jeweiligen (prohibitiven) Außenzollregime bei.

Bezüglich des Zugangs zum EU-Markt für Anbieter aus AKP-Staaten ergeben sich daraus nur graduelle Änderungen, weil keine erheblichen Zollsenkungen mehr möglich sind. Die Studie aus Kap. 5.4.1.2 legt zudem den Schluss nahe, dass dadurch keine nennenswerte Ausweitung der AKP-Importe in die EU induziert werden kann.[320] Anbieter aus der EU erhalten durch den Wegfall der Prohibitivzölle jedoch erstmals freien Zugang zu den AKP-Märkten. Für die Konsumenten in den AKP-Staaten ergeben sich aufgrund des entwicklungspolitischen Kontextes neben dem oben beschriebenen Wohlfahrtsgewinn durch „Trade Creation" - evtl. korrigiert um „Trade Diversion" - noch zwei weitere

[319] Vgl. *Krugman/Obstfeld* 2006, S. 233.
[320] Siehe hierzu auch *Schiff/Winters* 2002, S. 485.)

potenzielle Wohlfahrtszuwächse[321]: Über die Zeit hinweg sind sog. dynamische Wohlfahrtsgewinne zu erwarten, indem das Investitionsvolumen - v.a. auch durch das gestiegene Investorenvertrauen - zunimmt (vgl. Kap. 5.3.2) und marktwirtschaftliche Reformen effektiv vollzogen werden können, da sich die AKP-Staaten mit Hilfe der EU gegenüber Reformgegnern rechtfertigen können („Lock-in Effect"). Zudem lässt die Tatsache, dass entwickelte (EU) und weniger entwickelte (AKP) Volkswirtschaften gemeinsam eine WPA bilden, auf einen Konvergenzeffekt hoffen, der in den AKP-Staaten sukzessive zu Wachstum, steigenden Einkommen, verbesserten Umwelt- und Sozialstandards führt.

Es zeigt sich allerdings, dass diese allgemeinen Erkenntnisse angesichts der im Cotonou-Abkommen vorgesehenen regionalen Differenzierung nicht deckungsgleich auf die WPA übertragen werden können. Die Konsequenzen aus der Regionalisierung bilden den Kernpunkt der an die Ausgestaltung der WPA zu stellenden Anforderungen, die im Folgenden zusammengestellt werden.

5.4.3) Konkrete Anforderungen an die WPA

Bei der Diskussion der Umstellung von Präferenzzöllen auf WPA im Rahmen des Cotonou-Abkommens sollte zunächst die Tatsache berücksichtigt werden, dass diese aufgrund von WTO-Recht unausweichlich war und ist. Eventuelle Probleme und Unzulänglichkeiten der neuen Regelung müssen also stets vor diesem Hintergrund bewertet werden.[322] Dennoch gilt es, über die Gewährung von Pauschaltransfers und alternativer marktkonformer Hilfen zur Kompensation der wegfallenden Zollpräferenzen (vgl. Kap. 5.4.1.2) hinaus, einige Ratschläge zu beachten, um die Umsetzung der neuen Handelsregelung im Cotonou-Abkommen zu einem Erfolg werden zu lassen.

Wegweisend ist zunächst die Mahnung von Bhagwati[323], dass „[m]uch too often, because of ideological and lobbying pressures, the speed of transition tends to be maximal rather than optimal". Auch in den AKP-Staaten brauchen Verände-

---

[321] Siehe z.B. *Matambalya/Wolf* 2001, S. 125f.

[322] Nicht zu unterschätzen sind dabei auch die Probleme, die sich bzgl. der Herstellung von WTO-Kompatibilität der WPA im Detail ergeben können. *Matambalya/Wolf* 2001, S. 133ff geben hierzu einige Hinweise.

[323] Siehe *Bhagwati* 2004, S. 222, der sich damit auch von sog. Schocktherapien, wie sie Jeffrey Sachs in Polen erfolgreich, in Russland allerdings erfolglos propagierte, deutlich absetzt, vgl. *ebenda* S. 253. Sachs hingegen plädiert in *Sachs et al.* 2004 dafür, auch Afrika durch einen immensen Kapitalzufluss „schockartig" aus der von ihm diagnostizierten „Armutsfalle" zu befreien und dies allenfalls über institutionelle Arrangements abzusichern. Die hierfür notwendige Ausweitung der Entwicklungshilfe erscheint jedoch kaum realistisch.

rungen Zeit, um die notwendigen Anpassungen in der Industrie zu ermöglichen (vgl. Kap. 5.4.1.1); der Übergangszeitraum bis 2020 erscheint hierfür bestenfalls gerade ausreichend. Matambalya/Wolf[324] gehen noch einen Schritt weiter und sprechen von der Notwendigkeit einer „asymmetrischen" Liberalisierung, was bedeutet, dass die EU entweder schneller, oder einen größeren Teil ihres Handelsvolumens liberalisieren muss als die AKP-Staaten, um diesen eine Chance zu geben, in ihrer Wettbewerbsfähigkeit gegenüber der EU aufzuholen.

Neben diesen grundsätzlichen Erwägungen ist allerdings der Aspekt der Regionalisierung von entscheidender Bedeutung. Da die AKP-Staaten weder politisch noch wirtschaftlich eine fest gefügte Einheit bilden (vgl. Kap. 2.1.2), spricht nur scheinbar nichts gegen den Fahrplan der laufenden WPA-Verhandlungen, dass sich innerhalb der AKP-Staaten zunächst regionale Integrationsräume bilden und die EU mit diesen dann separate Freihandelszonen anstelle der bisherigen Präferenzzölle aushandelt (vgl. Kap. 3.3.2.3).

Bezogen auf die regionalen Zusammenschlüsse von AKP-Staaten sehen Schiff bzw. Schiff/Winters[325] zwei bedeutende Herausforderungen. Zum einen müssen diese ihre Außenzölle möglichst niedrig gestalten, da es sonst mit hoher Wahrscheinlichkeit zu Wohlfahrtsverlusten im gesamten Integrationsraum kommt, indem handelsschaffende Effekte ganz ausbleiben oder geringer ausfallen als die handelsumleitenden und da es sonst zu einer Umverteilung ökonomischer Renten von weniger zu stärker entwickelten Volkswirtschaften innerhalb des Zusammenschlusses kommt. Zum anderen müssen sie bei der Bereitstellung von Versorgungs- (Wasser, Energie, Fischerei), Kommunikations- und Verkehrsinfrastruktur (Straßen, Bahngleise, Dämme) sowie beim Umweltschutz stärker zusammenarbeiten, möglichst über die Integrationsgrenzen hinaus, da sie sonst dem aus der Spieltheorie bekannten Gefangenendilemma ausgesetzt sind und hohe Wohlfahrtsverluste erleiden. Andererseits profitieren die beteiligten AKP-Staaten durch den Zusammenschluss, indem sie bei internationalen Verhandlungen deren Transaktionskosten teilen können und eine Aufmerksamkeit erzielen, die ihnen einzeln wohl nicht widerfahren wäre. Diese Vorteile können jedoch nur genutzt werden, wenn bestehende Konflikte zwischen den beteiligten AKP-Staaten beendet und zukünftige unterbunden werden.

---

[324] Vgl. *Matambalya/Wolf* 2001, S. 127.
[325] Siehe *Schiff* 2002, S. 6-14 und *Schiff/Winters* 2002, S. 487ff sowie auch *Sachs et al.* 2004, S. 182ff.

Aus der Perspektive der WPA ist zunächst das Problem der multiplen Mitgliedschaft von AKP-Staaten in regionalen AKP-Zusammenschlüssen zu beheben, um Transparenz in das bestehende Netzwerk von Verpflichtungen bzw. Vergünstigungen zu bringen.[326] Die WPA, d.h. Freihandelszonen zwischen der EU und Regionalzusammenschlüssen von AKP-Staaten, bergen darüber hinaus zwei Gefahren für die AKP-Staaten.[327] Zum einen können die unverändert zollbehafteten Importe aus dem Rest der Welt verbunden mit Marktvermachtung dazu führen, dass in den AKP-Staaten die Preise nicht oder nur wenig sinken, somit kaum handelsschaffende Effekte auftreten (vgl. oben bzgl. AKP-internen Effekten). Bezogen auf die Importe aus der EU verlieren die AKP-Staaten aber ihre bisherigen Zolleinnahmen, welche als höhere Gewinne an die Anbieter aus der EU fließen. Um dies zu verhindern, haben die AKP-Staaten einen weiteren Grund, ihre Außenzölle möglichst niedrig zu gestalten. Zudem sollten sie über den EU-AKP-Rahmen hinaus versuchen, durch freien Zugang zu den Märkten industrialisierter Volkswirtschaften zusätzliche Absatzmärkte zu erschließen. Zum anderen treten die WPA in Wechselwirkung mit der „Everything but Arms"-Initiative, die - mit wenigen Übergangsregeln - 49 am wenigsten entwickelten Staaten vollkommen freien Zugang zum EU-Markt verschafft. Es steht zu befürchten, dass dadurch Exporte aus AKP-Staaten, die gerade nicht zu den am wenigsten entwickelten zählen, in Ermangelung dieser Privilegien verdrängt werden. Dies bedeutet eine Umverteilung ökonomischer Renten von weniger entwickelten zu den am wenigsten entwickelten AKP-Staaten, was nicht intendiert sein kann, aber angesichts der grundsätzlich begrüßenswerten Initiative wohl nicht zu vermeiden ist.

5.5) Zwischenfazit: Ineffektivität und Potenziale für Effizienzsteigerungen

Zum Abschluss dieser Betrachtung aus ökonomischer Perspektive ist zunächst festzustellen, dass die AKP-EU-Entwicklungszusammenarbeit ineffektiv war, weil sie die eigenen Ziele einer nachhaltigen wirtschaftlichen und sozialen Entwicklung sowie einer Bekämpfung der Armut zum Teil in eklatanter Weise verfehlte. Hinzu kommt ein Versagen des Handelsinstruments, da die Bedeutung der AKP-Staaten am Weltmarkt sank und sich die Handelsströme mit der EU eher zu Lasten der AKP-Staaten verlagerten.

---

[326] Siehe hierzu *Schiff/Winters* 2002, S. 495. Zur grundsätzlichen Problematik siehe auch Kap. 3.3.2.2.
[327] Vgl. *Schiff* 2002, S. 14-24.

Die Ursachen für die vielfach ausbleibenden Entwicklungserfolge liegen in der geringen Schulbildung und Lebenserwartung der Menschen, welche die Wachstumspotenziale aus dem Konvergenzeffekt konterkarierten, in dem Mangel an Investitionen, v.a. auch auf Seiten des Staates, im Mangel an wirtschaftlicher Freiheit, welcher durch politische Eingriffe Marktversagen induzierte, im Mangel an politischer Stabilität und staatlicher Ordnung, in der Omnipräsenz von Korruption, welche die Armut zementierte sowie im Mangel an Willen bzw. an der Fähigkeit der politischen Eliten zur Durchführung von demokratischen und marktwirtschaftlichen Reformen.

Klammert man den Handelsaspekt aus, so liegt der Schlüssel zur Effizienzsteigerung der Entwicklungszusammenarbeit zum einen in der Herstellung und Absicherung integrer und handlungsfähiger staatlicher Strukturen sowie in der Garantie von Verfügungsrechten, politischer Stabilität und öffentlicher Sicherheit. Darüber hinaus sollte das „good governance"-Kriterium konkretisiert werden um Verpflichtungen zur Bekämpfung von Korruption, zur Garantie wirtschaftlicher Freiheit sowie zur Durchführung demokratischer und marktwirtschaftlicher Reformen; derartiges Wohlverhalten von AKP-Staaten sollte durch höhere Fördersätze und gezielten Schuldenerlass belohnt werden. Zum anderen müssen solche Anreize für mehr private und öffentliche Investitionen, für mehr Bildung und für die Bekämpfung grassierender Krankheiten wie HIV/AIDS und Malaria gesetzt werden. Die letzten beiden Maßnahmen dienen wiederum der dringend notwendigen Normalisierung des Bevölkerungswachstums. Abgerundet würden diese Maßnahmen durch eine echte Kohärenz von europäischer Agrarpolitik und Entwicklungszusammenarbeit; eine Verlagerung der Finanzierung in den Gemeinschaftshaushalt verspricht jedoch keine Effizienzgewinne.

Betrachtet man konkret die Handelsbeziehungen, so brauchen die AKP-Staaten Schritte in Richtung Freihandel dann nicht zu fürchten, wenn sie ihre Industrien konsequent auf wettbewerbsfähige Exporte auslegen, Anreize für Investitionen setzen und in Bildung investieren; allerdings muss ihnen zur Reallokation der Ressourcen Zeit gegeben werden. Angesichts der Erosion und Wirkungsschwäche der bisherigen Zollpräferenzen genügt bei deren Wegfall eine Kompensation durch finanzielle Transfers und technische Hilfe, welche die Wettbewerbsfähigkeit der AKP-Industrie stärken. Die Bildung von Freihandelszonen ist für die AKP-Staaten zwar potenziell mit Wohlfahrtssteigerungen verbunden, der konkrete Kontext der Regionalisierung in den WPA zwingt die

AKP-Staaten jedoch zu möglichst niedrigen Außenzollregimen sowie zu einer die regionalen Integrationsräume überspannenden Zusammenarbeit bei der Bereitstellung von Versorgungs-, Verkehrs- und Kommunikationsinfrastruktur sowie im Umweltschutz.

Die Prioritäten bei den Maßnahmen zur Effizienzsteigerung in der Entwicklungszusammenarbeit lassen sich mit Schiffs[328] Worten griffig formulieren: „North-South integration is not sufficient to enhance policy credibility and increase domestic and foreign investment, and it may not be necessary for most countries. A necessary condition seems to be the existence of liberal, transparent and sustainable domestic policies."

[328] Siehe *Schiff* 2002, S. 22.

6) Fazit

Aus der Perspektive des Europarechts stellt die Entwicklungszusammenarbeit, seit dem Maastrichter Vertrag in Art.177ff EGV primärrechtlich verankert, eine Politik mit parallelen Kompetenzen von Gemeinschaft und Mitgliedstaaten dar und lässt sich in vielerlei Hinsicht mittig zwischen gemeinschaftlicher Handelspolitik und intergouvernementaler Außenpolitik einordnen. Die AKP-EU-Entwicklungszusammenarbeit, die aktuell im Cotonou-Abkommen niedergelegt ist, bildet von jeher das Kernstück der europäischen Entwicklungspolitik. Durch den Abschluss als gemischtes Abkommen der Entwicklungsassoziierung nach Art. 310 EGV handeln Gemeinschaft und Akteure, gegeben die geltende Rechtslage, im Rahmen ihrer jeweiligen Kompetenzen.

Die Entwicklungszusammenarbeit mit den AKP-Staaten stellt einen integralen Bestandteil der Kulturgeschichte der Gemeinschaft und ihrer Mitgliedstaaten dar, nicht obwohl, sondern gerade weil ihre Ursprünge in den Römischen Verträgen liegen und sie sich seitdem, parallel zum Gang der Weltgeschichte, zur Entwicklung Europas und zuletzt v.a. durch die WTO, weiterentwickelt und verändert hat. Daher bedarf es keiner Rekursion auf weltweite Gerechtigkeitsüberlegungen, um für eine Fortsetzung dieser Politik zu plädieren. Es führt allerdings auch kein Weg daran vorbei, die nachgewiesene Ineffektivität der AKP-Zusammenarbeit zur Kenntnis zu nehmen und die in Kap. 5 zusammengetragenen Maßnahmen zur Effizienzsteigerung zu ergreifen.

Berücksichtigt man dennoch eine globale und langfristige Perspektive, so gilt der Aufruf zu Effektivität und Effizienz nicht nur für die AKP-Staaten, sondern ebenso für die Gemeinschaft und ihre Mitgliedstaaten: Sollten die günstigen Wachstumsszenarien Realität werden, wofür es gute Gründe gibt, so werden die Volkswirtschaften der sog. BRIC-Staaten (Brasilien, Russland, Indien und China) im Jahr 2050 die Wirtschaftskraft der heutigen G7 ohne Kanada erreicht haben. „Ohne grundlegende Arbeitsmarktreformen und erhebliche Produktivitätszuwächse wird Europa [daher] verurteilt sein, eine Nebenrolle auf der Weltbühne zu spielen.“[329] Ist Europa allerdings nicht zu diesen Reformen fähig oder in der Lage, so erübrigt sich auch die Frage, welche Rolle Europa noch in der Entwicklungspolitik spielen kann bzw. sollte; anders gesagt, welchen Wert Europa noch für die AKP-Staaten als Entwicklungspartner hat.

---

[329] Siehe *O'Neill* 2005, der damit auch hohe Erwartungen an den sog. Lissabon-Prozess richtet.

Literaturverzeichnis

[1] *Abass, Abou* (2004): The Cotonou Trade Régime and WTO Law. *ELJ* Vol. 10/4, S. 439-462.

[2] *Aiello, Francesco* (1999): Effects of STABEX on ACPs' economic growth: Further evidence. *Applied Economics* Vol. 31, S. 1033-1042.

[3] *Arts, Karin* (2003): ACP-EU Relations in a New Era: The Cotonou Agreement. *CMLR* Vol. 40, S. 95-116.

[4] *Becker-Çelik, Astrid* (1997): Ist die Ablehnung der unmittelbaren Anwendbarkeit der GATT-Vorschriften durch den EuGH heute noch gerechtfertigt? *EWS* 1997, S. 12 ff.

[5] *Barro, Robert; Xavier Sala-i-Martin* (1995): Economic Growth. New York u.a.: McGraw-Hill, International Editions, Economic Series.

[6] *Benedek, Wolfgang* (2000): Die Entwicklungsländer in der WTO. *ZEuS* 1/2000, S. 41-60.

[7] *Bertelsmann Stiftung* (2005): Bertelsmann Transformation Index 2006. Politische Gestaltung im internationalen Vergleich. Download www.bertelsmann-transformation-index.de (12.12.2005).

[8] *Bhagwati, Jagdish* (2004): In Defense of Globalization. New York u.a.: Oxford University Press.

[9] *Bogdandy, Armin von; Tilman Makatsch* (2000): Kollision, Koexistenz oder Kooperation? Zum Verhältnis von WTO-Recht und europäischem Außenwirtschaftsrecht in neueren Entscheidungen. *EuZW* 9/2000, S. 261-268.

[10] *Brüne, Stefan* (2004): Braucht Europa nationale Entwicklungsministerien? *IP* 11-12/2004, S. 33-39.

[11] *Bundesministerium für wirtschaftliche Zusammenarbeit und Entwicklung* (2005): Zwölfter Bericht zur Entwicklungspolitik der Bundesregierung. Berlin.

[12] *Bundesministerium für Wirtschaft und Arbeit* (2005): Investitionsförderungs- und -schutzverträge (IFV). Download www.bmwa.bund.de (18.10.2005).

[13] *Cottier, Thomas; Erik Evtimov* (2000): Präferenzielle Abkommen der EG: Möglichkeiten und Grenzen im Rahmen der WTO. *ZEuS* 4/2000, S. 477-505.

[14] *DIE WELT* (2005): Agrarhilfen sollen erst 2013 fallen. S. 1.

[15] *Europäische Investitionsbank* (2005): The task of the EIB in the ACP countries and OCT. Download http://eib.eu.int/Attachments/count ry/acp mission en.pdf (20.09.2005).

[16] *Europäische Kommission* (2005a): Trade Issues. Africa, Caribbean, Pacific. Download www.europa.eu.int/comm/trade/issues/bilateral/regions/acp/index en.htm (20.09.2005).

[17] *Europäische Kommission* (2005b): The Cotonou Agreement. Download www.europa.eu.int/comm/development/body/cotnou/index en.htm (20.09.2005).

[18] *Europäische Kommission* (2005c): Evolution of Trade. Download www.europa.eu.int/comm/trade (21.09.2005).

[19] *Europäische Kommission* (2005d): Main products imported. Download www.europa.eu.int/comm/trade (21.09.2005).

[20] *Europäische Kommission* (2005e): Main products exported. Download www.europa.eu.int/comm/trade (21.09.2005).

[21] *Europäische Kommission* (2005f): European Union and its main trading partners: Economic and trade indicators: ACP incl. South Africa. Download www.europa.eu.int/comm/trade (21.09.2005).

[22] *Europäische Kommission* (2005g): European Union and its main trading partners: Economic and trade indicators: ACP excl. South Africa. Download www.europa.eu.int/comm/trade (21.09.2005).

[23] *Europäische Kommission* (2005h): Generaldirektion Entwicklung. Download www.europa.eu.int/comm/dgs/development/index en.htm (28.09.2005)

[24] *Europäische Kommission* (2005i): Gemeinsame Agrarpolitik. Download www.europa.eu.int/pol/agr/overview de.htm (28.09.2005).

[25] *Europäische Kommission* (2005k): Schema allgemeiner Zollpräferenzen 2002 - 2005. Download www.europa.eu.int/scadplus/leg/de/lvb/11015.htm (14.11.2005).

[26] *Europäische Kommission* (2005l): Africa, Caribbean, Pacific. Regional negotiations of Economic Partnership Agreements. Download www.europa.eu.int/comm/trade/issues/bilateral/regions/acp/regneg_en.htm (18.11.2005)

[27] *Europäische Kommission* (2006): Africa, Caribbean, Pacific. EPA: Preliminary list of country groups. Download www.europa.eu.int/comm/trade/issues/bilateral/regions/acp/plcg_en.htm (18.11.2005)

[28] *Europäischer Rat* (2005): Rat „Allgemeine Angelegenheiten und Außenbeziehungen". Download http://ue.eu.int/cms3_fo/showPage.asp?id=388&lang=de&mode=g (26.09.2005).

[29] *Europäisches Parlament* (2005a): Ausschuss für Entwicklung. Download www.europarl.eu.int/committes/deve_home.htm (26.09.2005).

[30] *Europäisches Parlament* (2005b): Paritätische Parlamentarische Versammlung AKP-EU. Download www.europarl.eu.int/parliament/expert/staticDisplay.do?id=60&language=de (26.09.2005).

[31] *EuropeAid* (2005): Financial Contributions of EuropeAid to the UN Funds, Programmes and specialized Agencies in 2004. AIDCO.F4 - 15.06.2005.

[32] *FAZ* (2005a): Agrarsubventionen. Mandelson rechnet mit Scheitern der WTO-Konferenz. Download www.faz.de (11.11.2005).

[33] *FAZ* (2005b): EU einigt sich auf Reform des Zuckermarkts. Download www.faz.de (24.11.2005).

[34] *Feuer, Guy; Ange Ouraga* (2002): Un nouveau paradigme pour les relations entre l'Union Européenne et les états ACP. L'accord de Cotonou du 23 juin 2000. *RGDIP* 2002-2, S. 269-293.

[35] *François, Joseph et al.* (2005): Preference Erosion and Multilateral Trade Liberalisation. *World Bank Policy Research Working Paper 3730*, October 2005.

[36] *Geiger, Rudolf* (2000): EUV/EGV. Vertrag über die Europäische Union und Vertrag zur Gründung der Europäischen Gemeinschaft. München: Beck.

[37] *Gwartney, James et al.* (2005): Economic Freedom of the World. 2005 Annual Report. The Fraser Institute.

[38] *Henze, Thomas* (1995): Aufgaben- und Ausgabenkompetenz der Europäischen Gemeinschaft und ihrer Mitgliedstaaten im Bereich der Entwicklungspolitik. *EuR* 1/2-1995, S. 76-86.

[39] *Herdegen, Matthias* (2003): Internationales Wirtschaftsrecht. München: Beck.

[40] *Herrmann, Christoph* (2001): Grundzüge der Welthandelsordnung. Institutionen, Strukturen und Bezüge zum Europäischen Gemeinschaftsrecht. *ZEuS* 3/2001, S. 453-497.

[41] *Herrmann, Roland; Dietmar Weiss* (1995): A Welfare Analysis of the EC-ACP Sugar Protocol. *Journal of Development Studies* Vol. 31/6, S. 918-941.

[42] *Hilpold, Peter* (2002): Konditionalität in den Beziehungen zwischen der EU und den AKP-Staaten: Menschenrechte, Demokratie, Rechtsstaatlichkeit und verantwortungsvolle Regierungsführung. *ZEuS* 2/2002, S. 239 ff.

[43] *Hoffmeister, Frank* (1998): Menschenrechts- und Demokratieklauseln in den vertraglichen Außenbeziehungen der Europäischen Gemeinschaft. Beiträge zum ausländischen öffentlichen Recht und Völkerrecht 132. Berlin u.a.: Springer.

[44] *Howse, Robert* (2002): From Politics to Technocracy – and Back again: The Fate of the Multilateral Trading Regime. *AJIL* Vol. 96, S. 94-117.

[45] *Huber, Jürgen* (2000): The Past, Present and Future ACP-EC Trade Regime and the WTO. *EJIL* Vol. 11 (2), S. 427-438.

[46] *IMF* (1977): Direction of Trade. Annual 1970 – 76.

[47] *Inama, Stefano* (2003): Market Access for LDCs. Issues to Be Addressed. *JWT* Vol. 36(1), S. 85-116.

[48] *Inama, Stefano* (2003): Trade Preferences and the World Trade Organization Negotiations on Market Access. Battling for Compensation of Erosion of GSP, ACP and Other Trade Preferences or Assessing and Improving Their Utilization and Value by Addressing of Origin and Graduation? *JWT* Vol. 37(5), S. 959-976.

[49] *Karl, Joachim* (2004): The Competence for Foreign Direct Investment – New Powers for the European Union? *Journal of World Investment & Trade* Vol. 5/3, S. 413ff.

[50] *Krugman, Paul; M. Obstfeld* (2006): International Economics. Theory and Policy. Boston u.a.: Pearson Addison Wesley.

[51] *Lachmann, Werner* (2006): Entwicklungshilfe in der Sackgasse. Wohlstand hängt von Initiative ab, nicht von der Alimentierung. *Bayernkurier* 2/2006, S. 18.

[52] *Lambsdorff, Johann* (2005): The Methodology of the 2005 Corruption Perceptions Index. Download www.transparency.org/cpi/2005/dnld/methodology.pdf (21.11.2005).

[53] *Lebullenger, Joël* (1994): La rénovation de la politique communautaire du développement. *RTDE* Vol. 30 (4), S. 631-663.

[54] *Lister, Marjorie* (1998): The European Union's Green Paper on Relations with the African, Caribbean and Pacific Countries. *Oxford Development Studies* Vol. 26/3, S. 375-390.

[55] *Mahnkopf, Birgit* (2005): Investition als Intervention: Wie interregionale und bilaterale Investitionsabkommen die Souveränität von Entwicklungsländern beschneiden. *IPG* 1/2005, S. 121-141.

[56] *Manchin, Miriam* (2005): Preference utilization and tariff reduction in European Union imports from Africa, Caribbean, and Pacific countries. *World Bank Policy Research Working Paper 3688*, August 2005.

[57] *Matambalya, Francis; Susanna Wolf* (2001): The Cotonou Agreement and the Challenges of Making the New EU-ACP Trade Regime WTO Compatible. *JWT* Vol. 35(1), S. 123-144.

[58] *McMahon, Joseph A.* (1999): Negotiating in a Time of Turbulent Transition: The Future of Lomé. *CMLR* Vol. 36, S. 599-624.

[59] *Miles, Marc et al.* (2005): Index of Economic Freedom. Executive Summary. Download www.heritage.org/research/features/index/downloads.cfm (19.10.2005).

[60] *Mögele, Rudolf* (2003): Art. 310 EGV (ex-Art. 238) [Abkommen mit dritten Staaten oder Organisationen; Beteiligung des EP]. In: Streinz (Hrsg.): EUV, EGV. Vertrag über die Europäische Union und Vertrag zur Gründung der Europäischen Gemeinschaft. München: Beck, S. 2555-2562.

[61] *Nettesheim, Martin* (1993): Horizontale Kompetenzkonflikte in der EG. *EuR* Heft 3/4-1993, S. 243-260.

[62] *Nettesheim, Martin; Johann Ludwig Duvigneau* (2003): Titel IX. Gemeinsame Handelspolitik. In: Streinz (Hrsg.): EUV, EGV. Vertrag über die Europäische Union und Vertrag zur Gründung der Europäischen Gemeinschaft. München: Beck, S. 1434-1491.

[63] *Nilsson, Lars* (2002): Trading relations: is the roadmap from Lomé to Cotonou correct? *Applied Economics* Vol. 34, S. 439-452.

[64] *Nunnenkamp, Peter* (2004): Effizienz der Entwicklungshilfe. Die Kluft zwischen Anspruch und Wirklichkeit. *IP* Heft 11-12/2004, S. 47-54.

[65] *o.A.* (2005a): AKP-Abkommen. Download www.aufenthaltstitel.de/stichwort/akpabkommen.html (29.08.2005).

[66] *o.A.* (2005b): Staaten in Afrika, im Karibischen Raum und im Pazifischen Ozean (AKP). Download www.europa.eu.int/scadplus/leg/de/s05032.htm (29.08.2005).

[67] *o.A.* (2005c): 30 years of ACP. *eCourier* No.3/2005, S. 2. Download www.europa.eu.int/comm/development (20.09.2005).

[68] *OECD* (2005): Overview of the OECD: What is it? History? Who does what? Structure of the Organisation? Download www.oecd.org (26.09.2005).

[69] *OECD* (2006): DAC List of ODA Recipients. Effective from 2006 for reporting on 2005, 2006 and 2007. Download www.oecd.org/dataoecd/43/51/35832713.pdf (26.10.2006).

[70] *O'Neill, Jim* (2005): Achtung Europa: Die BRICs kommen. *IP* Mai 2005, S. 78f.

[71] *Pitschas, Rainer* (2003): Titel XX. Entwicklungszusammenarbeit. In: Streinz (Hrsg.): EUV, EGV. Vertrag über die Europäische Union und Vertrag zur Gründung der Europäischen Gemeinschaft. München: Beck, S. 1760-1780.

[72] *Qualmann, Regine; Anke Rojahn* (2002): Der Cotonou-Vertrag. Gefährden die Verhandlungen die beginnende Regionalintegration in Afrika? *E+Z* Nr. 12, S. 354-355.

[73] *Raffer, Kunibert* (1999): Lomé or Not Lomé. The Future of European-ACP Cooperation. In: Lister, Marjorie (Hrsg.): New Perspectives on European Union Development Cooperation. Boulder: Westview Press, S. 125-142.

[74] *Regelsberger, Elfriede; D. Kugelmann* (2003): Titel V. Bestimmungen über die Gemeinsame Außen- und Sicherheitspolitik. In: Streinz (Hrsg.): EUV, EGV. Vertrag über die Europäische Union und Vertrag zur Gründung der Europäischen Gemeinschaft. München: Beck, S. 60-112.

[75] *Reisen, Helmut* (2005): Schwarzmalers Albtraum. *IP* Juli 2005, S. 74f.

[76] *Sachs, Jeffrey et al.* (2004): Ending Africa's Poverty Trap. *Brookings Papers on Economic Activity* 1/2004, S. 117-240.

[77] *Sánchez Rydelski, Michael* (1998): The Future of the Lomé Convention and its WTO Compatibility. *EuZW* Heft 13/1998, S. 398-401.

[78] *Schiff, Maurice* (2002): Regional Integration and Development in Small States. *World Bank Policy Research Working Paper 2797*, February 2002.

[79] *Schiff, Maurice; A. Winters* (2002): Regionalism and Development. The Implications of World Bank Research for ACP and Latin American Countries. *JWT* Vol. 36, S. 479-499.

[80] *Schmidt, Gerold* (1995): Zum Verhältnis des neuen Verfassungsrechts der Entwicklungspolitik der Europäischen Union zum Wirtschaftsrecht. *RIW* 4/41, S. 268-272.

[81] *Schmidt, Siegmar* (2004): Transformation und Entwicklung messen. Zur Relevanz des Bertelsmann-Transformationsindexes für die Entwicklungspolitik. *IP* 11-12/2004, S. 103-114.

[82] *Smith, Fiona* (2000): Renegotiating Lomé: the impact of the World Trade Organisation on the European Community's development policy after the *Bananas* conflict. *ELR* Vol. 25/2000, S. 247-263.

[83] *Streinz, Rudolf* (2003): Europarecht. Heidelberg: C.F. Müller Verlag.

[84] *Tomuschat, Christian* (2003): Art. 300 [Abkommen der Gemeinschaft]. In: von der Groeben; Schwarze (Hrsg.): Vertrag über die Europäische Union und Vertrag zur Gründung der Europäischen Gemeinschaft. Band 4. 6. Auflage. Baden-Baden: Nomos, S. 1571-1607.

[85] *Transparency International* (2005): Korruptionsindex 2005: Korruption ist in 70 Ländern noch weit verbreitet. Download www.transparency.org/cpi/2005/dnld/media_pack_german.pdf (21.11.2005).

[86] *Vadcar, Corinne* (2005): Le traitement spécial et préférentiel. Plaidoyer contre les systèmes de préférences généralisées. *JDI* 2/2005, S. 315-339.

[87] *Van Houtte, Florence* (2005): ACP-Sugar reform and accompanying measures for Sugar Protocol countries. *eCourier* No. 3/2005, S. 4. Download www.europa.eu.int/comm/development (20.09.2005).

[88] *Van Rijn, Thomas* (2003): Titel II. Die Landwirtschaft. In: von der Groeben; Schwarze (Hrsg.): Vertrag über die Europäische Union und Vertrag zur Gründung der Europäischen Gemeinschaft. Band 1. 6. Auflage. Baden-Baden: Nomos, S. 1182-1274.

[89] *Vonessen, Benjamin* (1996): Europäische Entwicklungshilfe und Umweltschutz: rechtliche Grundlagen für eine umweltgerechte Entwicklungshilfe der Europäischen Gemeinschaft. Berlin: Duncker und Humblot.

[90] *Wainwright, Elsina; M. Harris* (2005): Lektionen aus dem Südpazifik. Effektive Interventionen in einem scheiternden Staat: ein Fallbeispiel. *IP* September 2005, S. 54-61.

[91] *Walter, Norbert* (2005): Zurück zum Protektionismus? *IP* Juni 2005, S. 76f.

[92] *Weber, Albrecht* (2003): Art. 310 [Assoziierung mit dritten Staaten und Organisationen]. In: von der Groeben; Schwarze (Hrsg.): Vertrag über die Europäische Union und Vertrag zur Gründung der Europäischen Gemeinschaft. Band 4. 6. Auflage. Baden-Baden: Nomos, S. 1751-1786.

[93] *Weltbank* (1978): World Development Report. Weltbank.

[94] *Weltbank* (1985): World Development Report: International Capital and Economic Development. World Development Indicators. Weltbank.

[95] *Weltbank* (1997): World Development Report: The State in a Changing World. Weltbank.

[96] *Weltbank* (2005): Weltentwicklungsbericht 2005: Ein besseres Investitionsklima für Jeden. Weltbank.

[97] *Wiedemann, Erich* (2005): Äthiopien. Wie die Hungerhilfe ein Land in der Armut hält. Download www.spiegel.de (24.11.2005).

[98] *Windmeißer, Anette* (2002): Der Menschenrechtsansatz in der Entwicklungszusammenarbeit. Menschenrechte, Demokratie Rechtsstaatlichkeit und „good governance" in der Entwicklungszusammenarbeit. Das Beispiel der AKP-EU-Beziehungen. Wien: Verlag Österreich.

[99] *Wodon, Quentin* (2000): Poverty and Policy in Latin America and the Caribbean. World Bank.

[100] *Zimmermann, Andreas* (2003): Titel XX. Entwicklungszusammenarbeit. In: von der Groeben; Schwarze (Hrsg.): Vertrag über die Europäische Union und Vertrag zur Gründung der Europäischen Gemeinschaft. Band 3. 6. Auflage. Baden-Baden: Nomos, 1470-1519.

[101] *Zimmermann, Andreas* (2004): Gemeinschaftliche Entwicklungspolitik im Entwurf des Vertrages über eine Verfassung für Europa. *RIW* Heft 5/2004, S. 324 ff.

AUGSBURGER SCHRIFTEN ZUM STAATS- UND VÖLKERRECHT

Begründet von Professor Dr. Dieter Blumenwitz

Band 1 Fritz-Harald Wenig: Rechtsprobleme des innerdeutschen Handels.

Band 2 Wilfried Niedermeier: Der Beitritt der Bundesrepublik Deutschland zum Statut des Internationalen Gerichtshofes unter besonderer Berücksichtigung der obligatorischen Gerichtsbarkeit.

Band 3 Johann G. Gleich: Die Anerkennung der DDR durch die Bundesrepublik.

Band 4 Matthias Weigand: Der Vertrag über die gegenseitigen Beziehungen zwischen der Bundesrepublik Deutschland und der Tschechoslowakischen Sozialistischen Republik vom 11. Dezember 1973 - Eine völkerrechtliche Analyse.

Band 5 Werner Trützschler von Falkenstein: Die sich ändernde Bedeutung der Feindstaatenartikel (Artikel 53 und 107 der Satzung der Vereinten Nationen) für Deutschland.

Band 6 Reiner Schenk: Die Viermächteverantwortung für Deutschland als Ganzes, insbesondere deren Entwicklung seit 1969.

Band 7 Wolfgang Wagner: Die Verwirklichung der Menschenrechte im Pakt der Vereinten Nationen über bürgerliche und politische Rechte vom 16. Dezember 1966, im Grundvertrag und den ihn begleitenden Nebeninstrumenten.

Band 8 Ulrich Wacker: Der Konflikt verschiedener Rechtssysteme vor, während und nach der Kolonialzeit in Kenia.

Band 9 Wolfgang Enders: Der mexikanische Bundesstaat. Die politische und sozioökonomische Problematik eines föderalen Verfassungssystems in einem Land der "Dritten Welt".

Band 10 Heiner Hasford: Die Jurisdiktion der Europäischen Gemeinschaften. Zur extraterritorialen Wirkung des Gemeinschaftsrechts.

SCHRIFTEN ZUM STAATS- UND VÖLKERRECHT

Begründet von Professor Dr. Dr. h.c. mult. Dieter Blumenwitz
Herausgegeben von Gilbert Gornig, Burkhard Schöbener
und Winfried Bausback

Band 11 Wolf Dieter Remmele: Die Selbstdarstellung der Bundesrepublik Deutschland im Ausland durch den Rundfunk als Problem des Staats- und Völkerrechts.

Band 12 Elisabeth Lichtenstern: Die Gesetzgebung im Spannungsverhältnis zwischen Bund und Ländern.

Band 13 Peter Gassner: Kollektivmacht und Individualschutz im amerikanischen Arbeitsrecht.

Band 14 Helga Walter: Das Selbstverständnis des modernen Algeriens. Die historisch-nationalen und islamischen Elemente.

Band 15 Dieter Schütz: Der internationale ordre public. Der Ausschluß völkerrechtswidrigen fremden Rechts im Internationalen Privatrecht der Bundesrepublik Deutschland.

Band 16 Klaus-Peter Kißler: Die Zulässigkeit von Wirtschaftssanktionen der Europäischen Gemeinschaft gegenüber Drittstaaten.

Band 17 Rainhardt Freiherr von Leoprechting: Die neue Rohrwaffen-Artillerie-Munition im Lichte des I. Genfer Zusatzprotokolles vom 12. Dezember 1977. Zur Frage der Völkerrechtskonformität der Verteidigung der Bundesrepublik Deutschland mit modernen konventionellen Artilleriesystemen.

Band 18 Roland Steinmeyer: Die Schiffsgläubigerrechte im südafrikanischen nationalen und internationalen Privatrecht. Eine rechtsvergleichende Darstellung unter Einbeziehung des englischen und deutschen internationalen Privatrechts und unter besonderer Berücksichtigung des ordre public.

Band 19 Martin C. Ney: Der Einsatz von Atomwaffen im Lichte des Völkerrechts. Summary: The Use of Nuclear Weapons and International Law.

Band 20 Teodoro Ribera Neumann: Das chilenische Verfassungsgericht und das deutsche Bundesverfassungsgericht - Ein Rechtsvergleich -. 1985.

Band 21 Theodora Antoniou: Europäische Integration und griechische Verfassung. 1985.

Band 22 Georg Teyssen: Deutschlandtheorien auf der Grundlage der Ostvertragspolitik. 1987.

Band 23 Karin Klüpfel: Selbstbestimmung durch Assoziation. Die Assoziation als Verwirklichung des Selbstbestimmungsrechts der Völker - dargestellt am Beispiel von Puerto Rico. 1987.

Band 24 Friedrich Dehner: Die Stellung Berlins im Bundesrat. 1987.

Band 25 Thilo Morhard: Die Rechtsnatur der Übereinkommen der Internationalen Arbeitsorganisation. Zugleich ein Beitrag zur Lehre vom "soft law". 1988.

Band 26 Ralf Jahn: Ansiedlung von Einzelhandelsgroßprojekten (§ 11 Abs. 3 BauNVO 1977). Zur Frage der Bestimmtheit grundrechtsbeschränkender Eingriffsnormen. 1988.

Band 27 Wolfgang Götzer: Der völkerrechtliche Status der Donau zwischen Regensburg und Kelheim. Eine völkerrechtliche Untersuchung des Donauabschnittes Regensburg - Kelheim unter Einbeziehung der gesamten deutschen Donau. 1988.

Band 28 Michael Hakenberg: Die Iran-Sanktionen der USA während der Teheraner Geiselaffäre aus völkerrechtlicher Sicht. 1988.

Band 29 Renate Oxenknecht: Der Schutz ethnischer, religiöser und sprachlicher Minderheiten in Art. 27 des Internationalen Paktes über bürgerliche und politische Rechte vom 16. Dezember 1966. 1988.

Band 30 Raphael Quarshie Avornyo: Deutschland und Togo. (1847-1987). 1988.

Band 31 Friedrich Frhr. Waitz von Eschen: Die völkerrechtliche Kompetenz der Vier Mächte zur Gestaltung der Rechtslage Deutschlands nach dem Abschluß der Ostvertragspolitik. 1988.

Band 32 Gisela Süß: Die Zulassung von Zahnärzten aus dem EG-Bereich zur deutschen Kassenarztpraxis. Ein Beitrag zu Standort und Bedeutung der Grundrechte im Europäischen Gemeinschaftsrecht. 1988.

Band 33 Meggy Steffens: Die deutsche Ostpolitik im Spiegel publizistischer Stellungnahmen in den USA 1969-1973. 1988.

Band 34 Norbert Karl Riedel: Der Einsatz deutscher Streitkräfte im Ausland - verfassungs- und völkerrechtliche Schranken -. 1989.

Band 35 Heidi Dünisch: Der Mundatwald - Zur Bereinigung letzter Kriegsfolgenprobleme zwischen Deutschland und Frankreich.1989.

Band 36 Sabine Niedermeyer-Krauß: Kommunalwahlrecht für Ausländer und Erleichterung der Einbürgerung. Integrationsmöglichkeiten für Ausländer aus verfassungs- und europarechtlicher Sicht. 1989.

Band 37 Dirk-Hermann Voß: Regionen und Regionalismus im Recht der Mitgliedstaaten der Europäischen Gemeinschaft: Strukturelemente einer Europäischen Verfassungsordnung. 1989.

Band 38 Tilo Klinner: Satellitenfernerkundung im Völkerrecht. Inwieweit existiert ein völkerrechtlicher Datenschutz? 1989.

Band 39 Barbara Schmidt: Die Erweiterung der seewärtigen Hoheitsrechte der Bundesrepublik Deutschland und der DDR unter besonderer Berücksichtigung deutschlandrechtlicher Probleme. 1989.

Band 40 Hans-Joachim Brauns: Wiedervereinigung und europäische Integration. 1990.

Band 41 Gilbert-Hanno Gornig: Der Hitler-Stalin-Pakt. Eine völkerrechtliche Studie. 1990.

Band 42 Gudrun Lehnberger: Kommunale Entwicklungshilfe. Eine Aufgabe der Gemeinden? - Bestandsaufnahme und rechtliche Würdigung unter besonderer Berücksichtigung der bayerischen Verwaltungspraxis. 1990.

Band 43 Heike Kaup: Der Schwangerschaftsabbruch aus verfassungsrechtlicher Sicht. Eine rechtsvergleichende Untersuchung anhand des deutschen und des amerikanischen Rechts. 1991.

Band 44 Bernadette Steinmeyer: Verfassungsrechtliche Ansätze zur Neuordnung der multirassischen Gesellschaft Südafrikas unter Berücksichtigung des Vorschlages des Verhandlungsforums der "KwaZulu/Natal Indaba". 1991.

Band 45 Burkhard Schöbener: Die amerikanische Besatzungspolitik und das Völkerrecht. 1991.

Band 46 Christian Raap: Die Souveränität der Bundesrepublik Deutschland unter besonderer Berücksichtigung des militärischen Bereichs und der deutschen Einheit. 1992.

Band 47 Andrea Wagner: Der argentinisch-chilenische Konflikt um den Beagle-Kanal. Ein Beitrag zu den Methoden friedlicher Streiterledigung. 1992.

Band 48 Ralf Wittkowski: Die Staatensukzession in völkerrechtliche Verträge unter besonderer Berücksichtigung der Herstellung der staatlichen Einheit Deutschlands. 1992.

Band 49 Michael Piazolo: Das Recht auf Abtreibung als Teilaspekt des Right of Privacy. 1992.

Band 50 Silke Wenk: Das konfiszierte deutsche Privatvermögen in Polen und der Tschechoslowakei. Die Rechtslage nach Abschluß des deutsch-polnischen und deutsch-tschechoslowakischen Nachbarschaftsvertrages. 1993.

Band 51 Antje Kießwetter: Die Verfassungsentwicklung in Namibia. 1993.

Band 52 Angelika Kleffner-Riedel: Regionalausschuß und Subsidiaritätsprinzip. Die Stellung der deutschen Bundesländer nach dem Vertrag über die Europäische Union. 1993.

Band 53 Jerzy Kranz: Entre l'influence et l'intervention. Certains aspects juridiques de l'assistance financière multilatérale. 1994.

Band 54 Knut Kettwig: Rechtsgrundlagen dezentraler grenzüberschreitender Zusammenarbeit im deutsch-polnischen und deutsch-tschechischen Grenzraum. 1994.

Band 55 Ulrich Seidenberger: Die diplomatischen und konsularischen Immunitäten und Privilegien. Ein Beitrag zur Diskussion über die Reformbedürftigkeit des Diplomaten- und Konsularrechts aus staats- und völkerrechtlicher Sicht. 1994.

Band 56 Christian Schede: Bundesrat und Europäische Union. Die Beteiligung des Bundesrates nach dem neuen Artikel 23 des Grundgesetzes. 1994.

Band 57 Florian Prugger: Die Nachfolge in das Vermögen der ehemaligen DDR. Ein Beitrag zu Art. 21 ff Einigungsvertrag unter besonderer Berücksichtigung der Firma F.C. Gerlach des Bereichs Kommerzielle Koordinierung. 1994.

Band 58 Mark Zimmer: Einsätze der Bundeswehr im Rahmen kollektiver Sicherheit. Staats- und völkerrechtliche Grundlagen unter Berücksichtigung des BVerfG-Urteils vom 12.07.1994. 1995.

Band 59 Gerd von Laffert: Die völkerrechtliche Lage des geteilten Zypern und Fragen seiner staatlichen Reorganisation. 1995.

Band 60 Wolfram Schneeweiß: Die rechtliche Stellung der Indianerstämme innerhalb der Vereinigten Staaten von Amerika. Ein Modell für den Schutz der *indigenous peoples*. 1995.

Band 61 Marianne Janik: Möglichkeiten und Grenzen einer gemeinsamen Exportkontrolle für sensitive Waren und Dienstleistungen im Lichte des europäischen Gemeinschaftsrechts. 1995.

Band 62 Michael Brems: Die politische Integration ethnischer Minderheiten aus staats- und völkerrechtlicher Sicht. 1995.

Band 63 Martin Vocke: Verfassungsinterpretation und Normbegründung - Grundlegung zu einer prozeduralen Theorie der Verfassungsgerichtsbarkeit. 1995.

Band 64 Stefan von der Beck: Die Konfiskationen in der Sowjetischen Besatzungszone von 1945 bis 1949. Ein Beitrag zu Geschichte und Rechtsproblemen der Enteignung auf besatzungsrechtlicher und besatzungshoheitlicher Grundlage. 1996.

Band 65 Stephanie Baer: Der Zerfall Jugoslawiens im Lichte des Völkerrechts. 1995.

Band 66 Christine Sauerwald: Die Unionsbürgerschaft und das Staatsangehörigkeitsrecht in den Mitgliedstaaten der Europäischen Union. 1996.

Band 67 Silke Buchner: Die Rechtswidrigkeit der Taten von "Mauerschützen" im Lichte von Art. 103 II GG unter besonderer Berücksichtigung des Völkerrechts. Ein Beitrag zum Problem der Verfolgung von staatlich legitimiertem Unrecht nach Beseitigung des Unrechtssystems. 1996.

Band 68 Bernd Weiß: Einführung und Umsetzung der Europäischen Charta der kommunalen Selbstverwaltung in Deutschland, insbesondere in Bayern und Nordrhein-Westfalen. 1996.

Band 69 Gesine Katharina Neumann: Boliviens Recht auf freien Zugang zum Pazifik. Zur völkerrechtlichen Problematik des Zugangs der Binnenstaaten zum Meer. 1997.

Band 70 Elvira Pfrang: Das Verhältnis zwischen Europäischem Gemeinschaftsrecht und deutschem Recht nach der Maastricht-Entscheidung des Bundesverfassungsgerichts. Eine Studie zu den Konflikten beider Rechtsordnungen auf dem Gebiet des Grundrechtsschutzes und der Kompetenzen. 1997.

Band 71 Dieter Blumenwitz / Burkhard Schöbener: Stabilitätspakt für Europa. Die Sicherstellung mitgliedstaatlicher Haushaltsdisziplin im Europa- und Völkerrecht. 1997.

Band 72 Matthias Weinberg: Schutz der deutschen Minderheit in Polen nach den Weltkriegen. Ein Vergleich unter Berücksichtigung der aktuellen Rechtslage. 1997.

Band 73 Reinhard Müller: Der "2+4-Vertrag und das Selbstbestimmungsrecht der Völker. 1997.

Band 74 Stefan Strobl: Das Nichtverbreitungsregime für Kernwaffen nach 1995 und der freie Zugang zu nuklearen Technologien und Materialien. 1997.

Band 75 Christine Weber: Das Gegenzeichnungsrecht unter besonderer Berücksichtigung der Verfassung des Fürstentums Liechtenstein. 1997.

Band 76 Stephan Semrau: Die Gemeinsame Außen- und Sicherheitspolitik der Europäischen Union. 1998.

Band 77 Marcus Schultz: Die Auslandsentsendung von Bundeswehr und Bundesgrenzschutz zum Zwecke der Friedenswahrung und Verteidigung. Völker- und verfassungsrechtliche Analyse unter besonderer Berücksichtigung der Entscheidung des Bundesverfassungsgerichtes zum Einsatz deutscher Streitkräfte vom 12. Juli 1994. 1998.

Band 78 Benedikt P. Kuttenkeuler: Die Verankerung des Subsidiaritätsprinzips im Grundgesetz. Ein Beitrag zur Bedeutung des Subsidiaritätsprinzips für die Kompetenzabgrenzung im Bundesstaat. 1998.

Band 79 Winfried Bausback: Verfassungsrechtliche Grenzen des Wahlrechts zum Deutschen Bundestag. 1998.

Band 80 Elvira Pfrang: Towards Liberalisation of the European Electricity Markets. The Directive concerning Common Rules for an Internal Market in Electricity in the Frame of the Competition and Internal Market Rules of the EC-Treaty. 1999.

Band 81 Alexander Wolf: Prozessuale Probleme des »Maastricht"-Urteils des Bundesverfassungsgerichts. 1999.

Band 82 Jürgen Bartl: Die humanitäre Intervention durch den Sicherheitsrat der Vereinten Nationen im "Failed State". Das Beispiel Somalia. 1999.

Band 83 Thomas Gnielinski: Die Reform des deutschen Staatsangehörigkeitsrechts. Eine Analyse und Bewertung der vorliegenden Gesetzesvorhaben. 1999.

Band 84 Margarita González: Der völkerrechtliche Status des Panamakanals nach Ablauf der Übergangszeit im Jahr 1999. 2000.

Band 85 Petra Johnen: Die Verfassungsentwicklung Südafrikas unter besonderer Berücksichtigung der verfassunggebenden Gewalt des Volkes. 2001.

Band 86 Markus Allstadt: Die offene Völkerrechtslage im deutsch-tschechischen Verhältnis und ihre Bedeutung für die Osterweiterung der Europäischen Union. Zugleich Überlegungen zu den Auswirkungen zwingenden Völkerrechts in der Vertriebenenfrage. 2000.

Band 87 Gerrit Aschmann: Europol aus Sicht der deutschen Länder. 2000.

Band 88 Mark Weber: Der Berlin-Status im intertemporalrechtlichen Konflikt. Dargestellt am Beispiel von Grundstücksenteignungen im Ostteil Groß-Berlins. 2001.

Band 89 Heidi Hellwig: Die Staatsangehörigkeit als Anknüpfung im deutschen IPR. Unter besonderer Berücksichtigung des Gesetzes zur Reform des Staatsangehörigkeitsrechts. 2001.

Band 90 Aline Bruer-Schäfer: Der Internationale Strafgerichtshof. Die Internationale Strafgerichtsbarkeit im Spannungsfeld von Recht und Politik. 2001.

Band 91 Andreas Rosenfeld: Die Verfassungsentwicklung von Mosambik. Ein Beitrag zur rechtsstaatlichen Transformation im südlichen Afrika. 2001.

Band 92 Markus Pallek: Der Minderheitenschutz im deutschen Verfassungsrecht. Eine analytische Untersuchung des Begriffs sowie der bundes- und landesverfassungsrechtlichen Stellung der ethnischen, nationalen, sprachlichen, kulturellen und religiösen Minderheiten in der Bundesrepublik Deutschland vor dem Hintergrund der völker- und europarechtlichen Rahmenbedingungen. 2001.

Band 93 Ansgar Firsching: Die Samen, ihre Rechtsstellung in Schweden und ihre Rechtsstellung im Lichte der Indigenous Peoples weltweit. 2002.

Band 94 Jörg Dunker: Regionale Integration im System des liberalisierten Welthandels. EG und NAFTA im Vergleich. 2002.

Band 95 Katharina Wodarz: Gewaltverbot, Menschenrechtsschutz und Selbstbestimmungsrecht im Kosovo-Konflikt. 2002.

Band 96 Grit Hokema: Immunität von Staatsoberhäuptern. 2002.

Band 97 Tido Oliver Hokema: Mehrfache Staatsangehörigkeit. Eine Betrachtung aus völkerrechtlicher und verfassungsrechtlicher Sicht. Unter Berücksichtigung des Staatsangehörigkeitsreformgesetzes vom 15. Juli 1999. 2002.

Band 98 Janet Kerstin Butler: Die Beteiligung von Privatpersonen am WTO-Streitbeilegungsverfahren. Bestandsaufnahme und Entwicklungsperspektiven. 2002

Band 99 Tobias H. Irmscher: Die Behandlung privater Beschwerden über systematische und grobe Menschenrechtsverletzungen in der UN-Menschenrechtskommission. Das 1503-Verfahren nach seiner Reform. 2002.

Band 100 Markus Voltz: Menschenrechte und ordre public im Internationalen Privatrecht. 2002.

Band 101 Sabine Schorer: Das Konsensprinzip in der internationalen Gerichtsbarkeit. 2003.

Band 102 Anja Weisgerber: Das Beweiserhebungsverfahren parlamentarischer Untersuchungsausschüsse des Deutschen Bundestages. 2003.

Band 103 Stephan Anstötz: Perspektiven zur staatlichen Neuordnung Zyperns. 2003.

Band 104 Eva Stumpf: Kulturgüterschutz im internationalen Recht unter besonderer Berücksichtigung der deutsch-russischen Beziehungen. 2003.

Band 105 Christian Malzahn: GATT-widrige *Treble Damages*-Klagen auf der Grundlage des US Antidumping Act 1916. Eine Untersuchung der Rechtsstellung beklagter deutscher Unternehmen im US-amerikanischen und deutschen Recht. 2003.

Band 106 Susanne Giannios: Ein Wasserregime im Nahen Osten. Rechtliche und politische Grundlagen und Perspektiven der internationalen Wasserverteilung im Jordanbecken. 2004.

Band 107 Jan Hübner: Das Verbrechen des Völkermordes im internationalen und nationalen Recht. 2004.

Band 108 Benjamin Krenberger: Deutschland im Spannungsfeld zwischen Europäischer Menschenrechtskonvention und nachzubefolgendem Besatzungsrecht. Reichweite der Verpflichtungen des souveränen Deutschlands nach der Liechtenstein-Entscheidung des Europäischen Gerichtshofes für Menschenrechte. 2004.

Band 109 Matthias Werner Schneider: Kommunaler Einfluß in Europa. Die Einflußnahme der Kommunen beim Europarat als Modell für die Europäische Union. KGRE, AdR und EKC als Säulen eines europäischen Kommunalschutzes. 2004.

Band 110 Bettina Gerber: Die Asylrechtsharmonisierung in der Europäischen Union. Unter besonderer Berücksichtigung der Richtlinie zur Festlegung von Mindestnormen für die Aufnahme von Asylbewerbern in den Mitgliedstaaten. 2004.

Band 111 Markus Lintner: Die verfassungsrechtlichen Grenzen des horizontalen Länderfinanzausgleichs nach Art. 107 Abs. 2 GG. 2004.

Band 112 Daniel Volk: Die Begrenzung kriegerischer Konflikte durch das moderne Völkerrecht. 2005.

Band 113 Eugenie Trützschler von Falkenstein: Mittelosteuropa – Nationen, Staaten, Regionen. Die Erweiterung der Europäischen Union aus der historischen Perspektive. 2005.

Band 114 Angela Kaiser: Minderheitenschutz in der Europäischen Union. Eine Untersuchung des „doppelten Standards" des EU-Minderheitenschutzes unter besonderer Berücksichtigung der Europäischen Grundrechtecharta. 2005.

Band 115 Kerstin Liesem: Die Reparationsverpflichtungen der Bundesrepublik Deutschland nach dem Zweiten Weltkrieg unter besonderer Berücksichtigung der Zwangsarbeiterentschädigung. 2005.

Band 116 Christoph Holthusen: Der Nordirlandkonflikt. Geschichte, zentrale Aspekte und Lösungsmodelle unter völkerrechtlicher Betrachtung. 2005.

Band 117 Christoph Junck: Die Gerichtsbarkeit des Internationalen Strafgerichtshofs. Vorbedingungen und Auslösemechanismen nach dem Römischen Statut vom 17. Juli 1998. 2006.

Band 118 Corinna Margit Hartmann: Staatliche Beteiligung an terroristischen Gewaltaktionen. Neue Herausforderungen für das Friedenssicherungssystem der Vereinten Nationen. 2006.

Band 119 Dagmar Wurst: Eigentums- und Investitionsgüterschutz im Völkerrecht. Das Beispiel der Landenteignung in Zimbabwe. 2006.

Band 120 Türkmen Tezcan: Der Zypernkonflikt vor dem Europäischen Menschenrechtsgerichtshof. Eine Analyse unter besonderer Berücksichtigung der Loizidou-Rechtsprechung und ihrer Auswirkung auf die zwischenstaatlichen Beziehungen. 2006.

Band 121 Dorothee von Arnim: Der Standort der EU-Grundrechtecharta in der Grundrechtsarchitektur Europas. 2006.

Band 122 Alexander Brexendorff: Rohstoffe im Kaspischen Becken. Völkerrechtliche Fragen der Förderung und des Transports von Erdöl und Erdgas. 2006.

Band 123 Markus A. Meckler: Der Kleinstaat im Völkerrecht. Das Fürstentum Liechtenstein im Spannungsfeld zwischen Souveränität und kleinstaatenspezifischen Funktionsdefiziten. 2006.

Band 124 Björn Hoppenstedt: Kommunale Selbstverwaltung in den USA. Im Lichte europäischer Standards. 2007.

Band 125 Martin Kunde: Der Präventivkrieg. Geschichtliche Entwicklung und gegenwärtige Bedeutung. 2007.

Band 126 Christoph Mangold: Die völkerstrafrechtliche Verfolgung von Individuen durch internationale Strafgerichtshöfe. 2007.

Band 127 Ralf Müller: Europäische Entwicklungspolitik zwischen gemeinschaftlicher Handelspolitik, intergouvernementaler Außenpolitik und ökonomischer Effizienz. 2007.

Band 128 Michael Wiener: Das Mandat des UN-Sonderberichterstatters über Religions- oder Weltanschauungsfreiheit. Institutionelle, prozedurale und materielle Rechtsfragen. 2007.

www.peterlang.de

Kolibri 360 GmbH
Ferdinand-Jühlke-Straße 7
99095 Erfurt, Deutschland
produktsicherheit@kolibri360.de

Druck:
CPI Druckdienstleistungen GmbH
im Auftrag der
Kolibri 360 GmbH
Ferdinand-Jühlke-Str. 7
99095 Erfurt